Coleção
Reflexões Jurídicas

Coordenadores
Luís Greco
Adriano Teixeira

Silvio Leite Guimarães Neto

UMA TEORIA DA PENA BASEADA NA VÍTIMA

A busca pela satisfação do indivíduo vitimado como finalidade da pena

Marcial Pons

MADRI | BARCELONA | BUENOS AIRES | SÃO PAULO

Coleção Reflexões Jurídicas
Coordenadores
Luís Greco
Adriano Teixeira

Uma teoria da pena baseada na vítima
A busca pela satisfação do indivíduo vitimado como finalidade da pena

Silvio Leite Guimarães Neto

CIP-Brasil. Catalogação na Publicação
Sindicato Nacional dos Editores de Livros, RJ

G963t

Guimarães Neto, Silvio Leite.
Uma teoria da pena baseada na vítima: a busca pela satisfação do indivíduo vitimado como finalidade da pena / Silvio Leite Guimarães Neto. - São Paulo, SP: Marcial Pons, 2020.
236 p. : 14 x 21 cm

Inclui bibliografia
ISBN 978-65-86696-08-0

1. Direito penal. 2. Pena (Direito). 3. Vitimologia. I. Título.

CDD 345.81

www.marcialpons.com.br

Impresso no Brasil

No dia do meu batizado, meu avô paterno, Dr. Silvio Leite Guimarães me escreveu:

"Para meu neto Silvio, filho de meu filho Silvio, lego meu anel de grau no dia de seu batizado."

Nessa ocasião, ele não poderia sequer imaginar o meu futuro...

Dedico este trabalho ao meu avô:

DR. SILVIO LEITE GUIMARÃES.

AGRADECIMENTOS

A publicação do primeiro livro de autoria sola é sempre uma ocasião marcante e, tal como a aprovação da dissertação de mestrado homônima, enseja um enorme senso de gratidão. Contudo, percebo que tal sentimento transcende o mero contentamento com o estado final da obra, pois incute o desejo de agradecer a todos que, de uma maneira ou outra, participaram, colaboraram ou simplesmente estiveram comigo durante o ciclo de estudos que originou esse livro. Tendo dito isso, é certo que, embora me sinta compelido a destacar como sou grato a tais pessoas, não poderia deixar de usar esse espaço para lembrar e agradecer a todos que, das formas mais variadas, contribuíram para a minha formação, tanto acadêmica quanto pessoal.

Por todo o suporte e confiança, sou especialmente grato ao Prof. Dr. Paulo de Sousa Mendes e ao Prof. Dr. Luís Greco, os quais, disponibilizando precioso tempo e inestimável conhecimento, orientaram minha dissertação de mestrado e, posteriormente, incentivaram que eu a publicasse como o presente livro. Agradeço ao Prof. Dr. Paulo de Sousa Mendes pelas críticas e orientações objetivas, as quais, sempre expostas com impecável elegância e cortesia, foram essenciais para o desenvolvimento de minha dissertação de mestrado. Além disso, sou grato pela atitude atenciosa e incentivadora, a qual, além de crucial para que eu realizasse a mobilidade acadêmica na Alemanha, invariavelmente norteou as aulas da Disciplina de Direito Processual Penal, enriquecendo muito o meu aprendizado durante o Primeiro Ano Curricular do mestrado. Agradeço ao Prof. Dr. Luís Greco, pois percebo que, durante o período de coorientação, graças a sua generosidade, acessibilidade, franqueza e zelo com a disciplina intelectual, vivenciei um incrível aprimoramento acadêmico, tanto na qualidade da escrita quanto na produção do conteúdo jurídico, o qual foi fundamental para o bem-sucedido resultado de minha dissertação de mestrado. Ademais, aqui também expresso a minha gratidão por ter me recebido na Alemanha e integrado ao seu grupo de orientandos, demonstrando que, além atento ao desempenho acadêmico, é um professor igualmente preocupado com o bem-estar pessoal de seus estudantes. Enfim, por terem acreditado na minha capacidade de melhoria, concedido incríveis oportunidades de estudo e me ajudado a alcançar um novo patamar de excelência acadêmica, dedico aos meus orientadores os mais sinceros agradecimentos.

Pelo precioso aprendizado, agradeço a todos os docentes da Faculdade de Direito da Universidade de Lisboa e, em especial, àqueles que também foram meus professores no Primeiro Ano Curricular do mestrado: Profa. Dra. Maria Fernanda Palma e Prof. Dr. Augusto Silva Dias (†), na Disciplina de Direito Penal; e Profa. Dra. Silvia Anjos Alves, na Disciplina de Filosofia do Direito. Como as qualidades acadêmicas desenvolvidas no mestrado estiveram, em última análise, alicerçadas na minha formação à nível de graduação, a qual devo à Escola de Direito do Rio de Janeiro da Fundação Getúlio Vargas (FGV Direito Rio), aproveito a ocasião para agradecer àqueles que me introduziram ao Direito e Processo Penal: Prof. Dr. Thiago Bottino, Profa. Dra. Silvana Batini e Prof. Dr. André Mendes.

Por essa grande oportunidade de publicação, agradeço à Editora Marcial Pons e a toda sua equipe. Ademais, sou especialmente grato a Marcelo Porciuncula pela atitude sempre solícita e compreensiva.

Como as pessoas que estiveram comigo foram uma parte crucial do ciclo de estudos que gerou o presente livro, quero agradecer a todos os amigos que fiz durante o Primeiro Ano Curricular do mestrado, na Universidade de Lisboa, e durante os semestres de mobilidade acadêmica, na Universidade Ludwig-Maximilians de Munique e na Universidade de Augsburg.

Sobre o tempo em Lisboa, embora a maioria dos colegas mestrandos tenha contribuído para a minha formação, dado o alto nível do debate nas turmas da Especialidade em Direito Penal e Ciências Criminais, agradeço especialmente a Hugo Soares, Felipe Morais,

Daniel Diamantaras, Luiz Antonio da Costa, Mariana do Nascimento, Angélica Rodrigues, Gabriele Frias, Daniele Artico, Chaiane Pletsch, Camila Franco, Liliane Ortiz, Vanessa Fernandes, Eva Lourenço, Margarida Caldeira, Charles Martins e Emanoel Costa. Após toda a vivência em Lisboa, tanto na universidade quanto fora dela, é inegável que, além de uma turma participativa e engajada com o estudo jurídico, atributos que agregaram muito valor a nossa experiência de mestrado, nós formamos um vínculo de amizade, o qual perdura até hoje e continuará no futuro. Para concluir os agradecimentos a minha turma de mestrado, faço questão de salientar minha gratidão ao grande amigo, Hugo Soares, o qual, sempre generoso, atencioso e prestativo, contribuiu com inúmeros debates, conversas, comentários e reflexões, os quais foram essenciais para o desenvolvimento da dissertação que originou o presente livro. Ainda sobre Lisboa, é imprescindível destacar que sou imensamente grato a Luís Clóvis Rocha, Mariana Paiva, Paula Collesi, Bruno Marinho, Daniela Queiroz, Ricardo Duarte, Roberto Matias, Stefano Rezende e Mariana Filizzola. Afinal, depois de horas na biblioteca, almoços e jantares, debates sobre os temas mais variados, passeios e saídas, pesquisas para os seminários e relatórios, viagens, atividades acadêmicas de todos os tipos e tantas outras experiências proporcionadas pela Universidade de Lisboa, podemos ter certeza que o nosso grupo, embora bem diverso em termos de especialização jurídica e regionalidade brasileira, foi como uma família em terras lusitanas. Aqui, estendo minha gratidão à Cátia Silva e Antonio Cabral, com os quais, através do grupo acima, também formei uma grande amizade durante o tempo em Lisboa.

Quanto aos semestres na Alemanha, nos quais o conhecimento jurídico adquirido foi fundamental para o desenvolvimento desse livro, sou muito grato àqueles com quem pude aprender, compartilhar experiências acadêmicas e dividir momentos de descontração. Assim, agradeço a Orlandino Gleizer, Mario Jorge, Guilherme Góes, Izabele Kasecker, Carlos Wehrs, Renato Kramer, Flávia Siqueira, Tatiana Stoco, Adriano Teixeira, Lucas Montenegro, Eduardo Viana, Augusto Assis, Fernando Calix, Heloísa Estellita e Tamara Tsanava. A mobilidade acadêmica acima referida foi possível graças ao Programa Erasmus Plus, o qual, ao permitir que eu cursasse um semestre letivo em Munique e outro em Augsburg, proporcionou a oportunidade de estudar e conviver com pessoas de vários países, com muitas das quais construí verdadeiras amizades. Pela convivência e companheirismo, sou grato a Álvaro Palomino, Afrora Megjdi, Dylan Sala, Vincenzo Sica, Michela Valli, Margot Houget, Katja Starman, Lara Vihar, Flavio Pierro, Joséphine Lebrun, Francesca Colleoni, Alan de Ambrogi, Robin Klaedtke, Sofia Sousa, Miriam Soares, Joana Pinheiro, Bárbara Raposo, Maria Luísa Couto, Raya Tabet, Marta Bastos, Cláudia Grácio, Beatriz Siegle, Marcelo Lopes, Nicola Maria Maiello, Francesco Tuccillo, Andrea Circolo, Konstantinos Volonassis, Matheus Malafaia e a tantos outros que compartilharam comigo essa incrível experiência.

Além dos amigos que fiz em virtude do mestrado, sou igualmente grato às pessoas que, pelas razões mais diversas, foram importantes para o desfecho desse ciclo de estudos. Em relação aos amigos do MPRJ, agradeço a Victor Marques, Bianca Danetra, Yan Portes, Stefano Marinho, Kevin Nordfalk, Daniel Hartje, Karla Freire, Fernando Marques, Alessandra Caputo e Julia Cerveira, os quais, além de ótimos colegas de trabalho, ouviram e comentaram as ideias que trago nesse livro. Ainda sobre os amigos do MPRJ, agradeço especialmente à Patrícia Pimentel, com a qual pude debater e aprender muito sobre diversos temas correlatos àqueles desenvolvidos na presente obra. À Lara Werneck, João Gabriel Diniz, Gustavo Bulus e Marina Cruz, agradeço por tudo que já fizeram por mim e, mais ainda, pela amizade de valor inestimável. À Dora Caymmi, minha namorada, por todo o amor, apoio e paciência, sobretudo nos meses anteriores à entrega da dissertação que originou esse livro, a gratidão que sinto reflete a felicidade trazida pela sua companhia.

Por ser a gênese de tudo, minha família, sempre um referencial e fonte de inspiração para a vida, merece a maior gratidão de todas. Portanto, aos meus pais, Silvio e Jaqueline, digo que, além de minha própria existência, também sou grato por seu apoio eterno e incondicional, pelo qual agradeço igualmente as minhas irmãs, Juliana e Luciana, as minhas avós, Lucy e Raymunda (†), aos meus avôs, Jorge (†) e Silvio (†), ao avô que a vida me deu, Antonio, aos meus padrinhos, Suzana e Fernando, e a toda a minha família.

Por último e mais importante, agradeço a Deus por todas as oportunidades que tive na vida, asseverando minha gratidão com os dizeres: *Omnes enim Christus, nihil sine Maria*!

PREFÁCIO

Com grande alegria trazemos ao público o livro de Silvio Leite Guimarães Neto, sobre "Uma Teoria da Pena Baseada na Vítima", dissertação apresentada para a obtenção do título de mestre na Faculdade de Direito da Universidade de Lisboa, em parte escrita em uma estadia de investigação na Universidade de Augsburg. É, de certa forma, natural, ainda que não usual, que o trabalho que coorientámos (o segundo coprefaciador se encontrava, à época, em Augsburg), agora seja por nós coprefaciado. E o fazemos não apenas por costume ou amizade - ainda que ambos, especialmente a segunda, sejam inegáveis - mas pelos méritos da obra e por nossa alegria em haver participado de sua gênese. Falaremos primeiro dos méritos, em seguida da alegria.

O *primeiro mérito* da obra é sua *qualidade informativa*. Ela apresenta ao público de língua portuguesa a instigante reflexão, em especial alemã e anglo-americana, sobre a justificação da pena a partir da perspectiva da vítima. A resposta que, de uma perspectiva leiga, afigura-se quase que evidente - a de que a pena tem de ser imposta, porque doutro modo se estaria por desrespeitar ou desprezar a vítima - até há bem pouco tempo não encontrava qualquer eco no debate científico correspondente. O segundo prefaciador, que dedicou sua tese de doutorado às teorias da pena, sequer mencionou a perspectiva da vítima como uma possível justificação. Na verdade, a vítima está ausente do clássico cânone de justificações da pena. Não por acaso, já que a consolidação histórica de um direito penal público, caracterizado pelo monopólio estatal do *ius puniendi*, vai de par com a aplicação da pena tão-somente para defesa da sociedade como um todo, relegando o drama pessoal da vítima para o terreno do direito privado, enquanto parte civil com mero direito a indemnização pelo dano causado.

O regresso da vítima ao âmago do direito penal é, pois, suscetível de pôr em crise arreigadas convicções da doutrina penalista contemporânea. Silvio Leite Guimarães Neto oferece detalhada e instrutiva notícia dessa nova perspectiva e disponibiliza ao leitor rico material, colhido na fonte, para habilitá-lo a formar um juízo sobre este debate teórico-penal.

Mas Silvio Leite Guimarães Neto não se limita a descrever; sua obra, além de informativa, é *propositiva* e *criativa*. Silvio Leite Guimarães Neto segue um caminho todo seu no sentido de justificar a pena a partir da vítima; e gostaríamos de destacar que ele não foge de vários problemas que, em regra, não chegam a ser enfrentados nem mesmo pelos propositores da teoria, como suas implicações na teoria do delito e na teoria da aplicação da pena. Para ficarmos com um único exemplo: os defensores de teorias baseadas na vítima ficam a dever uma resposta quanto ao porquê de não se reconhecer à vítima uma ampla capacidade de perdoar o autor e, com isso, de fazer desaparecer a punibilidade. Silvio Leite Guimarães Neto replica, com o sutil e original argumento, que ações que sequer o Estado se permite praticar - como torturar - ele tampouco pode relegar ao perdão da vítima, caso ela seja por elas afetadas.

A maior alegria do orientador é a de acompanhar o amadurecimento do orientando, de ver esse processo materializado numa obra. Silvio Leite Guimarães Neto nos proporcionou essa alegria, que tentamos materializar no presente prefácio, e que só poderá ser superada no dia em que recebermos a notícia de que o autor retornará ou a Portugal (Lisboa), ou à Alemanha (agora não mais Augsburg, e sim Berlim), com a finalidade de doutorar-se. Querido Silvio, nossas portas estão abertas! Até bem breve.

Lisboa/Berlim, 24 de novembro de 2019

Prof. Dr. Paulo de Sousa Mendes, LL.M. (Professor associado com agregação de direito penal, direito processual penal, direito probatório e direito penal comparado na Faculdade de Direito da Universidade de Lisboa).

Prof. Dr. Luís Greco, LL.M. (Professor catedrático de direito penal, direito processual, direito penal estrangeiro e teoria do direito penal na Universidade Humboldt, de Berlim).

SUMÁRIO

CAPÍTULO II

NOTA PREAMBULAR

O presente livro é uma adaptação da dissertação desenvolvida sob a orientação dos Professores Doutores Paulo de Sousa Mendes e Luís Greco e apresentada em sede do Mestrado Científico da Faculdade de Direito da Universidade de Lisboa como um requisito parcial à obtenção do título de Mestre em Direito e Ciência Jurídica, na Especialidade Direito Penal e Ciências Criminais. A prova pública de defesa ocorreu em 16 de janeiro de 2019, tendo o Júri de Mestrado, composto pelos Professores Doutores Augusto Silva Dias (Presidente) e Paulo de Sousa Mendes (Orientador) e pelas Professoras Doutoras Helena Morão (Vogal) e Inês Ferreira Leite (Arguente), atribuído à dissertação a classificação de dezessete valores (numa escala de zero a vinte valores).

Alguns dos questionamentos formulados pelo júri, apesar de terem uma inegável pertinência temática, não serão tratados no presente livro, pois faltaria espaço para desenvolvê-los de forma satisfatória dentro da limitação de páginas a ser observada pelas obras desta coleção. Para exemplificar, menciona-se a questão suscitada pelas Professoras Doutoras Helena Morão e Inês Ferreira Leite, as quais indagaram sobre o potencial conflito de propostas trazidas pela dissertação – *tal como a vítima, por ser moralmente afetada pela pena, ser tida como detentora de um direito subjetivo a ser considerada no processo punitivo, habilitando-a a influir direta e ativamente na determinação do ônus tangível a ser imposto ao próprio algoz* – em face de princípios de notória relevância em matéria constitucional-penal, tais como o Princípio da Individualização da Pena e o Princípio da Jurisdição. Assim, fica esclarecido que o supramencionado questionamento, assim como outros também suscitados pelos membros do júri durante a prova pública de defesa, será desenvolvido em uma obra autônoma a ser posteriormente publicada. A limitação de páginas aduz que, neste livro, seja inviável incluir uma abordagem satisfatória de questões análogas, em termos de complexidade, àquela supramencionada, mas deixa entrever que ainda há espaço para lidar com outras indagações do júri, as quais, por terem um caráter mais "pontual", prescindem de um vasto desenvolvimento.

Um questionamento condizente com tal parâmetro foi suscitado pela Professora Doutora Helena Morão, a qual, após inquirir o porquê de a vítima ser instrumentalizada, ponderou que, ao referenciar tal ideia, a dissertação empregava o vocábulo "instrumentalização" de uma maneira que deixava a desejar em termos de precisão conceitual. Após refletir sobre a ponderação apresentada, creio ser necessário tecer alguns comentários sobre o emprego do referido termo. A dissertação faz várias menções à palavra "instrumentalização" e, ao fazê-lo, tenciona criticar a inserção da vítima em certas teorias da pena, sustentando que tais formulações instrumentalizam o indivíduo vitimado. Na maioria das ocasiões em que é mencionado, o referido vocábulo está inserido no questionamento às teorias preventivas (*Capítulo I – A Pena e a Vítima*), as quais são criticadas por "instrumentalizarem" a vítima para promover o interesse coletivo na evitação de delitos futuros.[1] Após reler os trechos pertinentes da dissertação

1. Para um melhor entendimento desta assertiva e também do contexto em que está inserida a ideia de "instrumentalização da vítima", cabe uma breve digressão sobre o argumento crítico feito pela dissertação em face das teorias preventivas. A dissertação avalia que, para as teorias preventivas, o fato de alguém ser afligido por um delito apenas indicaria que uma pena previamente imposta não evitou a ocorrência desse fato e que tal indivíduo vitimado seria um mero indicador de que é necessário repensar o ato punitivo para que este passe a cumprir a sua finalidade preventivo-criminal. Inclusive, a dissertação metaforiza o indivíduo vitimado como um "alarme" sobre o "mau funcionamento" da pena, pois ele alertaria que o ato punitivo não está desempenhando a própria finalidade e que, por isso, deve ser aprimorado enquanto meio de prevenção criminal. A partir destas assertivas, a dissertação problematiza que a vítima contribui para a prevenção criminal, mas a "contrapartida" por tal préstimo é um benefício que indistintamente recai sobre todos aqueles que compõem a coletividade (isto é, a evitação de delitos futuros) e que, por ser prospectivo, é inapto para lidar com um fato pretérito (isto é, o crime que afligiu tal indivíduo). Assim, para a dissertação, o fato de a vítima contribuir para a prevenção criminal sem auferir um benefício que contemple os seus interesses específicos (isto é, aqueles de alguém que já sofreu um crime) permite concluir que as teorias preventivas

e refletir sobre a inserção da vítima nas teorias preventivas, reitero que estas formulações devem ser criticadas pelo descaso com o indivíduo vitimado. Contudo, creio que o termo "instrumentalização" deve ser esclarecido, pois, nos trechos em que a dissertação aborda a "instrumentalização da vítima", o referido vocábulo é empregado com pouco rigor conceitual. Assim, esclareço que, nas passagens supramencionadas, o termo "instrumentalização" deve ser lido como "instrumentalização implícita", um conceito que passo a desenvolver nos parágrafos subsequentes.

A vítima é desconsiderada nas teorias preventivas, porém inexistem razões para crer que tal descaso ocorre com o deliberado intuito de promover a prevenção de crimes futuros.[2] Assim, ao invés de uma premissa preventivo-criminal, a desconsideração da vítima seria uma decorrência lógica, ainda que não intencional, das premissas teóricas adotadas pelas formulações em questão. Afinal, percebe-se que, por um lado, as teorias preventivas, ao fundamentarem a pena exclusivamente na profilaxia de crimes futuros, demonstram uma nítida tendência prospectiva e coletivista. Por outro lado, a vítima é alguém que já foi afligido por um crime (isto é, um fato pretérito), ou seja, uma fundamentação da pena que considera o sujeito passivo do delito deve ter uma tendência retrospectiva e individualista. A partir destas últimas assertivas, é razoável entender que a desconsideração

"instrumentalizam" tal indivíduo para promover o interesse coletivo na profilaxia de delitos futuros. Percebe-se que a redação do argumento condensado na última frase é problemática, pois, ao dizer que as teorias preventivas "instrumentalizam" a vítima, deixa subentendido que, nas referidas formulações, o indivíduo vitimado é deliberadamente reduzido a um meio para um fim. Considerando que "instrumentalizar" alguém implica desconsiderar que tal indivíduo seja um fim em si mesmo, percebe-se que, ao ler tal passagem ("as teorias preventivas 'instrumentalizam' a vítima para promover o interesse coletivo na profilaxia de delitos futuros"), o leitor pode, erroneamente, concluir que a desconsideração da vítima seria uma premissa preventivo-criminal das formulações em questão. Portanto, o argumento apresentado nesta nota de rodapé, tal como redigido na dissertação, é suscetível de interpretações equivocadas e, consequentemente, deve ser formulado de uma maneira mais precisa.

2. Afinal, é ilógico afirmar que há uma correlação entre a desconsideração da vítima e a prevenção de crimes futuros. Inclusive, o absurdo desta correlação fica evidente ao compará-la com outras proposições típicas do repertório das teorias preventivas. Por exemplo, no caso das teorias de prevenção geral negativa, a correlação entre a imposição ou cominação de uma pena (causa) e a prevenção criminal decorrente da dissuasão penal de infratores potenciais (efeito) é minimamente plausível.

da vítima é uma decorrência lógica, ainda que não intencional, das premissas teóricas das formulações preventivas, as quais têm um viés prospectivo e coletivista.[3] Em termos mais sucintos, pode frasear-se que uma "consequência não intencional" das teorias preventivas é o fato de a vítima ser desconsiderada. Com o intuito de adensar a ideia da última frase, acrescenta-se que, ao ser "desconsiderada", a vítima não é contemplada como indivíduo afetado pelo crime e que, em virtude desta vivência, tem interesses não compartilhados por aqueles que, eventualmente, poderão a ser vitimados (isto é, as "vítimas potenciais"). De uma forma mais abreviada, pode dizer-se que, a vítima é desconsiderada enquanto um sujeito de interesses especificamente relacionados ao crime vivenciado.

Após delimitar *"porque"* e *"como"* o sujeito passivo é desconsiderado pelas teorias preventivas, convém retomar o argumento da "vítima-alarme",[4] isto é, o fato de um indivíduo ser vitimado indica que uma pena previamente imposta não evitou a ocorrência delitiva e que é necessário repensar o ato punitivo para que este passe a cumprir a sua finalidade preventivo-criminal. Assim, apesar de a desconsideração da vítima ser uma "consequência não intencional" das teorias preventivas, é razoável dizer que, nestas formulações, o indivíduo vitimado ainda acaba tendo um "papel" que pode ser entendido como uma contribuição preventivo-criminal.[5] Contudo, deve frisar-se que o desempenho de tal "papel" pela vítima, tal como a desconsideração desta, não seria uma premissa das teorias preventivas, mas outra decorrência lógica, ainda que não intencional, das premissas adotadas por tais formulações. Logo, as teorias preventivas não pressupõem que a desconsideração da vítima evita delitos futuros, porém têm um "arranjo" de premissas, cuja resultante é uma situação em que tal indivíduo, apesar de ter uma contribuição preventivo-criminal, não é

3. Neste sentido, a desconsideração da vítima poderia ser ilustrada através de uma analogia à ideia de "efeito colateral". Assim, o fato de a vítima ser desconsiderada nas teorias preventivas pode ser entendido como um "efeito colateral" das premissas adotadas por tais formulações.

4. Sobre o argumento em questão, vide a primeira nota de rodapé desta Nota Preambular.

5. Neste ponto, deve salientar-se que tal "contribuição preventivo-criminal", ao invés de relativa à efetiva evitação de delitos futuros, seria pertinente ao fato de a vítima, nestas formulações teóricas, contribuir para a finalidade de prevenção criminal atribuída à pena.

contemplado como um sujeito de interesses especificamente relacionados ao crime vivenciado.

Uma vez que a vítima, apesar de ter uma contribuição preventivo-criminal, é desconsiderada pelas teorias preventivas, enquanto sujeito de interesses especificamente relacionados ao crime vivenciado, pode dizer-se que tal indivíduo é "implicitamente instrumentalizado" pelas formulações em questão. Ademais, ressalta-se que a vítima, em última análise, é uma condição imprescindível para penalizar um infrator, ou seja, ao conceber a pena como exclusivamente fundamentada na prevenção criminal, o indivíduo vitimado acaba reduzido a um simples pretexto para punir. Assim, entendo que, ao invés do mero vocábulo "instrumentalização", teria sido mais apropriado utilizar o conceito "instrumentalização implícita".[6] Nestes termos, ao invés de mencionar que, nas teorias preventivas, a vítima é instrumentalizada em prol do interesse coletivo na prevenção criminal, teria sido mais apropriado dizer que, como uma decorrência lógica, ainda que não intencional, das premissas adotadas por tais formulações, a vítima é implicitamente instrumentalizada, pois, apesar de ter uma contribuição preventivo-criminal, tal indivíduo é desconsiderado enquanto um sujeito de interesses especificamente relacionados ao crime vivenciado.

Por último, acrescento que aqueles com objeções insuperáveis ao conceito supramencionado, podem entender que, ao invés de implicitamente instrumentalizada, a vítima, apesar de ter uma contribuição preventivo-criminal, é desconsiderada enquanto um sujeito de interes-

6. Conforme o texto permite inferir, o termo "instrumentalização" e o conceito "instrumentalização implícita" não têm o mesmo significado. Assim, pontua-se que, originalmente, a dissertação abordava a "instrumentalização da vítima" através de frases, nas quais o termo "instrumentalização" era empregado. Uma vez que, neste livro, o termo "instrumentalização" majoritariamente cedeu lugar ao conceito "instrumentalização implícita", é pertinente dizer que a alteração de algumas frases foi necessária. Em certos trechos, nos quais foi repensada a pertinência do termo "instrumentalização", este foi excluído. Contudo, na maioria das ocasiões, o referido termo foi substituído pelo conceito "instrumentalização implícita". Caso tal providência não tivesse sido adotada, a compreensibilidade do texto poderia ter sido comprometida, pois, em certas passagens, haveria uma tensão entre o conceito "instrumentalização implícita" e o teor geral da frase, o qual ainda faria referência ao termo "instrumentalização". Portanto, aqueles que tiverem interesse em ler a versão original da dissertação de mestrado que originou este livro poderão encontra-la, no repositório virtual da Faculdade de Direito da Universidade de Lisboa, com o seguinte *link*: https://repositorio.ul.pt/bitstream/10451/37547/1/ulfd137248_tese.pdf

ses especificamente relacionados ao crime vivenciado. Afinal, ainda que o conceito "instrumentalização implícita" não seja empregado, a crítica da dissertação à condição da vítima nas teorias preventivas permanece substancialmente inalterada. Ademais, é pertinente ponderar que o problema da "instrumentalização" não está exatamente em usar um indivíduo como meio, mas em não o considerar como um fim. Neste sentido, desconsiderar a vítima se mostra tão reprovável quanto instrumentaliza-la, seja de maneira "implícita" ou não, pois tal indivíduo sequer como objeto é reconhecido; ele é um nada.

Finda a abordagem da questão suscitada pela Professora Doutora Helena Morão, é pertinente desenvolver outros tópicos pontuais que, apesar de incidentalmente comentados pelo júri, foram amplamente debatidos com meu orientador, o Professor Doutor Paulo de Sousa Mendes, em reuniões que tivemos antes da prova pública.

O primeiro tópico é uma indagação sobre o porquê de o expressivismo penal ter sido escolhido como alicerce teórico para uma teoria da pena baseada na vítima. Apesar de certos trechos da dissertação tangenciarem o tópico, reconheço que a resposta para tal indagação deveria ter recebido um local de destaque. Assim, informo que o enfoque no expressivismo penal pode ser remetido a um "palpite avalizado[7]" sobre quais teorias da pena seriam mais propícias a considerar a vítima e os interesses desta. Afinal, um traço que destaca as teorias expressivas em relação às formulações tradicionais é a tendência a incluir a vítima nas reflexões sobre a pena.[8]

7. Tradução livre da expressão anglófona *"Educated Guess"*, a qual pode ser definida como *"um palpite que é feito com o uso de discernimento e um nível específico de conhecimento e, portanto, é mais provável de estar correto"* (https://dictionary.cambridge.org/pt/dicionario/ingles/educated-guess).

8. Por exemplo, pode perceber-se que, desde as proposições iniciais, as teorias expressivas da pena têm uma implícita preocupação com a vítima (FEINBERG, Joel. *The Expressive Function of Punishment, The Expressive Function of Punishment*. In *The Monist*. Vol. 49, n. 3, 1965, p. 404 a 408). Nas primeiras convergências explícitas entre a questão da vítima e as teorias expressivas da pena, propôs-se que o ato punitivo expressaria o reconhecimento do status "vitimal" da pessoa afligida por um crime. A pena asseveraria que determinado indivíduo foi submetido a uma conduta ilícita perpetrada por um terceiro, diferenciando aquele que sofreu um crime daqueles acometidos por infortúnios, tais como catástrofes naturais (VON HIRSCH, Andreas. *Review of Nils Christie "Limits to Pain"*. In *Crime and Delinquency*, Vol. 28, 1982, p. 315 a 318; WALTHER, Susanne. *Was Soll "Strafe"? Grundzüge eines zeitgemäßen Sanktionensystems*. In *ZStW* 111 (1999), Heft 1, p. 136; GÜNTHER, Klaus. *Die symbolisch-expressive Bedeutung der*

O segundo tópico é relativo à ausência de uma delimitação para o conceito "vítima". Apesar de tal conceito ser altamente relevante para a dissertação, esta carece de uma seção dedicada a defini-lo.[9] A importância de tal delimitação terminológica pode ser explicada pela diversidade de conceitos no âmbito das ciências jurídico-criminais que utilizam o vocábulo "vítima". Assim, informo que, tanto na dissertação quanto neste livro, deve ser entendido como "vítima" o indivíduo que direta e concretamente é afetado por uma conduta delitiva.[10] Ademais, pontuo que os trechos, nos quais o referido termo estiver empregado de uma maneira diferenciada, serão assinalados.

Por último, antes de encerrar a presente nota preambular, aproveito para fazer uma ressalva quanto à disposição das notas de rodapé em

Strafe: Eine neue Straftheorie jenseits von Vergeltung und Prävention? In PRITTWITZ, Cornelius. BAURMANN, Michael. GÜNTHER, Klaus. KUHLEN, Lothar. MERKEL, Reinhard. NESTIER, Cornelius. SCHULZ, Lorenz. LÜDERSSEN, Klaus. (Ed.). *Festschrift für Klaus Lüderssen: zum 70. Geburtstag am 2 Mai 2002.* Baden-Baden: Nomos Verlagsgesellschaft, 2002, p. 206; REEMTSMA, Jan Philipp. *Das Recht des Opfers auf die Bestrafung des Täters - als Problem.* Munique: Verlag C.H. Beck, 1999, p. 25; HASSEMER, Winfried. REEMTSA, Jan Philipp. *Verbrechensopfer: Gesetz und Gerechtigkeit.* Munique: Verlag C.H. Beck, 2002, p. 130; HÖRNLE, Tatjana. *Die Rolle des Opfers in der Straftheorie und im materiellen Strafrecht.* In *Juristen Zeitung*, nº 19, 2006, p. 955). Posteriores interseções entre os temas propuseram que a condenação penal do infrator teria um significado especialmente relevante para as vítimas e que isto extrapolaria, em termos de significado, as ações de desaprovação cotidianamente vivenciadas (HAMEL, Roman. *Strafen als Sprechakt: Die Bedeutung der Strafe für das Opfer.* Berlin: Duncker & Humblot, 2009, p. 178). Abordagens subsequentes postularam que a ausência de uma pena soaria como uma implícita afirmação quanto ao delito sofrido pela vítima não ter sido grave ao ponto de justificar o acionamento do sistema de justiça criminal e também poderia sugerir que o próprio indivíduo vitimado foi responsável pelo ocorrido. O fato de o autor de um delito grave não ser punido deixaria entrever a insignificância da vítima, tendo em vista as autoridades lidarem como se tal indivíduo não valesse a atuação do Estado (WEIGEND, Thomas. *Die Strafe für das Opfer"? - Zur Renaissance des Genugtuungsgedankens im Straf- und Strafverfahrensrecht.* In *RW*, Vol. 120, 2010, p. 50 a 52).

9. Neste sentido, menciono a abordagem de Lyane Sautner como exemplo, pois a autora dedica uma seção inicial de sua obra para debater as possíveis acepções do conceito "vítima" (SAUTNER, Lyane. *Opferinteressen und Strafrechtstheorien: Zugleich ein Beitrag zum restorativen Umgang mit Straftaten.* Innsbruck: StudienVerlag, 2010, p. 25 a 33.

10. Contudo, informo que, para manter as frases sucintas, optou-se, em certos trechos, por fazer referência a este entendimento de "vítima" através de abreviações (por exemplo, "indivíduo concretamente afetado por um crime", "indivíduo vitimado", "indivíduo que sofreu um delito" etc).

certas partes do livro. Para mitigar a ocorrência de margens "sobrecarregadas" com notas de rodapé, as quais, além de comprometerem a estética do texto, também podem deixar dúvidas quanto às referências bibliográficas, o seguinte padrão será adotado: nos parágrafos em que predomina a referência a um título bibliográfico, as frases com notas de rodapé serão somente aquelas que, citando uma obra mencionada na frase anterior, referenciem a dita obra em uma página diferente (ou, em adição, mencionem outro título bibliográfico).

INTRODUÇÃO

1. Colocação do problema

As teorias da pena têm uma inegável relevância para o pensamento jurídico-criminal. A busca pela fundamentação imanente do *jus puniendi* estatal, promovida segundo uma perspectiva racionalista, pode ser atribuída ao pensamento jusfilosófico moderno.[1] Apesar de promover inegáveis avanços civilizatórios,[2] contribuindo, por exemplo, para o banimento de penas draconianas e excessos das autoridades, o esforço em racionalizar a atividade punitiva promoveu a neutralização da vítima.[3]

Percebida como um resquício das práticas de composição medievais, as quais passavam a ser vistas como arbitrárias, personalizadas e conflitantes com o monopólio coercitivo estatal, a atuação da vítima na resolução de querelas criminais foi amplamente restrita entre os

1. RÜPING, Hinrich. JEROUSCHEK, Günter. *Grundriss der Strafrechtgeschichte*. 6ª Ed. Munique: Verlag C.H. Beck, 2011, p. 65 a 71; NAUCKE, Wolfgang. *Feuerbachs Lehre von der Funktionstüchtigkeit des gesetzlichen Strafens*. In HILGENDORF, Eric. WEITZEL, Jürgen (Ed.). *Der Strafgedanke in seiner historischen Entwicklung: Ringvorlesung zur Strafrechtsgeschichte und Strafrechtsphilosophie*. Berlin: Duncker & Humblot, 2007, p. 101; VORMBAUM, Thomas. *A Modern History of German Criminal Law*. Durham: Springer Verlag, 2014, p. 19 a 45.

2. RÜPING, Hinrich. JEROUSCHEK, Günter. *Grundriss der Strafrechtgeschichte*, op. cit., p. 70 a 72.

3. SAUTNER, Lyane. *Opferinteressen und Strafrechtstheorien: Zugleich ein Beitrag zum restorativen Umgang mit Straftaten*, op. cit., p. 44; HASSEMER, Winfried. MUÑOZ CONDE, Francisco. *Introducción a la Criminología y al Derecho Penal*. Valencia: Tirant Lo Blanch, 1989, p. 29.

períodos quinhentista e setecentista.[4] A vítima acabou transmutada em sujeito passivo do delito, devido à tentativa de assegurar que excessos passionais não vulnerassem os direitos do ofensor.[5] O espaço reservado à vítima foi reduzido às pretensões reparatórias e indenizatórias.[6]

O afastamento da vítima e o advento das teorias da pena teriam ocorrido de forma concomitante.[7] As formulações historicamente predominantes no debate teórico-penal podem ser divididas em duas tradições filosóficas, uma consequencialista e outra deontológica.[8] A primeira, orientada ao futuro e pautada pelos efeitos sociais da pena, fundamenta o ato punitivo na prevenção criminal. A segunda, orientada ao passado e focada em uma concepção metafisica de justiça, fundamenta a pena como a reação moralmente apropriada ao crime.

Quase um século após o fim da Idade Moderna, o advento da vitimologia trouxe estudos sobre o sujeito passivo e impulsionou questionamentos à alienação da vítima.[9] Apesar de ter suscitado a reformulação do papel atribuído ao sujeito passivo em diversos âmbitos das ciências jurídico-criminais, a "Redescoberta da Vítima" não teria

4. SAUTNER, Lyane. *Opferinteressen und Strafrechtstheorien: Zugleich ein Beitrag zum restorativen Umgang mit Straftaten*, op. cit., p. 40 a 43; GÜNTHER, Klaus. *Die symbolisch-expressive Bedeutung der Strafe: Eine neue Straftheorie jenseits von Vergeltung und Prävention?* op. cit, p. 212 e 213; HASSEMER, Winfried. REEMTSA, Jan Philipp. *Verbrechensopfer: Gesetz und Gerechtigkeit*, op. cit., p. 16 a 24.

5. SAAD-DINIZ, Eduardo. CARVALHO MARIN, Gustavo. *Imputação moral orientada à vítima como problema de imputação objetiva*. In *RIL Brasília*, a. 54, n. 213, jan./mar., 2017, p. 115.

6. Idem, ibidem, p. 115 e 116.

7. SAUTNER, Lyane. *Opferinteressen und Strafrechtstheorien: Zugleich ein Beitrag zum restorativen Umgang mit Straftaten*, op. cit., p. 44; GÜNTHER, Klaus. *Die symbolisch-expressive Bedeutung der Strafe: Eine neue Straftheorie jenseits von Vergeltung und Prävention?* op. cit, p. 212 e 213; HASSEMER, Winfried. REEMTSA, Jan Philipp. *Verbrechensopfer: Gesetz und Gerechtigkeit*, op. cit., p. 19 a 21.

8. VON HIRSCH, Andrew. *Proportionality in the Philosophy of Punishment*. In *Crime and Justice*, Vol. 16, 1992, p. 57.

9. SAAD-DINIZ, Eduardo. CARVALHO MARIN, Gustavo. *Imputação moral orientada à vítima como problema de imputação objetiva*, op. cit., p. 114 a 119; COSTA ANDRADE, Manuel da. *A Vítima e o Problema Criminal*. Coimbra: Coimbra Editora, 1980, p. 58 a 67; NEUMAN, Elias. *Victimología: El rol de la víctima en los delitos convencionales y no convencionales*. Buenos Aires: Editorial Universidad, 1984, p. 30 a 34; HASSEMER, Winfried. REEMTSA, Jan Philipp. *Verbrechensopfer: Gesetz und Gerechtigkeit*, op. cit., p. 13 a 15 e 30 a 46.

obtido grande repercussão nas teorias da pena.[10] A predominância das formulações preventivas, as quais fundamentariam a pena em interesses da comunidade, ignorando os anseios da vítima, demonstraria a atual propensão ao coletivismo no debate teórico-penal. As teorias da pena ainda permaneceriam atreladas a um paradigma coletivista, o qual já teria sido superado ou mitigado por considerações individualistas em outros âmbitos jurídicos.

A inserção de preceitos individualistas no debate teórico-penal teria ocorrido de forma unilateral, pois apenas contemplou o sujeito ativo do delito.[11] A vítima continuou eclipsada pelo destaque conferido ao infrator e à sociedade. O fato de a pena imposta a alguém pelo cometimento de um delito interpessoal não considerar a pessoa concretamente afligida pela conduta seria desconcertante, suscitando questionar sobre a inserção de uma premissa individualista voltada à vítima nas teorias da pena.

Apesar das atitudes refratárias ou desinteressadas daqueles alinhados às tradições filosóficas predominantes, as teorias expressivas possibilitariam uma abordagem diferenciada da questão, viabilizando propostas favoráveis à inserção do sujeito passivo no debate teórico-penal[12]. Apesar de inserirem a vítima no âmbito das teorias da pena, as referidas formulações não lhe atribuíram uma participação ativa em relação à atividade punitiva. O sujeito passivo individual continuou como mero receptor do conteúdo moral expresso pela pena. Inclusive, as teorias expressivas demonstram convergir quanto em uma posição

10. HÖRNLE, Tatjana. *Expressive Straftheorie*. In HILGERS, Thomas. KOCH, Gertrud. MÖLLERS, Christoph. MÜLLER-MALL, Sabine (Ed.). *Affekt & Urteil*. Paderborn: Wilhelm Fink Verlag, 2015, p. 143; Idem. *Gegenwärtige Strafbegründungstheorie: Die herkömmliche deutsche Diskussion*. In VON HIRSCH, Andreas. NEUMANN, Ulfrid. SEELMANN, Kurt (Ed.). *Strafe - Warum? Gegenwärtige Strafbegründungen im Lichte von Hegels Straftheorie*. Baden-Baden: Nomos Verlagsgesellschaft, 2011, p. 29; Idem. *Die Rolle des Opfers in der Straftheorie und im materiellen Strafrecht*, op. cit., p. 950 a 952.

11. HÖRNLE, Tatjana. *Die Rolle des Opfers in der Straftheorie und im materiellen Strafrecht*, op. cit., p. 951 e 952.

12. HÖRNLE, Tatjana. *Straftheorien*. Tübingen: Mohr Siebeck, 2011, p. 37 a 41; Idem. *Gegenwärtige Strafbegründungstheorie: Die herkömmliche deutsche Diskussion*, op. cit., p. 26 a 28.

refratária à possibilidade de a vítima intervir diretamente na punição do infrator.[13]

2. Hipótese e marco teórico

As formulações dominantes no debate teórico-penal demonstram parca consideração pela vítima. Apesar de representarem um avanço em termos de consideração pelo sujeito passivo, tomando-o como destinatário do conteúdo moral expresso pela pena, as teorias expressivas atuais não parecem conferir à vítima um papel ativo.

Tendo em vista o contexto posto pelas últimas considerações, levanta-se como hipótese a possibilidade de se construir uma nova teoria da pena, a partir da interação dos marcos teóricos - *individualismo normativo, contratualismo e expressivismo penal* -, a qual possa conciliar a satisfação da vítima com as preocupações que originalmente levaram ao afastamento vitimal.

3. Estrutura da investigação

No Capítulo I, promover-se-á uma recapitulação das tradições filosóficas, e suas respectivas formulações, mais relevantes ao debate teórico-penal de influência anglo-saxã e continental europeia, abordando criticamente as considerações que dispensam à vítima.

No Capítulo II, realizar-se-á uma análise descritiva e classificatória das teorias expressivas, considerando que, *a priori*, aparentam considerar a vítima de forma mais adequada.

Em seguida, ainda no Capítulo II, passar-se-á uma apreciação crítica das propostas expressivistas mais destacadas, analisando-as quanto às possíveis implicações em termos de consideração da vítima na fundamentação da pena.

13. A assertiva pode ser exemplificada com uma menção à posição de Tatjana Hörnle, a qual, apesar de ter uma bibliografia profícua sobre os temas do expressivismo penal e da inclusão da vítima no debate teórico-penal, é contrária à participação ativa do indivíduo vitimado na punição do próprio algoz: HÖRNLE, Tatjana. *Expressive Straftheorie*, op. cit., p. 158; Idem. *Straftheorien*, op. cit., p. 40 e 41; Idem. *Distribution of Punishment: The Role of a Victim's Perspective*. In *Buffalo Criminal Law Review*, Vol. 3, 1999, p. 176 e 177.

No Capítulo III, proceder-se-á um estudo quanto a possibilidade de uma teoria da pena, específica aos delitos interpessoais, que considere o sujeito passivo ao fundamentar a punição do indivíduo que o vitimou, fazendo, para tanto, uso dos conceitos advindos das teorias adotadas.

Na sequência, ainda no Capítulo III, aprofundar-se-á, porém sem pretensões exaustivas, as implicações do reconhecimento de um direito da vítima à satisfação, através da participação ativa no processo punitivo, no ordenamento jurídico, sobretudo, em relação aos direitos fundamentais do apenado.

CAPÍTULO I

A PENA E A VÍTIMA

1. Considerações introdutórias

O objetivo desse capítulo será avaliar a presença da vítima na fundamentação da punição do infrator, ou seja, a inserção da vitima nas teorias da pena. Essa colocação implica delimitar o marco inicial da análise no despontar do pensamento jurídico-criminal da Idade Moderna, ocorrido entre os Séculos XVI e XVII. Admite-se a existência de conceitos análogos aos de pena e vítima em momentos históricos anteriores aos séculos supramencionados. Por exemplo, durante as civilizações da Antiguidade Clássica e Tardia, tal como a grega,[1]

1. Os oradores áticos Lísias (459 a.C. - 380 a.C.), Esquines (389 a.C. - 314 a.C.) e Demóstenes (384 a.C. - 322 a.C.) discorreram sobre a finalidade da pena com base nas práticas judiciais atenienses. Os escritos desses pensadores expõem que em Atenas prevalecia uma concepção retributiva sobre a finalidade da pena. A punição do infrator não seria apenas voltada ao passado, pois também implicaria considerações prospectivas, tal como proteger a cidade através da eliminação do criminoso, expiar a mácula religiosa causada pela conduta proscrita, fortalecer a autoridade da lei e ordem pública, dissuadir os cidadãos de incorrer em tal conduta e também encoraja-los a virtude e razão (SCHÖPSDAU, Klaus. *Strafen und Strafrecht bei griechischen Denkern des 5. und 4. Jahrhunderts*. In ROLLINGER, Robert. LANG, Martin. BARTA, Heinz (Ed.). *Strafen und Strafrecht in den antiken Welten: Unter Berücksichtigen von Todesstrafe, Hinrichtungen und Peinlicher Befragung*. Wiesbaden: Harrassowitz Verlag, 2012, p. 1 e 2). O filósofo Platão (428 a.C. - 348 a.C.), refletindo sobre a concepção punitiva do sofista Protágoras de Abdera (490 a.C. - 415 a.C.), propôs que a pena não poderia ser tratada como uma vingança irracional, pois também deveria impedir o infrator de reincidir e dissuadir a delinquência de terceiros (SOUSA E BRITO, José de. *Strafzwecke*

romana[2] ou entre os povos germânicos que protagonizaram as migrações dos Séculos IV e V,[3] e ainda durante o

im Rechtsstaat. In NEUMANN, Ulfrid. HERZOG, Felix (Ed.). *Festschrift für Winfried Hassemer*. Heidelberg: C.F. Müller, 2010, p. 305). Platão também teceu considerações sobre a vítima ao discorrer sobre a pena no diálogo *"As Leis"*. A injustiça manifesta na conduta do autor seria o critério para puni-lo. A determinação da pena deveria acompanhar o grau de injustiça na alma do infrator e considerar as circunstâncias do delito praticado, tal como a relação social e parental entre o autor e a vítima. O status do indivíduo lesionado tornaria o ato mais injusto e implicaria uma pena mais grave. Por exemplo, o escravo que matasse um cidadão seria punido mais gravemente que um cidadão que matasse um escravo (SCHÖPSDAU, Klaus. *Strafen und Strafrecht bei griechischen Denkern des 5. und 4. Jahrhunderts*, op. cit., 12, 13 e 14).

2. O filósofo romano Lúcio Aneu Séneca (4 a.C. - 65 d.C.), influenciado por Platão, propôs que a finalidade da pena não seria meramente retributiva (*"punitur, quia peccatum est"*), mas também prevenir futuros delitos (*"punitur, ne peccetur"*) (JAKOBS, Günther. *Staatliche Strafe: Bedeutung und Zweck*. Paderborn: Verlag Ferdinand Schöningh, 2004, p. 5). No direito romano, a pena seria percebida como a supressão do crime e retificação da ordem pública. A ideia de extinção da culpa pela pena teria sido dominante nos primórdios do âmbito privado e público do direito penal romano. A punição do infrator seria uma retribuição pela prática de uma conduta proscrita e decorreria de uma sentença judicial baseada em preceitos legais ou consuetudinários. O direito penal público coibiria condutas lesivas à comunidade e o privado incidiria sobre condutas danosas ao indivíduo livre. A pena no âmbito público seria uma ação em que a comunidade expiaria a mácula do crime através de uma oferenda aos deuses (*Sacratio*). Esse ato expiatório poderia ser uma oferenda de bens ou animais (penas pecuniárias) ou o sacrifício do infrator (pena capital) à divindade ultrajada. A vítima seria irrelevante nos crimes públicos, pois haveriam parcas previsões em que o indivíduo concretamente afetado pelo delito, ou sua família, poderia intervir na persecução e punição do infrator. As tarefas de processar e punir seriam promovidas pelos magistrados, pois estariam submetidas ao interesse do corpo de cidadãos. A vítima teria uma atuação maior no âmbito privado, pois a pena estaria lastreada em um direito de vingança e autotutela frente ao infrator, porém o indivíduo lesionado ainda estaria substancialmente subordinado aos magistrados. A autoridade magistral mediaria a situação e teria a prerrogativa de fixar os detalhes do litígio e também autorizar o exercício da autotutela (MOMMSEN, Theodor. *Römisches Strafrecht*. Leipzig: Verlag Duncker & Humblot, 1899, p. 3, 4, 59, 60, 613, 614, 897 e 902 a 905).

3. O "sistema de composição" (*Kompositionensystem*) foi a forma de resolver conflitos no "direito tribal" (*Stammesrecht*) germânico. O "clã" (*Sippe*) era a unidade familiar, social e jurídica mais elementar entre os germânicos ocidentais. As pessoas livres e inseridas nessa sociedade baseada em relações de consanguinidade poderiam exercer a "faida" (*Fehde*) perante aquele que injustamente lesionasse um membro do clã. A conduta praticada contra um membro afrontaria a "honra" (*Ehre*) do clã. A invocação da faida implicaria em uma declaração de conflito contra o autor do fato e seu clã. O objetivo da faida seria infligir ao clã opositor uma violação da honra e prejuízo material igual ao malfeito sofrido pela parte lesionada. Os conflitos também poderiam ser pacificamente resolvidos pela celebração de um acordo de "expiação" (*Sühne*). Esse arranjo compeliria a parte autora realizar uma "penitência" (*Buße*) em favor da parte vitimada (RÜPING, Hinrich. JEROUSCHEK, Günter. *Grundriss der Strafrechtgeschichte*. op. cit., p. 2 a 4). Nesse contexto, as "partes" con-

Alto[4] e Baixo[5] Medievo. O fato de conceitos oriundos de momentos históricos distintos poderem ser designados pela mesma terminologia

sistiriam no autor, vítima e seus respectivos clãs. O acordo consistiria na entrega de bens de valor, tais como armas, cavalos e gado. Esse acerto entre as partes seria mais do que um mero ressarcimento material, pois implicaria uma compensação da afronta à "honra da vítima" e na restauração da paz entre os clãs. O acordo consistiria na entrega de bens de valor, tais como armas, cavalos e gado. Esse acerto entre as partes seria mais do que um mero ressarcimento material, pois implicaria uma compensação da afronta à "honra da vítima" e na restauração da paz entre os clãs. O sistema de composição deixa entrever a inexistência de um tratamento individualizado dos querelantes, pois a vítima e o autor estariam atrelados ao clã. A vítima, isto é, o grupo familiar do indivíduo lesionado, seria o "elemento basilar" e também o "catalisador" da reação perante o malfeito cometido, pois teria a incumbência de exercer a faida contra o agressor ou aceitar dele um acordo de expiação (SAUTNER, Lyane. *Opferinteressen und Strafrechtstheorien: Zugleich ein Beitrag zum restorativen Umgang mit Straftaten*, op. cit., p. 37 a 40).

4. O legado imperial romano influenciou os germânicos a adotarem estruturas sociais hierarquizadas, sensivelmente diferentes da tradicional organização familiar e tribal, e subsumidas às ordens de líderes militares. O estabelecimento de um poder político mais centralizado resultou em um esforço para converter atos de vingança em processos regrados, prover punições orientadas conforme um sentido legal e adotar regras processuais copiadas do direito romano. As normas prevendo penas corporais foram uma inovação legislativa do Século VI que ocorreu nos reinos germânicos ocidentais (visigótico, lombardo, burgúndio e franco). As legislações desse período (*Leges Barbarorum*) possibilitariam a intervenção de autoridades na resolução de querelas até então privadas. Essa incipiente pretensão punitiva das autoridades ainda não configuraria um monopólio coercitivo, mas seria notadamente diferente de demandas de vingança, compensação ou satisfação entre clãs beligerantes (RÜPING, Hinrich. JEROUSCHEK, Günter. *Grundriss der Strafrechtgeschichte*, op. cit., p. 4 a 8; WEITZEL, Jürgen. *Der Strafgedanke im frühen Mittelalter*. In HILGENDORF, Eric. WEITZEL, Jürgen (Ed.). *Der Strafgedanke in seiner historischen Entwicklung: Ringvorlesung zur Strafrechtsgeschichte und Strafrechtsphilosophie*. Berlin: Duncker & Humblot, 2007, p. 21 a 27 e 30 a 34; Idem. *Hoheitliches Strafen in der Spätantike und im frühen Mittelalter*. Colônia: Böhlau Verlag, 2002, p. 1 a 8). As normas penais seriam aplicadas com base na estratificação social dos envolvidos, pois as condutas proscritas tenderiam a ser punidas de forma mais grave se cometidas por autor de estamento inferior e de forma mais branda se a vítima fosse de estamento inferior. Por exemplo, a *Lex Ripuaria*, compilada pelos francos ripuários no Século VII, previa que a penitência pecuniária por um homicídio (*Wergeld*) seria mensurada pelo estamento da vítima - seiscentos *solidi* por um membro da aristocracia militar franca (*antrustiones*), duzentos *solidi* por um franco livre (*franci*) e cem *solidi* por um franco servo (*lidi*). Apesar dessas mudanças, a faida e expiação continuariam sendo o meio de resolução de conflitos preponderante do Século VI ao IX (BATISTA, Nilo. *Matrizes Ibéricas do Direito Penal Brasileiro - I*. Rio de Janeiro: Editora Revan, 2013, p. 115, 116, 128 e 129; CORREIA, Eduardo. *Estudos sobre a Evolução das Penas no Direito Português*. In *Boletim da Faculdade de Direito da Universidade de Coimbra*, Vol. LIII, 1977, p. 51 a 59; ZÖLLNER, Erich. *Geschichte der Franken bis zur Mitte des sechsten Jahrhunderts*. Munique: C.H. Beck, 1970, p. 115 a 119).

5. As práticas do sistema de composição subsistiram até o Século XVI, porém as

penas corporais já seriam um ponto central nos tratados, codificações e demais fontes jurídicas entre os Séculos XII e XIII. Nesse período, destaca-se a doutrina do *"jus commune"*. Essa ideia surgiu nas universidades europeias e estimulou um intento de unificar e adaptar as diversas fontes do direito (romano, canônico, consuetudinário e territorial) em uma ciência jurídica, baseada no idioma latino como língua comum (SABADELL, Ana Lucia. *Tormenta juris permissione: Tortura e Processo Penal na Península Ibérica (Séculos XVI - XVIII)*. Rio de Janeiro: Editora Revan, 2006, p. 44 a 46). Apesar de ter trazido uma inovação ao pensamento jurídico europeu, o período compreendido entre os Séculos XII e XIV foi caracterizado por uma organização social mormente altomedieval. As autoridades seculares detinham um controle limitado das relações sociais e múltiplas "ordens jurídicas" coexistiam. Nota-se a existência de várias modalidades punitivas e distintas relações entre a pena e a vítima. Nesse contexto, o ato punitivo poderia ser realizado por terceiros ou pela própria vítima . O objetivo da pena poderia ser a compensação de um prejuízo material ou a desforra da honra violada. Por exemplo, o duelo seria uma forma de autotutela pela qual a vítima, ou um familiar, enfrentaria o infrator para desforrar o malfeito sofrido (WILLOWEIT, Dietmar. *Rache und Strafe, Sühne und Kirchenbuße: Sanktionen für Unrecht an der Schwelle zur Neuzeit*. In HILGENDORF, Eric. WEITZEL, Jürgen (Ed.). *Der Strafgedanke in seiner historischen Entwicklung: Ringvorlesung zur Strafrechtsgeschichte und Strafrechtsphilosophie*. Berlin: Duncker & Humblot, 2007, p. 38 a 47; CORREIA, Eduardo. *Estudos sobre a Evolução das Penas no Direito Português*, op. cit., p. 67 a 73; CABRAL DE MONCADA, Luís. *O Duelo na Vida do Direito*. In *Estudos de História do Direito*. Vol. 1. Coimbra: Universidade de Coimbra, 1948, p. 132). A querela também poderia ser resolvida através da punição do infrator pelas autoridades. As penas não eram uniformemente aplicadas e podiam incluir sanções corporais, pecuniárias ou de banimento. Os interesses da vítima também poderiam ser pacificamente tutelados por acordos entre as partes. O autor expiaria a conduta incorrida ao realizar afazeres em favor da vítima e a querela seria sanada sem a desforra ou a imposição de uma pena pelas autoridades. A expiação seria normalmente feita através de serviços espirituais e de compensações em favor da vítima e aparentados. Por exemplo, em casos graves, tal como homicídio, o malfeitor providenciaria a celebração de uma missa honrando o falecido e durante a cerimônia realizaria penitências físicas. Por fim, a reconciliação seria chancelada por um padre. Outras formas de expiação espiritual compeliriam o autor a peregrinar até santuários religiosos e rezar pela vítima ou erguer cruzes no local do crime. Essas tarefas seriam dispendiosas para o infrator, pois implicariam custos de viagem, dízimos para a Igreja Católica e taxas para as autoridades seculares. As penas inseridas nessa categoria parecem ter sido mais zelosas com a vítima. Por exemplo, nas regiões alemãs da Alta Renânia, Baixa Renânia e Francônia existem indícios de que a quantia paga em casos de homicídio deveria atender as necessidades dos familiares da vítima e ser mensurada com base nas peculiaridades do caso. Certas vítimas teriam uma tutela diferenciada por pertencerem a certo estamento social, tal como os membros do clero. Apesar de a atuação dos tribunais eclesiásticos no baixo medievo ter sido reduzida aos assuntos morais e religiosos, tais como heresia, usura, adultério, fornicação, blasfêmia etc, essas cortes ainda poderiam punir danos ao patrimônio da igreja, ofensas e agressões ao clero. Um âmbito restrito de crimes contra a pessoa foi legado aos tribunais eclesiásticos. A excomunhão, a flagelação pública e sanções pecuniárias seriam penas comuns na jurisdição clerical (WILLOWEIT, Dietmar. *Rache und Strafe, Sühne und Kirchenbuße: Sanktionen für Unrecht an der Schwelle zur Neuzeit*, op. cit., p. 53 a 57; CORREIA, Eduardo. *Estudos sobre a Evolução das Penas no Direito Português*, op. cit., p. 67 a 73).

não implica haver uma conexão entre eles.[6] Propor uma linha evolutiva entre esses conceitos seria um pensamento continuísta precipitado, pois consideraria *"que existe em toda a historia humana um fenômeno fundamentalmente unitário (...) Isto, porém, não é possível. Nem delito nem pena (...) nem os demais conceitos básicos do direito moderno encontram-se continuamente na história"*.[7] O pensamento continuísta traria uma perspectiva anacrônica sobre o tema investigado.[8]

A presente análise não pressupõe a existência de uma continuidade evolutiva entre as acepções pré-modernas e modernas dos conceitos de pena e vítima. O fato de a teoria da pena ser um produto do pensa-

6. SABADELL, Ana Lucia. *Tormenta juris permissione: Tortura e Processo Penal na Península Ibérica (Século XVI - XVIII)*, op. cit., p. 22.

7. Idem, ibidem, p. 22 e 23; Esse tipo de equívoco pode ser exemplificado nas menções ao "Código de Hamurabi", pois *"nunca foi encontrada prova de que o referido "Código" tenha vigorado ou decisão que o citasse, quanto mais efetivamente constituísse, aos olhos daquela comunidade de então, um Código de leis (...) os textos atribuídos a Hamurabi não têm intenção legislativa. O denominado "Código de Hamurabi" não passa de uma falácia criada pelo imaginário do jurista contemporâneo, que atribui a um texto de intenções e finalidades desconhecidas uma função à dos fatos típicos dos códigos penais contemporâneos"* (Idem, ibidem, p. 21). O conteúdo do "Código de Hamurabi" não teria sido referido como "lei" pelos babilônios. Os preceitos contidos na suposta codificação teriam sido denominados "julgamentos de direito" (*dinât misharim*), ou seja, *"ensinamentos indicando o caminho aos juízes. Cada frase, geralmente breve, diz respeito a um caso concreto e dá uma solução jurídica; (...), situando a formulação a meio caminho entre o concreto e o abstrato"* (GILISSEN, John. *Introdução Histórica ao Direito*. 2ª Ed. Lisboa: Fundação Calouste Gulbenkian, 1995, p. 61).

8. LIMA TORRES, José Reinaldo de. *O Direito na História: Lições Introdutórias*. 3ª Ed. São Paulo: Editora Atlas, 2011, p. 5 e 6; SABADELL, Ana Lucia. *Tormenta juris permissione: Tortura e Processo Penal na Península Ibérica (Século XVI - XVIII)*, op. cit., p. 21; HESPANHA, António Manuel. *Panorama Histórico da Cultura Jurídica Europeia*. Sintra: Publicações Europa-América, Ltda., 1998, p. 19 a 21; Sobre os problemas de uma análise histórico-jurídica baseada na "perspectiva do agora" (*Perspektive des Jetzt*): FROTSCHER, Werner. PIEROTH, Bodo. *Verfassungsgeschichte*. 11ª Ed. Munique: Verlag C.H. Beck, 2012, p. 2 a 4; JEROUSCHEK, Günter. *Geburt und Wiedergeburt des Peinliches Strafrechts im Mittelalter*. In LÜDERSSEN, Klaus. (Ed.). *Die Durchsetzung des öffentlichen Strafanspruchs: Systematisierung der Fragestellung*. Colônia: Böhlau Verlag, 2002, p. 41 e 42; A posição de Lyane Sautner poderia ser dita como divergente, porém sem parecer desarrazoada, pois proporia uma conexão entre as práticas penais privadas medievais e o direito penal estatal surgido no início da Idade Moderna. A diferença fundamental entre esses dois momentos teria sido o Estado Moderno tomar da vítima a pretensão de reagir ao cometimento de uma infração. A lógica da faida e da expiação teria sido preservada, porém com o Estado no lugar da vítima (SAUTNER, Lyane. *Opferinteressen und Strafrechtstheorien: Zugleich ein Beitrag zum restorativen Umgang mit Straftaten*, op. cit., p. 43 e 44).

mento jurídico-criminal surgido no período quinhentista e seiscentista tornaria improfícuo e anacrônico analisar as acepções pré-modernas do conceito de punição. Deve aplicar-se a mesma lógica ao conceito de vítima. Se o objetivo é analisar a colocação da vítima nas teorias da pena, a acepção moderna do conceito deve ser preferida em detrimento da pré-moderna.

2. O advento das teorias da pena e o papel da vítima

Entre os Séculos XIV e XVI, o pensamento jurídico-criminal europeu passou por notáveis mudanças. Fatores relevantes para essa transição foram a formação de monarquias absolutas e o estabelecimento de atividades legislativas e jurisdicionais conduzidas por um poder político central ao invés de dispersas autoridades locais.[9] Outro fator foi a forma de pensar questões filosóficas, jurídicas, políticas e sociais surgida nesse período, fortemente marcada pela recepção humanista da filosofia clássica e pela escolástica medieval.[10]

As ideias de "bem comum" e "justiça" refletem essas influências.[11] Esses conceitos foram destacados nas reflexões jurídicas desse período e repercutiram na forma de pensar a pena e a vítima.[12] O sofrimento da vítima não seria o pilar da punibilidade de um delito, pois o mal que a conduta proscrita faz recair sobre a coletividade seria o primeiro fator a ser considerado.[13] As questões criminais seriam tratadas como pertinentes ao bem comum, pois a vítima seria uma parte da comunidade. A pena seria benéfica a todos, pois *"existe*

9. RÜPING, Hinrich. JEROUSCHEK, Günter. *Grundriss der Strafrechtgeschichte*, op. cit., p. 40 a 48; SAUTNER, Lyane. *Opferinteressen und Strafrechtstheorien: Zugleich ein Beitrag zum restorativen Umgang mit Straftaten*, op. cit., p. 40 a 43; SABADELL, Ana Lucia. *Tormenta juris permissione: Tortura e Processo Penal na Península Ibérica (Século XVI - XVIII)*, op. cit., p. 44 a 46.

10. RÜPING, Hinrich. JEROUSCHEK, Günter. *Grundriss der Strafrechtgeschichte*, op. cit., p. 48 a 51; BIRR, Christiane. *"Kriminalstrafe ist öffentliche Rache": Beobachtungen zum Strafgedanken in der juristischen Literatur der Frühen Neuzeit*. In HILGENDORF, Eric. WEITZEL, Jürgen (Ed.). *Der Strafgedanke in seiner historischen Entwicklung: Ringvorlesung zur Strafrechtsgeschichte und Strafrechtsphilosophie*. Berlin: Duncker & Humblot, 2007, p. 59 a 64.

11. BIRR, Christiane. *"Kriminalstrafe ist öffentliche Rache": Beobachtungen zum Strafgedanken in der juristischen Literatur der Frühen Neuzeit*, op. cit., p. 60 a 64.

12. Idem, ibidem, p. 60 a 64.

13. Idem, ibidem, p. 63.

não somente para curar o mal cometido ou melhorar o delinquente, pelo contrário, ela também consiste na prevenção geral de pecados e transgressões futuras, as quais perturbariam a paz da comunidade (tranquillitas civitatis)".[14] As penas privadas movidas pela vítima ou seus aparentados deveriam ser repudiadas, pois a punição de malfeitores caberia unicamente às autoridades incumbidas pela providência divina de garantir o bem comum.[15] O consentimento ou perdão seriam irrelevantes para evitar a punição do malfeitor, pois a vítima não estaria intitulada a abdicar de um direito pertencente à comunidade.[16]

Esse cenário ocasionou reveses que majoritariamente recaíram sobre a vítima, pois a intervenção estatal visando resolver conflitos acabou sendo mais onerosa para o agredido do que o agressor.[17] A vítima passou a ter uma condição inócua quanto à resolução da querela e foi impedida de satisfazer os próprios interesses pela desforra ou

14. Idem, ibidem, p. 64; Essa ideia já apareceria em codificações do liminar da Idade Moderna. Por exemplo, a compilação de direito consuetudinário francês de Anjou e do Maine (*Coutume d'Anjou et du Maine*) redigida em 1437: "Deve saber o juiz que um criminoso deve ser punido por quatro razões: primeira, por seus crimes; segunda, para intimidar e dar um exemplo a outros acerca da má-conduta; terceira, para remover os ditos malfeitores da comunidade da boa gente e assim evitar o seu exercício do mal sobre eles; quarta, para prevenir os maus que eles ainda possam cometer caso escapem" (VON BAR, Carl Ludwig. *A History of Continental Criminal Law*. Boston: Little, Brown and Company, 1916, p. 150).

15. BIRR, Christiane. *"Kriminalstrafe ist öffentliche Rache": Beobachtungen zum Strafgedanken in der juristischen Literatur der Frühen Neuzeit*, op. cit., p. 63 e 64; A influência das ideias aquinenses pode ser vista na obra de Ulrich Tengler (1447 - 1511) e Jakob Omphal (1500 - 1567), dois destacados juristas alemães do período quatrocentista e quinhentista. O primeiro formulou que nenhum individuo teria o direito de desforrar um malfeito imposto por outrem, pois somente aqueles contemplados por Deus com o poder para punir o mal poderiam realizar essa tarefa. O segundo destacou a necessidade de um estreito vínculo entre a igualdade jurídica, a justiça e a mensuração apropriada da pena (Idem, ibidem, p. 64 e 65); A "igualdade jurídica" referida não implicava dizer que todos teriam os mesmos direitos em todas as situações, pois a sociedade ainda era estratificada e marcada por privilégios, direitos e deveres distintos para cada estamento. Nesse contexto, a igualdade jurídica denotaria uma submissão equânime de todos perante o poder punitivo das autoridades (EURICH, S. Amanda. *Reviewed Work: The European Nobility (1400-1800), by Jonathan Dewald*. In *Sixteenth Century Journal*, Vol. 28, N. 4, 1997, p. 1339 a 1341).

16. BIRR, Christiane. *"Kriminalstrafe ist öffentliche Rache": Beobachtungen zum Strafgedanken in der juristischen Literatur der Frühen Neuzeit*, op. cit., p. 63 e 64.

17. HASSEMER, Winfried. REEMTSA, Jan Philipp. *Verbrechensopfer: Gesetz und Gerechtigkeit*, op. cit., p. 22 e 23.

compensação.[18] Essa "neutralização" da vítima foi gradativamente acentuada até o final da Idade Moderna à medida que o pensamento jurídico-criminal trocava a ideia de compensações entre partes por uma resolução pública de conflitos.[19]

O potencial preventivo da atividade punitiva passou a ser explorado, pois a pena poderia dissuadir malfeitores de forma mais contumaz do que exemplos acerca da transgressão.[20] A prevenção de crimes através da pena estaria intrinsecamente vinculada ao bem comum e a justiça.[21] Os infratores deveriam ser processados, julgados e condenados sem exceção, pois seria injusto e prejudicial à comunidade não punir o cometimento de um delito, ou seja, esse preceito impossibilitaria a prática de resolver querelas criminais por

18. Idem, ibidem, p. 22 e 23; NEUMAN, Elias. *Victimología: El rol de la víctima en los delitos convencionales y no convencionales*, op. cit., p. 41; HASSEMER, Winfried. MUÑOZ CONDE, Francisco. *Introducción a la Criminología y al Derecho Penal*, op. cit., p. 29; A vítima é mencionada como um mero critério de aplicação da pena na obra de juristas desse período. Por exemplo, Jakob Omphal dispõe que o ato punitivo deveria corresponder ao malfeito cometido e atentar para certos critérios, tais como o desenrolar da transgressão e a condição social do autor e vítima (BIRR, Christiane. *"Kriminalstrafe ist öffentliche Rache": Beobachtungen zum Strafgedanken in der juristischen Literatur de Frühen Neuzeit*, op. cit., p. 70 e 79); Segundo Jean Boutillier (1340 - 1395), jurista francês do Século XIV, dentre os critérios de aplicação da pena estaria o caráter da vítima, a condição e hábitos prévios do criminoso e o momento e local do crime (VON BAR, Carl Ludwig. *A History of Continental Criminal Law*, op. cit., p. 150 e 151; PAILLARD DE SAINT-AIGLAN, Alphonse. *Notice sur Jean Boutillier, auteur de la Somme Rurale*. In *Bibliothèque de l'école des chartes*, Tome 9, 1848, p. 89 a 143).

19. BIRR, Christiane. *"Kriminalstrafe ist öffentliche Rache": Beobachtungen zum Strafgedanken in der juristischen Literatur de Frühen Neuzeit*, op. cit., p. 70 a 78; O gradual afastamento da vítima pode ser percebido entre legislações criminais promulgadas ao início e fim da Idade Moderna. Por exemplo, a *Constitutio Criminalis Carolina* (1532), promulgada como um código processual penal válido a todos os principados do Sacro Império Romano Germânico, não suprimiu abertamente a vítima da resolução de questões criminais. A vítima teria o direito de iniciar um processo penal através de uma ação privada. Esse instrumento legal teria sido pouco utilizado pelas vítimas, pois uma eventual absolvição do acusado imporia ao sucumbente o dever de indenizar o indivíduo inocentado e arcar com os custos judiciais. A *Constitutio Criminalis Theresiana* (1768), promulgada como um código penal válido aos domínios imperiais habsburgos na Áustria e Boêmia, efetivamente retirou o direito da vítima de iniciar um processo penal através de uma ação privada. A vítima foi reduzida ao papel de informante ou testemunha (SAUTNER, Lyane. *Opferinteressen und Strafrechtstheorien: Zugleich ein Beitrag zum restorativen Umgang mit Straftaten*, op. cit., p. 42).

20. BIRR, Christiane. *"Kriminalstrafe ist öffentliche Rache": Beobachtungen zum Strafgedanken in der juristischen Literatur de Frühen Neuzeit*, op. cit., p. 64.

21. Idem, ibidem, p. 73 a 75.

composições entre as partes. A leniência com criminosos seria injusta com aqueles observantes da lei e poderia estimular outros indivíduos a agirem de forma prejudicial ao bem comum. A pena somente seria eficaz se fosse igualmente aplicada a todos aqueles que incorressem em uma conduta proscrita.[22] A consolidação desse preceito também foi influenciada por ideias religiosas, tal como o descontentamento divino por um criminoso não ter recebido a pena justa pelo crime cometido (por exemplo, punir um infrator em nome de Deus seria um ato de piedade ao invés de crueldade).[23]

A pena teria sido baseada em preceitos retributivos e preventivos até meados do Século XVI.[24] As autoridades processariam e puniriam infratores pelo fato de terem transgredido e para evitar que o fizessem novamente. A ênfase no aspecto preventivo teria sido iniciada na transição do Século XVI para o XVII.[25] A pena evitaria a incidência de malfeitos posteriores através da dissuasão.[26] Essa mudança de paradigma estaria associada ao despontar do racionalismo e do direito natural entre os Séculos XVI e XVII.[27] As práticas e concepções

22. Idem, ibidem, p. 75.

23. Idem, ibidem, p. 77.

24. Idem, ibidem, p. 77.

25. Idem, ibidem, p. 77; Essa transição pode ser vista na obra *"Praxis Rerum Criminalia"* (1554), escrita pelo jurista flamenco Josse de Damhouder (1507 - 1581). A pena seria necessária, não só pelo fato de um crime ter sido cometido, mas para evitar que condutas similares sejam repetidas. O ato punitivo seria uma forma de impedir que um criminoso bem sucedido seja um exemplo para terceiros (Idem, ibidem, p. 77).

26. Idem, ibidem, p. 77; A concepção penal do jurista germânico Benedict Carpzov (1565 - 1624) recorre ao uso de punições atrozes com a finalidade de promover a prevenção geral de delitos. Embora rara, a ideia de "intimidação" (deterrare) através da pena já seria observável em escritos do Século XVI, tal como na obra de Justin Gobler (1504-1567). Na transição entre os Séculos XVI e XVII, a partir de autores como Benedict Carpzov, surge uma nova abordagem punitiva, a qual, ao contrário da perspectiva quinhentista, não percebia como injusta a imposição de penas mais graves (do que aquelas tidas como adequadas para sancionar certo crime) unicamente com base no efeito intimador almejado (Idem, ibidem, p. 76 e 77).

27. RÜPING, Hinrich. JEROUSCHEK, Günter. *Grundriss der Strafrechtgeschichte*, op. cit., p. 65 a 67; Nesse período, *"a visão de mundo transcendente e vinculada a Deus cedeu lugar a tentativa de extrair o conteúdo material do direito a partir da natureza do homem, entendido como indivíduo empírico"* (Idem, ibidem, p. 66). O impacto do direito natural é atribuível ao uso do método científico, ou seja, uma forma de investigação que toma o processo das ciências naturais, pautado pela análise e síntese dos elementos de um fenômeno, como modelo para obter um conhecimento mais preciso. A aplicação do método científico à doutrina social e a criação dedutiva de um sistema de direito natural

jurídico-criminais medievais foram gradativamente extintas durante a Idade Moderna.[28] As autoridades seculares passaram a deter o dever e o privilegio de promover a justiça e o bem comum através da atividade punitiva.[29]

A pena deixa de ser a execução de uma vingança divina e se converte em uma reação pública perante a violação de uma norma mundana.[30] A perspectiva dominante sobre a função da pena passaria a ser a ideia de prevenção geral, pois o temor instigado pelo ato punitivo criaria uma contraposição ao impulso de cometer crimes.[31] A pena deixaria de ser orientada pela imposição de um mal igual ao cometido pelo infrator e passaria a ser orientada pela nocividade que a conduta representa para o bem comum. Essa concepção firmaria o preceito de que todo crime conteria em si a punição apropriada. A proporcionalidade e a utilidade passariam a ser critérios norteadores para a imposição da pena.[32]

O racionalismo e o direito natural, difundidos a partir do Século XVII, culminariam no Iluminismo dos Séculos XVIII e XIX.[33] O pensamento jurídico-criminal iluminista pode ser destacado pela inspiração secularista, o intento de estabelecer uma separação entre o direito e a moral, a busca de uma limitação legal do *jus puniendi* estatal, o repúdio das penas brutais e da tortura e uma orientação instrumental da atividade punitiva.[34]

são fatores essenciais para as concepções político-filosóficas surgidas nesse período, tal como as teorias pautadas pelo axioma do contrato social. Essas formulações pressupõem que indivíduos originalmente livres e iguais decidem se unir em um Estado e atribuir o poder a um soberano, perante o qual todos estarão submetidos, incumbido da tarefa de implementar a constituição positiva e discernimento racional (Idem, ibidem, p. 66).

28. BIRR, Christiane. *Kriminalstrafe ist öffentliche Rache": Beobachtungen zum Strafgedanken in der juristischen Literatur der Frühen Neuzeit*, op. cit., p. 74 e 78; RÜPING, Hinrich. JEROUSCHEK, Günter. *Grundriss der Strafrechtgeschichte*, op. cit., p. 68.

29. Idem, ibidem, p. 74 e 78; Idem, ibidem, p. 68.

30. RÜPING, Hinrich. JEROUSCHEK, Günter. *Grundriss der Strafrechtgeschichte*, op. cit., p. 65 e 69.

31. Idem, ibidem, p. 68.

32. Idem, ibidem, p. 69.

33. Idem, ibidem, p. 65 a 71.

34. Idem, ibidem, p. 65 a 71; NAUCKE, Wolfgang. *Feuerbachs Lehre von der Funktionstüchtigkeit des gesetzlichen Strafens*. op. cit., p. 101 e 112.

As obras e os autores precursores das teorias da pena contemporâneas poderiam ser remontados ao Iluminismo.[35] As formulações desse período podem ser classificadas com base na fundamentação que atribuíam a instituição punitiva.[36] Um primeiro grupo teórico propunha uma fundamentação instrumental em que a pena teria a finalidade de promover o interesse coletivo na prevenção de crimes.[37] Um segundo grupo teórico concebia uma fundamentação racionalista, alheia a considerações empírico-instrumentais, em que a pena seria a resposta intrinsecamente apropriada ao crime.[38] Um ponto comum aos grupos citados seria o fato de ambos desconsiderarem vítima ao fundamentar a pena.[39] Esse traço comum estaria relacionado ao contexto em que surgiram essas formulações: a última etapa do processo de consolidação da pretensão punitiva estatal.[40]

35. VORMBAUM, Thomas. *A Modern History of German Criminal Law*, op. cit., p. 19 a 45; RÜPING, Hinrich. JEROUSCHEK, Günter. *Grundriss der Strafrechtgeschichte*, op. cit., p. 65 a 71.

36. HÖRNLE, Tatjana. *Expressive Straftheorie*, op. cit., p. 144 e 145; Idem. *Die Rolle des Opfers in der Straftheorie und im materiellen Strafrecht*, op. cit., p. 951.

37. Idem. *Expressive Straftheorie*, op. cit., p. 146 a 148.

38. Idem, ibidem, p. 146 a 148.

39. Idem, ibidem, p. 143; *"Embora não haja vítima individual em todos os crimes (não no caso de delitos contra os chamados bens jurídicos universais ou coletivos, tais como falsificação monetária, delitos ambientais ou declarações falsas perante um tribunal). Contudo, no âmbito central do direito penal, tais como em agressões a pessoas sob a forma de lesões corporais, ofensas sexuais, etc., é uma ideia óbvia de que a punição está relacionada aos interesses das vítimas. Entretanto, essa ideia não é encontrada nas atuais descrições teórico-penais"* (Idem, ibidem, p. 143); PRITTWITZ, Cornelius. *Opferlose Straftheorien?* In SCHÜNEMANN, Bernd. DUBBER, Markus (Ed.). *Die Stellung des Opfers im Strafrechtssystem: Neue Entwicklungen in Deutschland und in den USA*. Colônia: Carl Heymanns Verlag, 2000, p. 61.

40. A perspectiva mais difundida é de que o estabelecimento da pretensão punitiva exclusivamente estatal foi um marco civilizatório, pois a monopolização do poder para implementar o direito desentravou amarras que imobilizavam o desenvolvimento da sociedade e extinguiu potencialmente intermináveis ciclos de vingança familiar que consumiam recursos e impediam a sofisticação da estrutura social. O estabelecimento do monopólio coercitivo estatal possibilitou traçar as distinções entre os sujeitos passivo e ativo do delito. A imprecisa delimitação entre autor e vítima seria uma ameaça para as autoridades. Um criminoso forte poderia aterrorizar uma região sem ser penalizado e constituir uma ameaça ao Estado. Uma vítima forte poderia eliminar o algoz e intentar instaurar o próprio domínio político sob o pretexto da incapacidade dos governantes em fornecer proteção e segurança (HASSEMER, Winfried. REEMTSA, Jan Philipp. *Verbrechensopfer: Gesetz und Gerechtigkeit*, op. cit., p. 16 a 19; GÜNTHER, Klaus. *Die symbolisch-expressive Bedeutung der Strafe: Eine neue Straftheorie jenseits von Vergeltung und Prävention?*, op. cit., p. 212).

A consolidação da pretensão punitiva estatal teria privado a vítima de ingerir em questões criminais.[41] A pena deixaria de ser uma vingança entre indivíduos e clãs motivados por questões de honra e passaria a ser uma "vingança" exercida pelo soberano, em nome próprio e dos súditos, contra transgressores de normas estatais.[42] Posteriormente, a concepção de vingança do soberano cederia lugar ao entendimento da pena com a finalidade de prevenção criminal.[43] A pena "racional" legada pela Idade Moderna seria indissociável da alienação da vítima perante a resolução de questões criminais.[44]

3. A inserção da vítima nas teorias da pena tradicionais

As formulações modernas surgidas em meio a concepções contra-

41. A experiência decorrente do delito originaria uma reação que seria específica e exclusiva da vítima: uma "demanda por satisfação" (*Bedürfnis nach Genugtuung*). Essa demanda teria sido banida da instituição penal e o processo de consolidação da pretensão punitiva estatal teria sido a "razão de ser" dessa exclusão. Um crime não imporia apenas lesões imediatas e materiais, pois também provocaria estados sentimentais no indivíduo afetado, tais como desprezo, humilhação e degradação. Nem todos os crimes teriam essa conotação, pois somente aqueles que afetam a identidade física e psíquica da vítima, ou seja, a integridade pessoal, poderiam ser ditos como embutidos de tal significado, tais como lesão corporal, roubo, homicídio e estupro. Essas condutas seriam "delitos de integridade" (*Integritätsdelikten*) (GÜNTHER, Klaus. *Die symbolisch-expressive Bedeutung der Strafe: Eine neue Straftheorie jenseits von Vergeltung und Prävention?*, op. cit., p. 207 e 208).

42. Idem, ibidem, p. 212; COSTA ANDRADE, Manuel da. *A Vítima e o Problema Criminal*, op. cit., p. 51 a 53.

43. GÜNTHER, Klaus. *Die symbolisch-expressive Bedeutung der Strafe: Eine neue Straftheorie jenseits von Vergeltung und Prävention?*, op. cit., p. 212; O processo todo poderia ser reconstruído em três etapas: A primeira decorreu do estabelecimento de uma pretensão punitiva estatal em que a vítima foi destituída de meios para exercer autonomamente o direito e submetida ao monopólio coercitivo da autoridade. A segunda resultou na privatização da demanda satisfatória, pois a experiência de sofrer um crime perde a ressonância pública e passa a ser algo exclusivo da esfera pessoal da vítima. Como resultado das duas primeiras etapas, *"a vítima não tem mais direitos ou meios coercitivos e não será ouvida por outros quanto a sua demanda satisfatória"* (Idem, ibidem, p. 213). A terceira culminou na neutralização da qualidade depreciativa do crime. Esse tipo de conduta foi afastado da esfera pessoal da vítima, pois deixou de ser uma expressão de desprezo ao indivíduo afetado e passou a ser exclusivamente concebido como uma infração do direito estatal. Posteriormente, o crime deixou de ser interpretado como uma infração ao direito estatal e passou a ser interpretado como uma violação de bens jurídicos tutelados pelo ordenamento. A qualidade depreciativa se manteve apenas no rol de crimes contra a honra e foi subtraída de todos os demais delitos modernos (Idem, ibidem, p. 212 e 213).

44. Idem, ibidem, p. 211 a 214.

tualistas e baseadas na utilidade do Estado teriam assumido a forma de teorias da pena instrumentais fundamentadas nos efeitos benéficos da pena para a coletividade.[45] Essas teorias seriam atualmente designadas como "preventivas" ou "relativas", pois objetivariam prevenir crimes futuros.[46] Essas formulações são bipartidas em uma vertente "geral", pois condicionam o objetivo de prevenção criminal ao efeito da pena sobre a coletividade, e outra "especial", pois condicionam o objetivo de prevenção criminal ao efeito da pena sobre o indivíduo.[47]

3.1. Prevenção geral negativa

As teorias de prevenção geral seriam mais antigas do que as contrapartes baseadas na prevenção especial, pois teriam surgido entre os Séculos XVIII e XIX. A obra do inglês Jeremy Bentham (1748 - 1832) foi relevante para o desenvolvimento das teorias de prevenção geral. Um destaque especial deve ser concedido à teoria do alemão Paul Johan Anselm von Feuerbach (1775 - 1833), pois as formulações anteriores a esse autor não distinguiriam nitidamente

45. HÖRNLE, Tatjana. *Expressive Straftheorie*, op. cit., pg 145.

46. Idem, ibidem, pg.146.

47. SAUTNER, Lyane. *Opferinteressen und Strafrechtstheorien: Zugleich ein Beitrag zum restorativen Umgang mit Straftaten*, op. cit., p. 48; WESSELS, Johannes. BEULKE, Werner. *Strafrecht. Allgemeiner Teil: Die Straftat und ihr Aufbau*. 40ª Ed. Heidelberg: C.F. Müller, 2010, p. 4; PAWLIK, Michael. *Person, Subjekt, Bürger: Zur Legitimation von Strafe*. Berlim: Duncker & Humblot Verlag, 2004, p. 21 a 43; JAKOBS, Günther. *Strafrecht. Allgemeiner Teil: Die Grundlagen und die Zurechnungslehre*. 2ª Ed. Berlim: Walter de Gruyter & Co., 1991, p. 20 a 22; STRATENWERTH, Günter. *Strafrecht. Allgemeiner Teil I: Die Straftat*. 3ª Ed. Colônia: Carl Heymanns Verlag, 1981, p. 22 a 26; BITTENCOURT, Cezar Roberto. *Tratado de Direito Penal: Parte Geral I*. 17ª Ed. São Paulo: Editora Saraiva, 2011, p. 294 a 296; FIGUEIREDO DIAS, Jorge de. *Temas Básicos da Doutrina Penal*. Coimbra: Coimbra Editora, 2001, p. 74 a 83; CORREIA, Eduardo. *Direito Criminal I*. Coimbra: Livraria Almedina, 1993, p. 40 e 41; CAVALEIRO DE FERREIRA, Manuel. *Lições de Direito Penal – Parte Geral II: Penas e Medidas de Segurança*. Lisboa: Editorial Verbo, 1989, p. 45 e 46; BRUNO, Aníbal. *Direito Penal: Tomo I*. Rio de Janeiro: Editora Forense, 1967, p. 93; MUÑOZ CONDE, Francisco. *Introducción al Derecho Penal*. 2ª Ed. Buenos Aires: Editorial B de F, 2001, p. 71 e 72; BACIGALUPO, Enrique. *Derecho Penal: Parte General*. 2ª Ed. Buenos Aires: Editorial Hamurabi SRL, 1999, p. 33 a 37; MIR PUIG, Santiago. *Introducción a Las Bases del Derecho Penal*. 2ª Ed. Buenos Aires: Editorial B de F, 2003, p. 53 a 58; ZAFFARONI, Eugenio Raul. ALAGIA, Alejandro. SLOKAR, Alejandro. *Derecho Penal: Parte General*. 2ª Ed. Buenos Aires: Ediar Sociedad Anónima Editora, 1997, p. 56 a 64.

entre a prevenção geral e especial.[48] Essa variante das teorias de prevenção geral seria designada "negativa", pois a finalidade da pena seria evitar o cometimento de crimes através da dissuasão de infratores potenciais.[49]

A concepção penal de Jeremy Bentham foi pautada pela filosofia

48. MIR PUIG, Santiago. *Introducción a Las Bases del Derecho Penal*, op. cit., p. 53; ANTÓN ONECA, José. *Los fines de la pena según los penalistas de la Ilustración*. In *Revista de Estudios Penitenciarios*, 1964, n. 166, p. 426 a 428; A ausência de distinção entre a prevenção geral e especial pode ser vista em autores clássicos, tais como Platão e Sêneca, e iluministas dos Séculos XVII e XVIII, tais como Hugo Grotius (1583 - 1645), Samuel Puffendorf (1632 - 1694), Christian Thomasius (1655 - 1728), Montesquieu (1689 - 1755), Voltaire (1694 - 1778) e Cesare Beccaria (1738 - 1794) (Idem, ibidem, p. 53; Idem, ibidem, p. 426 a 428). As seguintes obras contêm exposições mais detalhadas sobre as concepções penais propostas pelos autores mencionados: RÜPING, Hinrich. JEROUSCHEK, Günter. *Grundriss der Strafrechtgeschichte*, op. cit., p. 65 a 67; JAKOBS, Günther. *Staatliche Strafe: Bedeutung und Zweck*, op. cit., p. 6 a 10; CARRTHERS, David. *La Philosophie pénale de Montesquieu*. In *Revue Montesquieu*, 1997, n. 1, p. 49 a 60; HEATH, James. *Eighteenth Century Penal Theory*. Oxford: Oxford University Press, 1963, p. 73 a 82 e 141 a 149; A primeira formulação de uma doutrina da prevenção geral pode ser atribuída ao alemão Paul Johan Anselm von Feuerbach. Essa deferência pode ser vista nas seguintes obras: FIGUEIREDO DIAS, Jorge de. *Temas Básicos da Doutrina Penal*, op. cit., p. 75; MIR PUIG, Santiago. *Introducción a Las Bases del Derecho Penal*, op. cit., p. 53; SAUTNER, Lyane. *Opferinteressen und Strafrechtstheorien: Zugleich ein Beitrag zum restorativen Umgang mit Straftaten*, op. cit., p. 48; STRATENWERTH, Günter. *Strafrecht. Allgemeiner Teil I: Die Straftat*, op. cit., p. 22.

49. HÖRNLE, Tatjana. *Expressive Straftheorie*, op. cit., p. 145; Idem. *Gegenwärtige Strafbegründungstheorie: Die herkömmliche deutsche Diskussion*, op. cit., p. 15 a 18; Idem. *Straftheorien*, op. cit., p. 24 e 25; VON HIRSCH. Andreas. *Warum soll die Strafsanktion existieren? Tadel und Prävention als Elemente einer Rechtfertigung*. In VON HIRSCH, Andreas. NEUMANN, Ulfrid. SEELMANN, Kurt. (Ed.) *Strafe - Warum? Gegenwärtige Strafbegründungen im Lichte von Hegels Straftheorie*. Baden-Baden: Nomos Verlagsgesellschaft, 2011, p. 46 e 47; SAUTNER, Lyane. *Opferinteressen und Strafrechtstheorien: Zugleich ein Beitrag zum restorativen Umgang mit Straftaten*, op. cit., p. 48 e 49; WESSELS, Johannes. BEULKE, Werner. *Strafrecht. Allgemeiner Teil: Die Straftat und ihr Aufbau*, op. cit., p. 4; PAWLIK, Michael. *Person, Subjekt, Bürger: Zur Legitimation von Strafe*, op. cit., p. 23 a 29; JAKOBS, Günther. *Strafrecht. Allgemeiner Teil: Die Grundlagen und die Zurechnungslehre*, op. cit., p. 20 e 21; STRATENWERTH, Günter. *Strafrecht. Allgemeiner Teil I: Die Straftat*, op. cit., p. 22 e 23; BROOKS, Thom. *Punishment*. Nova York: Routledge, 2012, p. 35 e 36; BITTENCOURT, Cezar Roberto. *Tratado de Direito Penal: Parte Geral I*, op. cit., p. 297 a 300; FIGUEIREDO DIAS, Jorge de. *Temas Básicos da Doutrina Penal*, op. cit., p. 74 e 75; CORREIA, Eduardo. *Direito Criminal I*, op. cit., p. 43 e 47; HASSEMER, Winfried. *História das Ideias Penais na Alemanha do Pós-Guerra*. Lisboa: Editora AAFDL, 1995, p. 46; BRUNO, Aníbal. *Direito Penal: Tomo I*, op. cit., p. 93; MUÑOZ CONDE, Francisco. *Introducción al Derecho Penal*, op. cit., p. 71 e 72; BACIGALUPO,

utilitarista,[50] pois sustentava que *"quando um homem percebe ou supõe a dor como consequência de um ato, ele é influenciado de forma, com considerável força (...) a desistir da comissão desse ato".*[51] Apesar de abordar a prevenção geral e especial, a teoria sustenta que a primeira seria a principal justificação da pena, pois *"a punição sofrida por um criminoso apresenta um exemplo para qualquer um do que terá que sofrer caso seja culpado do mesmo crime".*[52] Essa lógica permitiria concluir que punir o infrator seria desnecessário caso o crime fosse um evento isolado e não repetível.[53] A finalidade da pena seria fornecer um exemplo dissuasivo apto a prevenir crimes futuros, porém a mensuração penal deveria seguir uma ponderação entre os benefícios preventivos e o custo humano-financeiro do ato punitivo.[54]

Enrique. *Derecho Penal: Parte General*, op. cit., p. 33 e 34; MIR PUIG, Santiago. *Introducción a Las Bases del Derecho Penal*, op. cit., p. 53; ZAFFARONI, Eugenio Raul. ALAGIA, Alejandro. SLOKAR, Alejandro. *Derecho Penal: Parte General*, op. cit., p. 57 a 60.

50. BENTHAM, Jeremy. *An Introduction to the Principles of Morals and Legislation (1781)*. Kitchener: Batoche Books, 2000, p. 140 a 146; Idem. *The Rationale of Punishment*. Londres: C. and W. Reynell, 1830, p. 19 a 23; VON HIRSCH. Andreas. *Warum soll die Strafsanktion existieren? Tadel und Prävention als Elemente einer Rechtfertigung*, op. cit., p. 46; MIR PUIG, Santiago. *Introducción a Las Bases del Derecho Penal*, op. cit., p. 53. Para uma elucidativa abordagem sobre o Utilitarismo, a qual contextualiza a obra de Jeremy Bentham e autores correlatos com tal filosofia, recomenda-se a seguinte leitura: SOUSA MENDES, Paulo de. *O torto intrinsecamente culposo como condição necessária da imputação da pena*. Coimbra: Coimbra Editora, 2007, p. 429 a 444.

51. BENTHAM, Jeremy. *The Rationale of Punishment*, op. cit., p. 19.

52. Idem, ibidem, p. 20.

53. Idem, ibidem, p. 20.

54. Idem. *An Introduction to the Principles of Morals and Legislation (1781)*, op. cit., p. 140 a 146; VON HIRSCH. Andreas. *Warum soll die Strafsanktion existieren? Tadel und Prävention als Elemente einer Rechtfertigung*, op. cit., p. 46. Uma relevante influência para essa concepção penal foi a obra do jurista italiano Cesare Beccaria: *"Mas a área-chave em que o pensamento de Bentham foi mais eficazmente estimulado por Beccaria foi no argumento de que uma teoria dissuasora exigiria um método sofisticado para estabelecer a proporção entre a pena e o crime. É nessa questão que Bentham consolidou a nascente teoria utilitária de Beccaria, desenvolvendo, primeiro, um método para avaliar a propagação ou distribuição da dor e, segundo, elaborando treze regras para equiparar o ato punitivo ao delito"* (DRAPER, Anthony. *Cesare Beccaria's influence on English discussions of punishment, 1764-1789*. In *History of European Ideas*, Vol. 26, 2000, p. 192 e 193). Segundo Cesare Beccaria, a legitimidade punitiva do Estado estaria fundamentada em premissas contratualistas e a pena deveria ser delimitada por sua utilidade social. O tratado *"Dos Delitos e das Penas"* (1764) teve uma aclamada recepção na Inglaterra e influenciou destacados pensadores como William Blackstone (1723 - 1780), William Eden (1745 - 1814) e Jeremy Bentham, pois expunha uma

A concepção penal de Paul Johan Anselm von Feuerbach foi notabilizada pelo título de "teoria da coação psicológica" (*psychologische Zwangstheorie*).[55] Adota-se a premissa kantiana sobre a dualidade do Ser Humano, pois *"como homo phaenomenon, como parte do mundo dos sentidos, ele é determinado; e como homo noumenon, como parte do mundo das ideias, ele é livre"*.[56] Essa teoria diverge da filosofia kantiana ao considerar o direito como uma instituição de finalidade exclusivamente mundana, pertencente ao mundo dos fenômenos regido

concepção penal condizente com a teoria da pena predominante entre os pensadores ingleses da época, isto é, uma pena com finalidade dissuasória (Idem, ibidem, p. 182 a 185; HARCOURT, Bernard E. *Beccaria's 'On Crimes and Punishments': A Mirror on the History of the Foundations of Modern Criminal Law*. Chicago: Coase-Sandor Institute for Law & Economics, Working Paper N. 648, 2013, p. 7). Afinal, segundo Cesare Beccaria, a finalidade da pena *"não é mais do que impedir o infrator de realizar um novo mal contra seus concidadãos e dissuadir outros de agirem igualmente"* (BECCARIA, Cesare. *Dei Delitti e delle Penne (1764)*. Milão: Letteratura Italiana Einaudi, 1973, p. 31).

55. HÖRNLE, Tatjana. *Expressive Straftheorie*, op. cit., p. 145; Idem. *Straftheorien*, op. cit., p. 24; RÜPING, Hinrich. JEROUSCHEK, Günter. *Grundriss der Strafrechtgeschichte*, op. cit., p. 82; SAUTNER, Lyane. *Opferinteressen und Strafrechtstheorien: Zugleich ein Beitrag zum restorativen Umgang mit Straftaten*, op. cit., p. 48; GRECO, Luís. *Lebendiges und Totes in Feuerbachs Straftheorie: Ein Beitrag zur gegenwärtigen strafrechtlichen Grundlagendiskussion*. Berlim: Duncker & Humblot Verlag, 2009, p. 38; NAUCKE, Wolfgang. *Feuerbachs Lehre von der Funktionstüchtigkeit des gesetzlichen Strafens*, op. cit., p. 104 e 105; PAWLIK, Michael. *Person, Subjekt, Bürger: Zur Legitimation von Strafe*, op. cit., p. 26 a 28; JAKOBS, Günther. *Staatliche Strafe: Bedeutung und Zweck*, op. cit., p. 18 a 23; Idem. *Strafrecht. Allgemeiner Teil: Die Grundlagen und die Zurechnungslehre*, op. cit., p. 20 e 21; STRATENWERTH, Günter. *Strafrecht. Allgemeiner Teil I: Die Straftat*, op. cit., p. 22; BITTENCOURT, Cezar Roberto. *Tratado de Direito Penal: Parte Geral I*, op. cit., p. 297 e 298; FIGUEIREDO DIAS, Jorge de. *Temas Básicos da Doutrina Penal*, op. cit., p. 75; CORREIA, Eduardo. *Direito Criminal I*, op. cit., p. 43, 47 a 49; BRUNO, Aníbal. *Direito Penal: Tomo I*, op. cit., p. 106 e 107; MIR PUIG, Santiago. *Introducción a Las Bases del Derecho Penal*, op. cit., p. 53.

56. GRECO, Luís. *Lebendiges und Totes in Feuerbachs Straftheorie: Ein Beitrag zur gegenwärtigen strafrechtlichen Grundlagendiskussion*. op. cit., p. 41; Os seres humanos pertenceriam ao "mundo dos fenômenos" (*Welt der Phänomene*) e ao "mundo das ideias" (*Welt der Idee*): "Ele pertence primeiramente ao mundo dos sentidos, ao mundo dos fenômenos, que é submetido às formas de intuição do espaço e do tempo e à regência irrefutável da categoria da causalidade" (Idem, ibidem, p. 41). O mundo das ideias "está além da nossa sensibilidade e, portanto, não está sujeito à sua forma, na qual o tempo, como forma de sensibilidade interna, não tem significado. E porque este mundo está além do tempo, também está além da causalidade e de qualquer tipo de determinação. Assim, causalidade e determinação existem apenas quando há uma comparação entre algo anterior e algo posterior, ou seja, ambas pressupõem o tempo (...) Assim, no mundo das ideias não há tempo, não há causalidade: dessa forma, nesse mundo existe a liberdade" (Idem, ibidem, p. 42).

pelo determinismo.[57] O "homem do direito" (*Mensch des Rechts*) seria um *homo phaenomenon*, pois agiria de forma determinística segundo a própria sensibilidade.[58] As transgressões teriam uma origem psicológica na sensibilidade humana e operariam de acordo com as leis da causalidade.[59] A cominação penal seria uma forma de intervir nessa relação causal e neutralizar o desejo criminal,[60] pois poderia *"influenciar a sensibilidade através da própria sensibilidade, e (...) anular o impulso sensorial à ação através de outro impulso sensorial à ação"*.[61] O indivíduo estaria ciente que pacificar um desejo, através da obtenção de um objeto penalmente vedado, faria um sentimento de desgosto ainda maior recair sobre si.[62] O ônus associado à obtenção do objeto cobiçado (a punição) seria deduzido por quem cogitasse transgredir e paralisaria o impulso criminoso.[63] A cominação penal objetivaria inviabilizar o cometimento de delitos através da dissuasão geral e a efetiva punição do infrator teria a finalidade de confirmar a veracidade da ameaça sancionatória.[64]

As teorias de prevenção geral negativa propõem que a finalidade da pena seria evitar crimes através da dissuasão de potenciais infratores. A prevenção criminal seria focada em um "coletivo", pois a pena seria percebida pelos integrantes de um grupo social e dissuadiria os infratores potenciais ali existentes. Esse traço já indicaria uma propensão a ignorar o indivíduo enquanto uma figura independente da coletividade. O fato de essas teorias desconsiderarem a vítima confirmaria essa impressão.

O fato de alguém "se tornar" vítima apenas indicaria que uma pena previamente aplicada não dissuadiu infratores potenciais e consequentemente não evitou a ocorrência do crime. O sujeito passivo do

57. Idem, ibidem, p. 43.
58. Idem, ibidem, p. 43 e 44.
59. Idem, ibidem, p. 44.
60. Idem, ibidem, p. 45.
61. VON FEUERBACH, Paul Johann Anselm. *Revision der Grundsätze und Grundbegriffe des Positiven Peinlichen Rechts. Band I (1799)*. Aalen: Neudruck Aalen, 1966, p. 44 e 45.
62. GRECO, Luís. *Lebendiges und Totes in Feuerbachs Straftheorie: Ein Beitrag zur gegenwärtigen strafrechtlichen Grundlagendiskussion*, op. cit., p. 44.
63. Idem, ibidem, p. 44.
64. Idem, ibidem, p. 45 e 49.

delito meramente sinalizaria a necessidade de rever a forma de punir criminosos. Essa reflexão "instigada" pela vítima seria direcionada a pensar formas de potencializar a dissuasão de infratores potenciais através da pena. O indivíduo vitimado seria análogo a um "alarme", pois alertaria para o "mau funcionamento" da pena enquanto meio dissuasório. O sujeito passivo contribuiria para a prevenção de crimes, porém os interesses e expectativas que esse indivíduo possa ter quanto à punição do próprio algoz permaneceriam ignorados.

O único "benefício" possível de ser auferido pelo sujeito passivo, não sofrer um novo delito, seria insuficiente para lidar com as implicações pretéritas do processo de vitimização.[65] A vítima somente seria beneficiada se considerada como uma mera parte da coletividade, indistinta das vítimas potenciais.[66] Assim, como uma decorrência lógica, ainda que não intencional, das premissas adotadas pelas teorias de prevenção geral negativa, a vítima seria "implicitamente instrumentalizada", pois, apesar de ter uma contribuição preventivo-criminal, tal indivíduo seria desconsiderado enquanto um sujeito de interesses especificamente relacionados ao crime vivenciado.[67]

A colocação das vítimas nas teorias de prevenção geral negativa também estaria sujeita a uma objeção "empírico-contingente".[68] Estudos empíricos apontam que a imposição ou cominação penal poderia dissuadir infratores potenciais e prevenir crimes futuros.[69] Os

65. SAUTNER, Lyane. *Opferinteressen und Strafrechtstheorien: Zugleich ein Beitrag zum restorativen Umgang mit Straftaten*, op. cit., p. 49; PRITTWITZ, Cornelius. *Opferlose Straftheorien?*, op. cit., p. 60 e 61; KILCHLING, Michael. *Opferschutz und der Strafanspruch des Staates - Ein Widerspruch?* In *Neue Zeitschrift für Strafrecht*, 2002, *Heft* 2, p. 59.

66. Idem, ibidem, p. 49; Idem, ibidem, p. 60 e 61; Idem, ibidem, p. 59

67. Em relação ao conceito destacado, recomenda-se a leitura da Nota Preambular deste livro. Ademais, pontua-se que todas as menções ao referido conceito devem ser lidas segundo a Nota Preambular.

68. Expressão orginalmente utilizada, embora em outro contexto, em: GRECO, Luís. *Tem Futuro a teoria do bem jurídico? Reflexões a partir da decisão do Tribunal Constitucional Alemão a respeito do crime de incesto (§ 173 Strafgesetzbuch)*. In *Revista do Instituto Brasileiro de Ciências Criminais*, Vol. 82, 2010, p. 175 a 177.

69. HÖRNLE, Tatjana. *Gegenwärtige Strafbegründungstheorie: Die herkömmliche deutsche Diskussion*, op. cit., p. 19; Idem. *Straftheorien*, op. cit., p. 24 e 25; GRECO, Luís. *Lebendiges und Totes in Feuerbachs Straftheorie: Ein Beitrag zur gegenwärtigen strafrechtlichen Grundlagendiskussion*, op. cit., p. 363 a 365; SIMESTER, Andrew. VON HIRSCH, Andreas. *Crimes, Harms, and Wrongs: On the Principles of Criminalisation*.

resultados de tais pesquisas seriam altamente sensíveis às variações de metodologia e modelagem[70]. O efeito preventivo proporcionado pela imposição ou cominação penal poderia ser descrito como "modesto".[71]

A análise do efeito preventivo também implicaria considerar fatores externos às teorias baseadas na dissuasão penal.[72] O tipo de conduta seria relevante, pois crimes pautados pelo agir racional do autor seriam mais propensos a serem dissuadidos.[73] A forma de

Oxford: Hart Publishing Ltd., 2014, p. 5; BOTTOMS, Antonny. VON HIRSCH, Andrew. *The Crime-Preventive Effect of Penal Sanctions*. In CANE, Peter. KRITZER, Herbert (Ed.). *The Oxford Handbook of Empirical Legal Research*. Oxford: Oxford University Press, 2010, p. 103 a 105; DÖLLING, Dieter. ENTORF, Horst. HERMANN, Dieter. RUPP, Thomas. *Is Deterrence Effective? Results of Meta-Analysis of empirical studies on deterrence*. In *European Journal of Criminal Policy and Research*, Vol. 15, 2009, p. 204 e 222.

70. PRATT, Travis C. CULLEN, Francis T. BLEVINS, Kristie R. DAIGLE, Leah. MADENSEN, Tamara D. *The Empirical Status of Deterrence Theory: A Meta-Analysis*. In CULLEN, Francis T. WRIGHT, John Paul. BLEVINS, Kristie R. (Ed.). *Taking Stock: The Stock of Criminological Theory*. New Brunswick: Transaction Publishers, 2006, p. 383 a 386.

71. BROOKS, Thom. *Punishment*, op. cit., p. 42 a 44; PRATT, Travis C. CULLEN, Francis T. BLEVINS, Kristie R. DAIGLE, Leah. MADENSEN, Tamara D. *The Empirical Status of Deterrence Theory: A Meta-Analysis*, op. cit., p. 383.

72. HÖRNLE, Tatjana. *Gegenwärtige Strafbegründungstheorie: Die herkömmliche deutsche Diskussion*, op. cit., p. 19; Idem. *Straftheorien*, op. cit., p. 24 e 25; DÖLLING, Dieter. ENTORF, Horst. HERMANN, Dieter. HÄARING, Armando. RUPP, Thomas. WOLL, Andreas. *Zur generalpräventiven Abschreckungswirkung des Strafrechts - Befunde einer Metanalyse*. In *Soziale Probleme: Zeitschrift für soziale Probleme und soziale Kontrolle*, Jg. 17, *Heft* 2, 2006, p. 206 e 207; DÖLLING, Dieter. ENTORF, Horst. HERMANN, Dieter. RUPP, Thomas. *Is Deterrence Effective? Results of Meta-Analysis of empirical studies on deterrence*, op. cit., p. 215 a 217; RUPP, Thomas. *Meta Analysis of Crime and Deterrence: A Comprehensive Review of the Literature*. Norderstedt: Books on Demand, GmbH, 2008, p. 189; KLECK, Gary. BARNES, J.C. *Deterrence and Macro-Level Perceptions of Punishment Risks*. In *Crime & Delinquency*, Vol. 59, n. 7, 2008, p. 1030 a 1034; DOOB, Anthony. WEBSTER, Cheryl Marie. *Sentence Severity and Crime: Accepting the Null Hypothesis*. In *Crime and Justice*, Vol. 30, 2003, p. 185 a 192.

73. BROOKS, Thom. *Punishment*, op. cit., p. 46 e 47; DÖLLING, Dieter. ENTORF, Horst. HERMANN, Dieter. RUPP, Thomas. *Is Deterrence Effective? Results of Meta-Analysis of empirical studies on deterrence*, op. cit., p. 215; RUPP, Thomas. *Meta Analysis of Crime and Deterrence: A Comprehensive Review of the Literature*, op. cit., p. 189; PRATT, Travis C. CULLEN, Francis T. BLEVINS, Kristie R. DAIGLE, Leah. MADENSEN, Tamara D. *The Empirical Status of Deterrence Theory: A Meta-Analysis*, op. cit., p. 384; HÖRNLE, Tatjana. *Gegenwärtige Strafbegründungstheorie: Die herkömmliche deutsche Diskussion*, op. cit., p. 19; Idem. *Straftheorien*, op. cit., p. 24 e 25.

dissuadir infratores potenciais aparenta repercutir na prevenção de crimes futuros, pois sanções sociais informais e uma cominação penal verossímil demonstram ser mais efetivas do que punições severas.[74] A localidade também influenciaria a extensão do efeito preventivo, pois a suscetibilidade perante a dissuasão penal variaria entre grupos populacionais com diferentes contextos sociais.[75] Além disso, existiria a possibilidade de uma redução na incidência delitiva não resultar da imposição ou cominação penal, pois eventos aleatórios poderiam ter contribuído ou sido decisivos para a dissuasão de infratores potenciais.[76]

Dissuadir a delinquência de infratores potenciais seria uma hipótese plausível, porém a prevenção criminal também dependeria de fatores além da cominação penal. Não haveria como certificar se foi a dissuasão penal que efetivamente proporcionou uma redução na incidência delitiva. A efetividade preventivo-criminal da dissuasão penal de infratores potenciais não poderia ser sumariamente excluída ou presumida. O problema representado por essa colocação pode ser visualizado por um caso em que alguém sofre um delito, o perpetrador é punido e a incidência criminal aparenta diminuir. Seria possível supor que a punição do autor dissuadiu infratores potenciais de cometerem crimes. A verificação desse efeito preventivo seria improvável, pois

74. SIMESTER, Andrew. VON HIRSCH, Andreas. *Crimes, Harms, and Wrongs: On the Principles of Criminalisation*, op. cit., p. 5, Nota de Rodapé n. 8; DÖLLING, Dieter. ENTORF, Horst. HERMANN, Dieter. RUPP, Thomas. *Is Deterrence Effective? Results of Meta-Analysis of empirical studies on deterrence*, op. cit., p. 216 e 217; KLECK, Gary. BARNES, J.C. *Deterrence and Macro-Level Perceptions of Punishment Risks*, op. cit., p. 1030 a 1034; PRATT, Travis C. CULLEN, Francis T. BLEVINS, Kristie R. DAIGLE, Leah. MADENSEN, Tamara D. *The Empirical Status of Deterrence Theory: A Meta-Analysis*, op. cit., p. 384 e 385; DOOB, Anthony. WEBSTER, Cheryl Marie. *Sentence Severity and Crime: Accepting the Null Hypothesis*, op. cit., p. 185 a 192; DÖLLING, Dieter. ENTORF, Horst. HERMANN, Dieter. HÄARING, Armando. RUPP, Thomas. WOLL, Andreas. *Zur generalpräventiven Abschreckungswirkung des Strafrechts – Befunde einer Metanalyse*, op. cit., p. 206 e 207.

75. BOTTOMS, Antonny. VON HIRSCH, Andrew. *The Crime-Preventive Effect of Penal Sanctions*, op. cit., p. 106; RUPP, Thomas. *Meta Analysis of Crime and Deterrence: A Comprehensive Review of the Literature*, op. cit., p. 189.

76. SIMESTER, Andrew. VON HIRSCH, Andreas. *Crimes, Harms, and Wrongs: On the Principles of Criminalisation*, op. cit., p. 5; BROOKS, Thom. *Punishment*, op. cit., p. 37 e 38, 43 e 44; HÖRNLE, Tatjana. *Gegenwärtige Strafbegründungstheorie: Die herkömmliche deutsche Diskussion*, op. cit., p. 19; Idem. *Straftheorien*, op. cit., p. 24 e 25.

não haveria como certificar "se" ou "quantos" infratores potenciais foram dissuadidos pela pena. Percebe-se que nestas formulações, nas quais a vítima acabaria sendo "implicitamente instrumentalizada", a pena seria fundamentada em uma mera possibilidade de prevenção criminal, a qual, em última análise, seria de improvável verificação.

O prospecto apresentado pelo exemplo não seria o mais pessimista possível, pois uma reflexão sobre as condutas mais propensas à dissuasão penal exporia ainda mais a precária condição da vítima. Estudos empíricos sustentam que a prevenção criminal proporcionada pela dissuasão penal de infratores potenciais seria mais efetiva em relação aos "crimes sem vítimas".[77] A dissuasão penal teria uma parco efeito preventivo sobre condutas que vitimam um indivíduo.[78] Corroborar os resultados de tais estudos também implicaria aceitar que a pena seria imprópria para beneficiar alguém que já sofreu um crime e incapaz de prevenir a posterior vitimização de outras pessoas. As assertivas anteriores descortinariam uma desanimadora perspectiva sobre as teorias de prevenção geral negativa, pois estas, além de implicarem na "instrumentalização implícita" do indivíduo vitimado, também seriam improfícuas para protege-lo de delitos futuros.

77. HÖRNLE, Tatjana. *Straftheorien*, op. cit., p. 25; DÖLLING, Dieter. ENTORF, Horst. HERMANN, Dieter. RUPP, Thomas. *Is Deterrence Effective? Results of Meta-Analysis of empirical studies on deterrence*, op. cit., p. 222 e 223; PRATT, Travis C. CULLEN, Francis T. BLEVINS, Kristie R. DAIGLE, Leah. MADENSEN, Tamara D. *The Empirical Status of Deterrence Theory: A Meta-Analysis*, op. cit., p. 384.

78. DÖLLING, Dieter. ENTORF, Horst. HERMANN, Dieter. RUPP, Thomas. *Is Deterrence Effective? Results of Meta-Analysis of empirical studies on deterrence*, op. cit., p. 215 e 223; Uma metanálise dos estudos sobre a dissuasão penal indica que as penas cominadas aos crimes que afetam bens jurídicos não essenciais teriam o maior efeito preventivo. Por exemplo, a metanálise dos estudos sobre o efeito preventivo proporcionado pela cominação da pena de morte não corrobora as teorias baseadas na dissuasão penal (Idem, ibidem, p. 223). A assertiva pode ser explicada nos seguintes termos: 90% dos estudos incluídos nessa metanálise são oriundos dos EUA (Idem, ibidem, p. 219), sendo que, neste país, a pena de morte está prevista na codificação penal de 31 estados e no Código Penal Federal (Título 18, Parte II, Capítulo 228, §3592). Acrescenta-se o fato de que, em regra, as condutas passíveis de receberem a pena de morte são "crimes com vítimas" (KIRCHMEIER, Jeffrey. *Aggravating and Mitigating Factors: The Paradox of Today's Arbitrary and Mandatory Capital Punishment Scheme*. In *William and Mary Bill of Rights Journal*, Vol. 6, 1998, p. 397 a 431). Assim, pode inferir-se que a dissuasão penal não seria efetiva para prevenir crimes cujo sujeito passivo é um indivíduo e as condutas punidas com a pena de morte, tal como o homicídio, exemplificariam essa constatação.

3.2. Retributivismo penal

As teorias baseadas na prevenção geral negativa não foram as únicas legadas pelo pensamento jurídico-filosófico dos Séculos XVIII e XIX, pois também surgiram fundamentações da pena baseadas em um pensamento *"racionalista-construtivista estrito e alheio a empirismos"*.[79] Essa concepção punitiva propunha uma pena voltada ao passado, desinteressada na prevenção criminal e legitimada por razões de justiça.[80] Essas teorias ("absolutas[81]") da pena baseadas no retributivismo estiveram fortemente associadas ao legado filosófico do idealismo alemão[82].

79. HÖRNLE, Tatjana. *Expressive Straftheorie*, op. cit., p. 147;

80. Idem, ibidem, p. 147; Idem. *Gegenwärtige Strafbegründungstheorie: Die herkömmliche deutsche Diskussion*, op. cit., p. 15 a 18; Idem. *Straftheorien*, op. cit., p. 15 e 16. GRECO, Luís. *A Ilha de Kant*. In GRECO, Luís. MARTINS, Antonio (Ed.). *Direito Penal como crítica da pena: Estudos em homenagem a Juarez Tavares por seu 70.º Aniversário em 2 de setembro de 2012*. São Paulo: Marcial Pons, 2012, p. 264; Idem. *Lebendiges und Totes in Feuerbachs Straftheorie: Ein Beitrag zur gegenwärtigen strafrechtlichen Grundlagendiskussion*, op. cit., p. 458.

81. A designação "absoluta" seria dispensável, pois seria ambígua e conduziria a ideia de que a pena prescinde de fundamentação. O termo "não orientadas à prevenção" seria preferível para designar essas teorias. Além disso, as teorias retributivistas desenvolvidas nos Séculos XVIII e XIX seriam mais apropriadamente designadas como "influenciadas pelo idealismo alemão" (HÖRNLE, Tatjana. *Straftheorien*, op. cit., p. 16 a 20 e 57; Idem. *Gegenwärtige Strafbegründungstheorie: Die herkömmliche deutsche Diskussion*, op. cit., p. 12).

82. Idem. *Expressive Straftheorie*, op. cit., p. 146 e 147; Idem. *Gegenwärtige Strafbegründungstheorie: Die herkömmliche deutsche Diskussion*, op. cit., p. 15 a 18 Idem. *Straftheorien*, op. cit., p. 15 e 16; SAUTNER, Lyane. *Opferinteressen und Strafrechtstheorien: Zugleich ein Beitrag zum restorativen Umgang mit Straftaten*, op. cit., p. 44 a 47; WESSELS, Johannes. BEULKE, Werner. *Strafrecht. Allgemeiner Teil: Die Straftat und ihr Aufbau*, op. cit., p. 4; GRECO, Luís. *Lebendiges und Totes in Feuerbachs Straftheorie: Ein Beitrag zur gegenwärtigen strafrechtlichen Grundlagendiskussion*, op. cit., p. 458; PAWLIK, Michael. *Person, Subjekt, Bürger: Zur Legitimation von Strafe*, op. cit., p. 19 e 20; JAKOBS, Günther. *Staatliche Strafe: Bedeutung und Zweck*, op. cit., p. 11 a 17, 24 a 26; Idem. *Strafrecht. Allgemeiner Teil: Die Grundlagen und die Zurechnungslehre*, op. cit., p. 15 a 19; STRATENWERTH, Günter. *Strafrecht. Allgemeiner Teil I: Die Straftat*, op. cit., p. 16 a 20; BROOKS, Thom. *Punishment*, op. cit., p. 15 e 16; MOORE, Michael. *Closet Retributivism*. In MOORE, Michael (Ed.). *Placing Blame: A Theory of the Criminal Law*. Oxford: Oxford University Press, 1997, p. 83; Idem. *Justifying Retributivism*. In MOORE, Michael (Ed.). *Placing Blame: A Theory of the Criminal Law*. Oxford: Oxford University Press, 1997, p. 153 a 159; GRECO, Luís. *A Ilha de Kant*, op. cit., p. 264 a 267; BITTENCOURT, Cezar Roberto. *Tratado de Direito Penal: Parte Geral I*, op. cit., p. 276 a 280; FIGUEIREDO DIAS,

Immanuel Kant (1724 - 1804) propôs que a pena seria baseada no preceito taliônico e seria um imperativo categórico.[83] O indivíduo que comete um crime deve ser punido por ter incorrido em uma conduta proscrita.[84] A pena não objetivaria promover benefícios para o apenado ou sociedade, pois a personalidade inerente a todos os indivíduos protegeria o infrator de ser tratado como um meio para fins alheios.[85] O crime que um indivíduo comete contra outro seria uma conduta que contradiz o imperativo de que o Ser Humano deve ser tratado sempre como um fim em si e nunca como um meio.[86] Esse postulado demonstra que um crime praticado contra alguém é uma conduta imprópria, porém não dispõe que o fundamento para punir o infrator é o indivíduo vitimado. O fundamento para punir o infrator seria a justiça, ou seja, seria intrinsecamente justo e também um dever

Jorge de. *Temas Básicos da Doutrina Penal*, op. cit., p. 67 a 72; CORREIA, Eduardo. *Direito Criminal I*, op. cit., p. 44 a 47; CAVALEIRO DE FERREIRA, Manuel. *Lições de Direito Penal - Parte Geral II: Penas e Medidas de Segurança*, op. cit., p. 45 e 46; BRUNO, Aníbal. *Direito Penal: Tomo I*, op. cit., p. 93, 105 a 110; MUÑOZ CONDE, Francisco. *Introducción al Derecho Penal*, op. cit., p. 71; BACIGALUPO, Enrique. *Derecho Penal: Parte General*, op. cit., p. 31 e 32; MIR PUIG, Santiago. *Introducción a Las Bases del Derecho Penal*, op. cit., p. 49 a 52; ZAFFARONI, Eugenio Raul. ALAGIA, Alejandro. SLOKAR, Alejandro. *Derecho Penal: Parte General*, op. cit., p. 71 a 73; Para uma perspectiva sobre concepções penais de outros pensadores associados ao idealismo alemão, tal como Johann Gottlieb Fichte: MERLE, Jean-Christophe. *German Idealism and the Concept of Punishment*. Cambridge: Cambridge University Press, 2009, p. 87 a 106.

83. KANT, Immanuel. *Die Metaphysik der Sitten (1797)*. In ROSENKRANZ, Karl. SCHUBERT, Friedrich Wilhelm. *Immanuel Kant's Sämmtliche Werk. Neunter Theil*. Leipzig: Leopold Voss, 1838, p. 181 a 183; Segundo Immanuel Kant, "há um imperativo que, sem se basear como condição em nenhum outro propósito para chegar a certa conduta determina imediatamente essa conduta. Tal imperativo é categórico. Não se relaciona com a matéria da ação e com o que dela possa resultar, mas com a forma e com o principio de que ela mesma deriva e o essencialmente bom da ação reside na disposição que se nutre por ela, seja qual for o resultado. Esse imperativo pode se chamar imperativo da moralidade (...) O imperativo categórico é, assim, este único: age somente segundo máxima tal que possas ao mesmo tempo querer que ela se torne lei universal (Idem. *Grundlegung zur Metaphysik der Sitten (1785)*. Colônia: Anaconda Verlag, 2016, p. 49 e 57). Para uma análise minuciosa e inovadora sobre a teoria da pena kantiana, na qual o argumento subjacente ao "Exemplo da Ilha" (*Inselbeispiel*) é reinterpretado e reformulado, recomenda-se a leitura da obra: GRECO, Luís. *A Ilha de Kant*, op. cit., p. 263 a 279, sobretudo em p. 267 e 268.

84. Idem. *Die Metaphysik der Sitten*, op. cit., p. 180.

85. Idem, ibidem, p. 180 e 181.

86. Idem. *Grundlegung zur Metaphysik der Sitten*, op. cit., p. 70.

da sociedade punir um indivíduo que vitima outro.[87] Considerar a vítima como um fundamento da pena aparenta ser incompatível com a concepção kantiana. Uma pena fundamentada na vontade da vítima seria inadmissível, pois implicaria tratar o infrator como um meio para o fim de satisfazer o indivíduo afetado pelo crime.[88]

Georg Friedrich Wilhelm Hegel (1770 - 1831) propôs que a pena seria a "negação" do crime e o justo reestabelecimento do direito.[89] O crime seria a livre vontade de um indivíduo exercida através de uma primeira coação que viola a existência da liberdade em seu sentido concreto e o direito como direito.[90] A violação do direito teria uma existência exteriorizável, porém seria nula em si.[91] A manifestação dessa nulidade implicaria na supressão da violação ao direito.[92] O dano seria uma mera violação da existência externa da liberdade ou de possessões materiais de um indivíduo e consequentemente poderia ser suprimido por uma compensação civil.[93] O crime não poderia ser resolvido com uma compensação civil, pois seria uma violação na qual o infrator realiza a própria vontade negativando a vontade de outrem.[94] A pena seria a forma de eliminar a vontade existencial do infrator que existe no crime.[95] Apesar de a concepção hegeliana de pena incluir mais referências ao indivíduo vitimado que a kantiana,

87. Idem. *Die Metaphysik der Sitten*, op. cit., p. 180 e 181.

88. Idem, ibidem, p. 180 e 181.

89. HEGEL, Georg Wilhelm Friedrich. *Grundlinien der Philosophie des Rechts (1820)*. Berlim: Verlag von Duncker und Humblot, 1833, p. 136 e 137.

90. Idem, ibidem, p. 131 a 135.

91. Idem, ibidem, p. 135.

92. Idem, ibidem, p. 135 e 136.

93. Idem, ibidem, p. 136.

94. Idem, ibidem, p. 134 a 137.

95. Idem, ibidem, p. 136 e 137; A punição sofrida pelo infrator seria intrinsecamente justa, tal como também seria a vontade, liberdade e direito desse indivíduo. A pena também seria um direito implicado pela vontade existencial e ato realizado pelo infrator. Por ser um ato que o delinquente reconhece como racional (algo universalizável e estabelecido por uma regra), o crime pode ser subsumido a esse indivíduo como se fosse um direito dele. O Estado deve reconhecer que o crime abarca a racionalidade consistente na vontade do indivíduo. A pena que contém o direito do infrator honra esse indivíduo como um ser racional. Essa dignificação do infrator ocorrerá quando a pena imposta for determinada pelo conceito e medida do ato perpetrado. A pena que desconsidera o conceito e medida do crime ou unicamente voltada para a neutralização, dissuasão ou melhora não honra o infrator como um ser racional (Idem, ibidem, p. 139 e 140).

a finalidade da pena é restabelecer o direito através da supressão do crime.[96] A vítima seria uma consequência necessária do cometimento de um crime, porém não seria um fundamento para punir o infrator.

A pena retributiva, na acepção kantiana e hegeliana, seria baseada em uma concepção metafisica de justiça que desconsideraria a vítima ao fundamentar a punição do infrator. As teorias retributivas seriam paradoxalmente percebidas como as mais propícias a incluir considerações sobre o indivíduo afetado pelo crime.[97] A vítima seria necessariamente mencionada em uma pena orientada ao passado, pois o crime seria um fato pretérito e o indivíduo concretamente afetado por essa conduta seria determinável.[98] Uma referência à vitima não implicaria tornar esse indivíduo mais relevante para a teoria da pena.[99] A impressão de tais teorias serem mais favoráveis à vítima decorreria de uma equivocada percepção que igualaria a ideia de retribuição à vingança do indivíduo que sofreu o crime.[100] Ainda que o infrator seja penalizado de uma forma que a vítima considere apropriada, a vontade retributiva do sujeito passivo não estaria direcionada ao reestabelecimento do "direito" ou da "justiça".[101] O papel reduzido e meramente testemunhal atribuído à vítima demonstraria que a pena prima por restabelecer uma abstração supostamente afrontada pelo crime, porém ignora os eventuais interesses e demandas do indivíduo concretamente afetado por tal conduta.[102]

Sob a perspectiva da vítima, as teorias retributivas "tradicionais" não seriam as mais favoráveis ou inclusivas. Essa reputação aparenta

96. Idem, ibidem, p. 136 e 137.

97. SAUTNER, Lyane. *Opferinteressen und Strafrechtstheorien: Zugleich ein Beitrag zum restorativen Umgang mit Straftaten*, op. cit., p. 47; PRITTWITZ, Cornelius. *Opferlose Straftheorien?*, op. cit., p. 59; Winfried Hassemer defende tal posição ao sustentar que as teorias retributivas são as mais relacionadas às vítimas (HASSEMER, Winfried. *Einführung in die Grundlagen des Strafrechts*. 2ª Ed. Munique: Verlag C.H. Beck, 1990, p. 72); Heinz Zipf sustenta uma posição semelhante ao dizer que a supressão do preceito retributivo removeria definitivamente a vítima do direito penal (ZIPF, Heinz. *Kriminalpolitik: Ein Lehrbuch*. 2ª Ed. Heidelberg: C.F. Müller, 1980, p. 54).

98. PRITTWITZ, Cornelius. *Opferlose Straftheorien?*, op. cit., p. 59.

99. Idem, ibidem, p. 59.

100. Idem, ibidem, p. 59.

101. Idem, ibidem, p. 60; REEMTSMA, Jan Philipp. *Das Recht des Opfers auf die Bestrafung des Täters – als Problem*. Munique: Verlag C.H. Beck, 1999, p. 10 e 13.

102. Idem, ibidem, p. 60; Idem, ibidem, p. 10 e 13.

ser mais apropriada para certas formulações contemporâneas baseadas no "neo-retributivismo" (*Neo-Retributivism*), o qual floresceu, durante a segunda metade do século XX, nos Estados Unidos da América.[103] Em relação ao referido ideário, cabe destacar autores como Jeffrie Murphy, George Fletcher e Michael Moore, os quais abordaram a vítima em formulações sobre a pena.

Para Jeffrie Murphy, a influência sobre a punição do infrator seria um anseio usual entre os indivíduos vitimados.[104] O pleito em participar na determinação da pena seria comumente baseado no desejo vingativo do sujeito passivo. O intento revanchista da vítima e a concessão de uma prerrogativa legal a um indivíduo motivado pela vingança seriam fatores indubitavelmente espúrios e nocivos para o sistema de justiça criminal, porém seriam presunções ainda não demonstradas. O prognóstico pessimista sobre a influência da vítima na determinação da pena deveria ser confirmado antes de o Estado classificar como irracional e desconsiderar os clamores de indivíduos que falhou em proteger.

Para sustentar a inserção da vítima no âmbito das teorias retributivas, George Fletcher concebe uma formulação composta por dois argumentos.[105] O primeiro argumento, baseado na concepção penal hegeliana, entende que o crime estabeleceria uma dominação do infrator sobre a vítima. A pena teria a finalidade de contrariar tal relação de subjugo e reestabelecer a igualdade entre o indivíduo vitimado e seu algoz. O segundo argumento, influenciado pela concepção penal kantiana, pressupõe um contexto social, no qual já teria sido estabelecido que a responsabilidade criminal dos indivíduos deve ser

103. Inclusive, nota-se que, em algumas publicações, a terminologia usada é "neo-retributivismo americano" (*American Neo-Retributivism*). Neste sentido, vide o seguinte artigo: WHITMAN, James. *A Plea Against Retributivism*. In *Buffalo Criminal Law Review*, Vol. 7, 2003, p. 87. Para um panorama histórico do Neo-Retributivismo, o qual abarca o surgimento deste ideário entre as décadas de 1950 e 1970 e o posterior desenvolvimento até o final do século XX, recomenda-se a seguinte obra: GREEN, Thomas Andrew. *Freedom and Criminal Responsibility in American Legal Thought*. New York: Cambridge University Press, 2014, p. 284 a 484.

104. MURPHY, Jeffrie. *Getting Even: The Role of the Victim*. In *Social Philosophy and Policy*, Vol. 7, n. 2, 1990, p. 225.

105. FLETCHER, George. *The Place of Victims in the Theory of Retribution*. In *Buffalo Criminal Law Review*, Vol. 3, n. 1, 1999, p. 58 e 61 a 63.

tratada em termos penais, ou seja, a punição de infratores seria uma expectativa compartilhada por todos. Neste contexto, a impunidade de um criminoso enfraqueceria o preceito normativo de tratamento equânime, pois, sem a imposição de uma pena, a vítima não teria a sua igualdade reestabelecida perante o algoz. Assim, ao deliberadamente não punir quem merece uma pena, aquele com a incumbência punitiva adquiriria a responsabilidade indireta pelo cometimento do crime.

Michael Moore entende que, apesar de existir uma conexão substantiva entre a vítima e a pena retributiva, o indivíduo vitimado não deveria poder influenciar a punição do infrator.[106] A vítima seria importante para a justiça retributiva, pois o merecimento penal do infrator decorreria de uma violação aos direitos do sujeito passivo.[107] A disposição em impor a pena reconheceria o valor da vítima, pois demonstraria o ultraje moral perante o crime e o autor.[108] O fato de o sujeito passivo ser relevante não obstaria a inconsistência entre uma ingerência vitimal na punição do infrator e o ideário retributivista.[109] A essência da pena retributiva seria promover a justiça e as vítimas não teriam o direito moral ou a experiência para determinar como as instituições legais devem atingir tal objetivo.[110]

Sob a perspectiva da vítima, as propostas de Jeffrie Murphy e George Fletcher seriam mais promissoras que a de Michael Moore. Afinal, este último autor é explícito ao afirmar que, apesar de ser importante para a ideia de justiça retributiva, a vítima não deve ser contemplada com a possibilidade de ingerir na punição do infrator. Jeffrie Murphy critica que certas presunções – *a ideia de que as vítimas interessadas em ingerir na sentença criminal têm uma motivação vingativa e a ideia de que tal participação no processo punitivo compromete a higidez do sistema de justiça criminal* – são tidas como

106. MOORE, Michael. *Victims and Retribution: A Reply to Professor Fletcher*. In *Buffalo Criminal Law Review*, Vol. 3, n. 1, 1999, p. 89.

107. Idem, ibidem, p. 89.

108. GRECO, Luís. *A Ilha de Kant*, op. cit., p. 264; MOORE, Michael. *The Moral Worth of Retribution*. In MOORE, Michael (Ed.). *Placing Blame: A Theory of the Criminal Law*. Oxford: Oxford University Press, 1997, p. 144.

109. MOORE, Michael. *Victims and Retribution: A Reply to Professor Fletcher*, op. cit., p. 89.

110. Idem, ibidem, p. 89.

verdade, sem nunca terem sido demonstradas como tal por aqueles contrários à inclusão da vítima no debate teórico-penal. Ao expor tal crítica, o autor argumenta que, por respeito àqueles que o Estado falhou em proteger, é injusto estigmatizar a pretensão vitimal à ingerência na punição do infrator até que seja demonstrada a veracidade das presunções supramencionadas. Assim, apesar de não ser uma teoria da pena, a proposta de Jeffrie Murphy traz um argumento útil para uma fundamentação da pena que considera a vítima, pois permite contrapor o estigma que recai sobre a inclusão do indivíduo vitimado no debate teórico-penal. Se comparada às anteriores, a proposta de George Fletcher soa como a mais profícua. Contudo, a formulação não explica como a pena restauraria a igualdade entre a vítima e o infrator e também não esclarece em qual sentido o sujeito passivo e ativo do delito poderiam ser considerados "iguais" após a punição deste último.[111] O autor fundamenta a pena com base em conceitos abstratos atribuídos à vítima (por exemplo, "reestabelecer a igualdade entre a vítima e o infrator" ou "igualar a posição e a dignidade da vítima em relação ao infrator"). Ao reinterpretar a concepção penal hegeliana, a formulação deixa entrever que a vítima é reduzida aos conceitos abstratos que lhe são atribuídos e que os eventuais interesses e demandas deste indivíduo, em relação à punição do infrator, são irrelevantes para a fundamentação da pena.

3.3. Prevenção especial

Essas formulações surgem a partir das últimas décadas do Século XIX com a proposta de que a pena deve influenciar o comportamento do infrator para evitar o cometimento de delitos futuros.[112] O alemão

111. MACLEOD, Adam. *All for One: A Review of Victim-Centric Justifications of Punishment*. In *Berkeley Journal of Criminal Law*, Vol. 13, n. 1, 2008, p. 43.

112. HÖRNLE, Tatjana. *Expressive Straftheorie*, op. cit., p. 146; Idem. *Gegenwärtige Strafbegründungstheorie: Die herkömmliche deutsche Diskussion*, op. cit., p. 14 e 15; Idem. *Straftheorien*, op. cit., p. 20 a 23; RÜPING, Hinrich. JEROUSCHEK, Günter. *Grundriss der Strafrechtgeschichte*, op. cit., p. 91 e 92; SAUTNER, Lyane. *Opferinteressen und Strafrechtstheorien: Zugleich ein Beitrag zum restorativen Umgang mit Straftaten*, op. cit., p. 54 e 56; WESSELS, Johannes. BEULKE, Werner. *Strafrecht. Allgemeiner Teil: Die Straftat und ihr Aufbau*, op. cit., p. 4; KOCH, Arnd. *Binding vs. v. Liszt – Klassische und Moderne Strafrechtsschule*. In HILGENDORF, Eric. WEITZEL, Jürgen (Ed.). *Der Strafgedanke in seiner historischen Entwicklung: Ringvorlesung zur Strafrechtsgeschichte und Strafrechtsphilosophie*. Berlin: Duncker & Humblot, 2007, p.

Franz von Liszt (1851 - 1919), autor do "Programa de Marburgo" (1882) e fundador da Escola Penal Moderna,[113] propôs que a pena teria a finalidade de proteger bens jurídicos através da prevenção de crimes.[114] Sob uma perspectiva sociológica do crime e sócio-determinística do Ser Humano, a pena poderia ter três efeitos preventivos a depender da classificação empírica atribuída ao infrator.[115] A pena promoveria a *"1) melhora de criminosos que podem e precisam ser melhorados; 2) a dissuasão de criminosos que não precisam de correção; 3) a neutralização de criminosos que não podem ser melhorados"*.[116] O surgimento da Escola Penal Moderna proporcionou intensos debates com os adeptos da Escola Penal Clássica, os quais propunham uma pena retributiva e mensurada pela culpa do infrator.[117] O final do

131 a 139; PAWLIK, Michael. *Person, Subjekt, Bürger: Zur Legitimation von Strafe*, op. cit., p. 29 a 35; JAKOBS, Günther. *Strafrecht. Allgemeiner Teil: Die Grundlagen und die Zurechnungslehre*, op. cit., p. 22 a 27; STRATENWERTH, Günter. *Strafrecht. Allgemeiner Teil I: Die Straftat*, op. cit., p. 20 a 22; BITTENCOURT, Cezar Roberto. *Tratado de Direito Penal: Parte Geral I*, op. cit., p. 316 a 320; FIGUEIREDO DIAS, Jorge de. *Temas Básicos da Doutrina Penal*, op. cit., p. 78 a 83; CORREIA, Eduardo. *Direito Criminal I*, op. cit., p. 49 a 51; HASSEMER, Winfried. *História das Ideias Penais na Alemanha do Pós-Guerra*, op. cit., p. 50 a 55; CAVALEIRO DE FERREIRA, Manuel. *Lições de Direito Penal - Parte Geral II: Penas e Medidas de Segurança*, op. cit., p. 45 e 46; BRUNO, Aníbal. *Direito Penal: Tomo I*, op. cit., p. 125 a 130; MUÑOZ CONDE, Francisco. *Introducción al Derecho Penal*, op. cit., p. 71 e 72; BACIGALUPO, Enrique. *Derecho Penal: Parte General*, op. cit., p. 34 a 37; MIR PUIG, Santiago. *Introducción a Las Bases del Derecho Penal*, op. cit., p. 55 a 59; ZAFFARONI, Eugenio Raul. ALAGIA, Alejandro. SLOKAR, Alejandro. *Derecho Penal: Parte General*, op. cit., p. 62 a 64; BROOKS, Thom. *Punishment*, op. cit., p. 51 a 63.

113. RÜPING, Hinrich. JEROUSCHEK, Günter. Grundriss der Strafrechtgeschichte, op. cit., p. 91; KOCH, Arnd. Binding vs. v. Liszt - Klassische und Moderne Strafrechtsschule., op. cit., p. 132 e 137.

114. Idem, ibidem, p. 91; Idem, ibidem, p. 132 e 137.

115. RÜPING, Hinrich. JEROUSCHEK, Günter. *Grundriss der Strafrechtgeschichte*, op. cit., p. 92; SAUTNER, Lyane. *Opferinteressen und Strafrechtstheorien: Zugleich ein Beitrag zum restorativen Umgang mit Straftaten*, op. cit., p. 54; KOCH, Arnd. *Binding vs. v. Liszt - Klassische und Moderne Strafrechtsschule*, op. cit., p. 132 a 136; PAWLIK, Michael. *Person, Subjekt, Bürger: Zur Legitimation von Strafe*, op. cit., p. 30 e 31; STRATENWERTH, Günter. *Strafrecht. Allgemeiner Teil I: Die Straftat*, op. cit., p. 20; FIGUEIREDO DIAS, Jorge de. *Temas Básicos da Doutrina Penal*, op. cit., p. 78.

116. VON LISZT, Franz. *Strafrechtliche Aufsätze und Vorträge*. Vol. 1 (1875 a 1891). Berlim: Walter de Gruyter & Co., 1905, pg.166.

117. RÜPING, Hinrich. JEROUSCHEK, Günter. *Grundriss der Strafrechtgeschichte*, op. cit., p. 92; KOCH, Arnd. *Binding vs. v. Liszt - Klassische und Moderne Strafrechtsschule*, op. cit., p. 136 a 140; Karl Binding (1841 - 1911), um dos maiores

Século XIX teria sido o primeiro momento de destaque das teorias de prevenção especial.[118]

O segundo momento de destaque teria ocorrido entre as décadas de 1960 e 1980.[119] As premissas do determinismo sociológico, ou

destaques da Escola Penal Clássica e um notório crítico das ideias de Franz von Liszt, julgava defender uma concepção de direito penal mais condizente com um Estado de Direito e designava a proposta "moderna" como diletante e charlatã. A crítica de Karl Binding foi acompanhada por outros partidários da Escola Penal Clássica, tal como Karl von Birkmeyer (1847 - 1920), Johannes Nagler (1876 - 1951) e Friedrich Oetker (1854 - 1937) (Idem, ibidem, p. 92; Idem, ibidem, p. 136 a 140); A disputa entre as Escolas Moderna e Clássica não poderia ser reduzida a um embate entre uma concepção penal consequencialista e outra retributiva. Inclusive, destaca-se o fato de Karl Binding e Franz von Liszt serem notórios adeptos do positivismo jurídico. O primeiro autor defendia que a pena somente seria fundamentada como uma resposta estatal à violação de uma norma, ou seja, o crime consistiria na infração de uma lei positiva ao invés da comissão de um ato ilícito. A aplicação da lei penal não seria uma questão de justiça na acepção kantiana, pois o ato punitivo seria uma ferramenta que o Estado dispõe e pode utilizar para implementar a própria autoridade. A finalidade da pena seria a subjugação do infrator ao ordenamento jurídico, objetivando manter a autoridade e a inviolabilidade das leis afrontadas pelo apenado. O segundo autor sustentou que os adeptos da Escola Clássica propunham uma punição sem sentido e argumentou que um ato punitivo condizente com o Estado Moderno somente seria legítimo se servisse a algum propósito, postulando que a pena deve buscar proteger os bens jurídicos perante condutas criminosas (DUBBER, Markus. *Theories of Crime and Punishment in German Criminal Law*. In *The American Journal of Comparative Law*. Vol. 53, n. 3, 2005, p. 697 e 698).

118. HÖRNLE, Tatjana. *Gegenwärtige Strafbegründungstheorie: Die herkömmliche deutsche Diskussion*, op. cit., p. 14; PAWLIK, Michael. *Person, Subjekt, Bürger: Zur Legitimation von Strafe*, op. cit., p. 29.

119. Idem, ibidem, p. 14; Idem, ibidem, p. 29; Apesar de pouco relevante para a atual doutrina alemã, a prevenção especial não teria sido completamente abandonada. Por exemplo, Jean-Christophe Merle propôs um sistema penal que abandona a ideia de proporcionalidade entre crime e punição e suprime as penas carcerárias de duração preestabelecida em prol de punições baseadas em avaliações psicológicas do infrator (HÖRNLE, Tatjana. *Gegenwärtige Strafbegründungstheorie: Die herkömmliche deutsche Diskussion*, op. cit., p. 14 e 15; MERLE, Jean-Christophe. *Strafen aus Respekt vor der Menschenwürde: Eine Kritik am Retributivismus aus der Perspektive des deutschen Idealismus*. Berlim: De Gruyter Rechtswissenschaften Verlag, 2007, p. 52 e 85); O ostracismo das teorias preventivo-especiais também ocorreu nos países anglo-saxões. A ideia de reabilitação passou a ser percebida com ceticismo a partir dos anos setenta, após ter usufruído de grande credibilidade na década anterior. O declino inicial dessas teorias poderia ser atribuído ao norte-americano Robert Martinson. Em 1974, o autor publicou um estudo em que expunha uma análise empírica apontando o resultado irrisório dos esforços em prevenir a reincidência criminal. O prenome do artigo (*"What works?"*) influenciou o lema da posição cética posteriormente surgida (*"Nothing works"*). Após esse estudo questionar incisivamente a pena como um meio apto a ressocializar o infrator, uma sequência de pesquisas e trabalhos publicados no decorrer dos anos seguintes

biológico,[120] foram abandonadas, tal como a associação do efeito especial preventivo da pena a uma classificação de infratores, e substituídos por argumentos sócio-pedagógicos.[121] A ressocialização do criminoso seria a finalidade da pena e o tratamento reabilitador seria um parâmetro para a execução penal.[122] O fundamento da pena seria a prevenção criminal, designada "especial positiva", advinda da ressocialização do infrator.[123] Essas formulações também reconheceriam a viabilidade teórica de outra forma de prevenção criminal, "especial negativa", decorrente da dissuasão do infrator pela cominação punitiva ou da neutralização do infrator pela efetiva imposição da pena.[124]

As primeiras teorias de prevenção especial propunham que a pena teria a finalidade de melhorar, dissuadir ou neutralizar, a depender da classificação atribuída ao infrator.[125] A vítima meramente seria a prova de que a pena imposta não impediu a reincidência do infrator

reforçaram ainda mais a tese de Robert Martinson e comprometeram a credibilidade das teorias de prevenção especial (BOTTOMS, Antonny. VON HIRSCH, Andrew. *The Crime-Preventive Effect of Penal Sanctions*, op. cit., p. 108 a 109; DUFF, Antony. *Penal Communications: Recent Work in the Philosophy of Punishment*. In *Crime and Justice*, Vol. 20, 1996, p. 1; MARTINSON, Robert. *What works? - Questions and answers about prison reform*. In *The Public Interest*, 1974, n. 35, p. 52 a 54; VELOSO, José António. *Pena Criminal*. In *Revista da Ordem dos Advogados*. Ano 59, 1999, p. 530 e 531.

120. O determinismo biológico, também chamado de antropológico, foi especialmente presente na Itália entre os discípulos da Escola Positiva (RÜPING, Hinrich. JEROUSCHEK, Günter. *Grundriss der Strafrechtgeschichte*, op. cit., p. 92; BARATTA, Alessandro. *Criminologia Crítica e Crítica do Direito Penal*. 6ª Ed. Rio de Janeiro: Editora Revan, 2011, p. 30 a 40; BRUNO, Aníbal. *Direito Penal: Tomo I*, op. cit., p. 119 a 122).

121. HÖRNLE, Tatjana. *Gegenwärtige Strafbegründungstheorie: Die herkömmliche deutsche Diskussion*, op. cit., p. 14; PAWLIK, Michael. *Person, Subjekt, Bürger: Zur Legitimation von Strafe*, op. cit., p. 29; BACIGALUPO, Enrique. *Derecho Penal. Parte General*, op. cit., p. 36.

122. Idem, ibidem, p. 14; Idem, ibidem, p. 29; Idem, ibidem, p. 36; Um traço associado às formulações preventivo-especiais desse período foi a incorporação de argumentos a sustentar a corresponsabilidade da sociedade pela conduta do infrator (id., ibid., p. 36).

123. HÖRNLE, Tatjana. *Straftheorien*, op. cit., p. 21 a 23; SAUTNER, Lyane. *Opferinteressen und Strafrechtstheorien: Zugleich ein Beitrag zum restorativen Umgang mit Straftaten*, op. cit., p. 55; ZAFFARONI, Eugenio Raul. ALAGIA, Alejandro. SLOKAR, Alejandro. *Derecho Penal: Parte General*, op. cit., p. 62 a 64.

124. Idem, ibidem, p. 21 a 23; Idem, ibidem, p. 55; Idem, ibidem, p. 62 a 64;

125. VON LISZT, Franz. *Strafrechtliche Aufsätze und Vorträge*, op. cit., pg. 166.

anteriormente punido. A maior "relevância" que a vítima poderia ter seria sinalizar o insucesso em realizar as finalidades preventivas elencadas e a necessidade de reformular a aplicação da pena. As teorias de prevenção especial da segunda metade do Século XX também seriam insatisfatórias nesse quesito, pois a existência de uma vítima apenas indicaria a falha da pena em ressocializar o infrator. A vítima demonstraria a necessidade de repensar a pena, pois a punição anteriormente imposta ao infrator foi incapaz de ressocializa-lo. Em suma, para as teorias de prevenção especial, a vítima poderia sinalizar a necessidade de rever a punição do infrator. No entanto, as reflexões eventualmente proporcionadas pela ocorrência de uma vítima ignorarão os interesses e expectativas que esse indivíduo possa ter em relação à pena e serão exclusivamente direcionadas ao esforço de evitar que o infrator reincida.

Novamente, a vítima teria uma função de "alarme", pois alertaria quando a pena não estivesse funcionando. A "vítima-alarme" beneficiaria a coletividade, pois contribuiria para uma pena apta a prever crimes. Esse benefício também poderia ser estendido ao sujeito ativo do delito,[126] pois uma pena capaz de ressocializar impediria a reincidência e consequentemente evitaria que o infrator voltasse a ser submetido as agruras do sistema de justiça criminal e continuasse a ser estigmatizado.[127] As teorias de prevenção especial fundamentariam a pena na promoção de um benefício com uma dimensão coletiva e outra individual, porém esta última contemplaria o infrator e ignoraria o indivíduo vitimado. Os interesses e expectativas que a vítima possa ter quanto à punição de seu algoz permaneceriam ignorados. Tal como ocorre com as teorias de prevenção geral negativa, a vítima seria beneficiada somente enquanto uma parte indistinta da coletividade, pois, supostamente, estaria menos propensa a sofrer outro crime, porém o processo de vitimização experimentado por esse indivíduo

126. Apesar de ser pouco provável que ele perceba ou concorde que a pena imposta seria um beneficio.

127. Esse aspecto benéfico da pena para o infrator seria mais facilmente perceptível nas teorias de prevenção especial surgidas na segunda metade do Século XX, porém também poderia ser deduzido da primeira e segunda finalidade da pena proposta por Franz von Liszt. A pena somente seria algo inquestionavelmente negativo para o infrator em casos envolvendo indivíduos incorrigíveis, cuja única forma de impedir a reincidência seria a neutralização, tal como na terceira categoria proposta por Franz von Liszt.

permaneceria ignorado. Assim, como uma decorrência lógica, ainda que não intencional, das premissas adotadas pelas teorias de prevenção especial, a vítima seria "implicitamente instrumentalizada", pois, apesar de ter uma contribuição preventivo-criminal, tal indivíduo seria desconsiderado enquanto um sujeito de interesses especificamente relacionados ao crime vivenciado.[128]

Deve reconhecer-se que as teorias de prevenção especial mais recentes propiciariam uma maior inclusão de considerações sobre a vítima do que aquelas surgidas à época de Franz von Liszt.[129] A ressocialização possibilitaria fortalecer ou reestabelecer o vínculo entre o infrator e os valores do ordenamento jurídico, tal como o respeito pela esfera jurídica da vítima.[130] Um infrator plenamente ressocializado assumiria a responsabilidade pelo crime cometido e estaria disposto a reparar as lesões causadas e suprir as necessidades da vítima.[131] A pena seria mais que uma forma de prevenir a ocorrência de crimes, pois também poderia fazer o infrator buscar reparar os males que causou a vítima. A pena teria uma orientação prospectiva, porém poderia incluir considerações retrospectivas voltadas ao processo de vitimização sofrido pelo indivíduo vitimado. Essa possibilidade não implica dizer o infrator e a vítima teriam igual relevância para essas teorias, pois qualquer esforço ou consideração sobre o sujeito passivo estaria condicionado a incerta e futura ressocialização do sujeito ativo do delito.

128. Sobre as teorias em questão, cabe pontuar que tal "contribuição" não seria unicamente "preventivo-criminal". Afinal, uma pena preventivo-especial "bem-sucedida" (isto é, uma que tenha sido totalmente exitosa no cumprimento de sua finalidade), além de contribuir para profilaxia de delitos futuros, promovendo assim o interesse coletivo na prevenção criminal, também contribuiria para a não reincidência e ressocialização do infrator, contemplando o interesse deste indivíduo em não voltar a sofrer as agruras do Sistema de Justiça Criminal e os malefícios do estigma de "delinquente".

129. HÖRNLE, Tatjana. *Gegenwärtige Strafbegründungstheorie: Die herkömmliche deutsche Diskussion*, op. cit., p. 14; PAWLIK, Michael. *Person, Subjekt, Bürger: Zur Legitimation von Strafe*, op. cit., p. 29.

130. SAUTNER, Lyane. *Opferinteressen und Strafrechtstheorien: Zugleich ein Beitrag zum restorativen Umgang mit Straftaten*, op. cit., p. 55 e 56; ZAFFARONI, Eugenio Raul. ALAGIA, Alejandro. SLOKAR, Alejandro. *Derecho Penal: Parte General*, op. cit., p. 62 a 64; JESIONEK, Udo. *Die Wiederentdeckung des Verbrechensopfers: Ein Paradigmenwechsel im Strafrecht*. In *Juridikum: Zeitschrift im Rechtsstaat*, n..4, 2005, p. 173.

131. Idem, ibidem, p. 55 e 56; Idem, ibidem, p. 62 a 64; Idem, ibidem, p. 173.

O fato de a vítima ter uma relevância inferior àquela conferida ao infrator também deve ser abordado. As teorias de prevenção especial propõem que a pena influiria sobre a conduta do infrator e impediria a reincidência, ou seja, o efeito preventivo seria focado em um "indivíduo". Esse enfoque individual aparentaria incompletude para lidar com os delitos interpessoais, pois ignoraria totalmente a vítima. Ressalta-se que a razão de haver um enfoque no infrator seria o interesse coletivo de evitar a ocorrência de crimes futuros. A melhoria, dissuasão, neutralização ou ressocialização do autor seria uma consequência necessária para atingir a prevenção criminal. Apesar de ser tratado como meio para um fim, o infrator poderia tirar proveito de uma pena que atinja a finalidade preventiva.[132] O enfoque exclusivo no infrator não seria baseado em um pressuposto de inferioridade ou desmerecimento da vítima, porém o inquietante fato de o sujeito ativo ser mais considerado, e possivelmente beneficiado,[133] que o sujeito passivo não pode ser ignorado.

A objeção empírico-contingente também seria oponível à condição das vítimas nas teorias de prevenção especial. Primeiro, a pena evitaria a reincidência, pois providenciaria a ressocialização do

132. Repete-se a ressalva feita nas Notas de Rodapé n. 126 e 127. Uma pena apta a promover a melhoria, dissuasão ou ressocialização (na acepção contemporânea) poderia ser considerada como um benefício ao infrator, pois esse indivíduo não mais reincidirá e não mais experimentará as agruras do sistema de justiça criminal ou o estigma social de ser um "criminoso". A pena aparentaria ser inquestionavelmente prejudicial para o infrator apenas ao promover a neutralização desse indivíduo.

133. Cumpre admitir que a pena somente poderia ser efetivamente percebida como um "benefício" em certos países. A teoria de prevenção especial somente poderia ser apropriadamente implementada em sistemas de justiça criminal devidamente equipados com meios e recursos para promover a ressocialização do autor. Por exemplo, um aparato prisional dotado de uma infraestrutura capaz de acomodar dignamente os detentos e apto a fornecer atividades pedagógicas, acompanhamento psicossocial e capacitação profissional. O sistema de justiça criminal de países escandinavos, tal como a Noruega, é digno de menção: ANDERSON, Yanique. GRÖNING, Linda. *Rehabilitation in Principle and Practice: Perspectives of Inmates and Officers*. In *Bergen Journal of Criminal Law and Criminal Justice*, Vol. 4, n. 2, 2016, p. 220 a 227. Deve ressaltar-se que essa consideração seria de ordem prática e a presente seção não visa discutir a viabilidade de uma pena que possa ser efetivamente considerada um benefício para o infrator. Essa colocação permitiria reforçar a crítica às teorias de prevenção especial, pois, em circunstâncias "ideais", nas quais a pena efetivamente poderia ser considerada um benefício para o infrator (por exemplo, o ato punitivo é capaz de ressocializar o apenado), as teorias de prevenção especial ainda seriam objetadas por desconsiderarem a vítima.

infrator. Estudos associados à corrente doutrinária da "Nova Reabilitação" (*New Rehabilitation*) apontam que a ressocialização seria factível e os melhores programas seriam capazes de prevenir entre 20% e 30% da reincidência criminal.[134] Outros estudos apresentam resultados mais comedidos ao apontarem uma possibilidade de reduzir a taxa de reincidência criminal entre 5% e 10%.[135] Os programas de ressocialização moldados segundo grupos populacionais apresentariam resultados modestos.[136] O índice de sucesso de tais iniciativas dependeria de fatores como a idade e o meio social do indivíduo a ser ressocializado.[137] A ideia de órgãos estatais conseguirem proporcionar alterações comportamentais estáveis em indivíduos adultos, de forma frequente e previsível, seria questionável ainda que em condições favoráveis e com a cooperação do infrator.[138]

Segundo, a pena dissuadiria o infrator de incorrer novamente em uma conduta proscrita e consequentemente preveniria a ocorrência de crimes futuros. Os dados disponíveis indicam que a pena não apresenta efeitos mensuráveis sobre a probabilidade de um indivíduo reincidir

134. BOTTOMS, Antonny. VON HIRSCH, Andrew *The Crime-Preventive Effect of Penal Sanctions*, op. cit., p. 109; Essa corrente surgiu no final do Século XX, reavaliou a crítica de Robert Martinson e propôs que as conclusões desse autor não necessariamente invalidariam a ideia de ressocializar o infrator. Diversos programas de ressocialização existentes à época já seriam intrinsicamente mal formulados e propensos ao insucesso mesmo em condições favoráveis. O fator metodológico também estaria relacionado aos resultados pessimistas obtidos nos anos setenta, pois teriam sido baseados em pesquisas realizadas sobre um espaço amostral reduzido e estatisticamente insignificante. Os novos estudos, baseados em metanálise de dados, apresentaram um panorama mais otimista quanto a viabilidade de ressocializar infratores (Idem, ibidem, p. 107 a 112; BROOKS, Thom. *Punishment*, op. cit., p. 51; CROW, Iain. *The Treatment and Rehabilitation of Offenders*. Londres: SAGE Publications Ltd., 2001, p. 46 a 48).

135. BROOKS, Thom. *Punishment*, op. cit., p. 59 e 60; CARTER, Patrick. *Managing Offenders, Reducing Crime: A new approach*. In *Correctional Services Review*, 2003, p. 15 e 16.

136. HÖRNLE, Tatjana. *Straftheorien*, op. cit., p. 21; DÖLLING, Dieter. *Zur spezialpräventiven Aufgabe des Strafrechts*. In DÖLLING, Dieter (Ed.). *Jus humanum: Grundlagen des Rechts und Strafrecht. Festschrift für Ernst-Joachim Lampe zum 70. Geburtstag*. Berlim: Duncker & Humblot, 2003, p. 606.

137. HÖRNLE, Tatjana. *Straftheorien*, op. cit., p. 21; RÖSSNER, Dieter. *Die besonderen Aufgaben des Strafrechts im System rechtsstaatlicher Verhaltenskontrolle*. In SCHÜNEMANN, Bernd. ACHENBACH, Hans. BOTTKE, Wilfried. HAFFKE, Bernhard. RUDOLPHI, Hans-Joachim (Ed.). *Festschrift für Claus Roxin zum 70. Geburtstag am 15. Mai 2001*. Berlim: Walter de Gruyter & Co., 2001, p. 978.

138. HÖRNLE, Tatjana. *Straftheorien*, op. cit., p. 21 e 22.

criminalmente.[139] O número de pesquisas sobre os efeitos da dissuasão penal individual é reduzido e os resultados obtidos frequentemente são inconclusivos, porém algumas assertivas podem ser elaboradas.[140] Por exemplo, as multas calculadas com base na renda diária do apenado (comparativamente mais onerosas) não demonstram maior efetividade em dissuadir a reincidência de infratores. A dissuasão individual baseada em "táticas de choque" também não seria efetiva para prevenir a reincidência. Por exemplo, as penas de detenção em estabelecimentos prisionais cujo objetivo é punir o infrator de forma curta e intensa (*"short sharp shock detention centers"*).[141]

Terceiro, a pena impediria a reincidência criminal neutralizando o infrator. Esse tipo de pena seria a forma mais plausível de prevenir crimes futuros.[142]

A pena seria capaz de prevenir crimes futuros ao influenciar infratores a não reincidir, porém essa possibilidade não poderia ser sumariamente presumida.[143] Prever a reincidência criminal de um ex--apenado seria uma complexa empreitada multifatorial com resultados necessariamente probabilísticos.[144] O problema representado por essa

139. Idem, ibidem, p. 21; GÖPPINGER, Hans. *Kriminologie*. 6ª Ed. Munique: Verlag C.H. Beck, 2008, p. 562 a 564 e 566.

140. BOTTOMS, Antonny. VON HIRSCH, Andrew. *The Crime-Preventive Effect of Penal Sanctions*, op. cit., p. 113.

141. Idem, ibidem, p. 113.

142. HÖRNLE, Tatjana. *Straftheorien*, op. cit., p. 21.

143. A não reincidência criminal somente poderia ser sumariamente presumida se a pena tiver um intuito neutralizador. Tal presunção não seria absoluta, pois a não reincidência do infrator estaria condicionada à duração da pena e também poderia ser comprometida por imprevistos durante o encarceramento. Por exemplo, o infrator escapar da prisão ou delinquir dentro do cárcere. As penas que asseguram a não reincidência do infrator são moralmente questionáveis e largamente caíram em desuso. Por exemplo, a pena capital ou a incapacitação permanente, tal como a lobotomia pré-frontal (GREELY, Henry. *Neuroscience and Criminal Justice: Not Responsibility but Treatment*. In *Kansas Law Review*, Vol. 56, 2008, p. 1103 a 1138; MAYER, Edward. *Prefrontal Lobotomy and the Courts*. In *Journal of Criminal Law and Criminology*, Vol. 38, n. 6, 1948, p. 576 a 583).

144. CLEMENS, Chelsie. *Effective and Ethical Measures of Predicting Criminal Offender's Risk of Recidivism and Treatment Needs on Risk-Need Assessments*. In *Master of Social Work Clinical Research Papers*, n. 964, 2016, p. 13 a 34; STAHLER, Gerald. MENNIS, Jeremy. BELENKO, Steven. WELSH, Wayne. HILLER, Matthew. ZAJAC, Gary. *Predicting Recidivism for Released State Prison Offenders: Examining the Influence*

colocação pode ser visualizado no exemplo em que um infrator é punido com a reclusão por ter vitimado outrem e nunca mais volta a delinquir após ser libertado. A pena teria proporcionado um efeito preventivo especial, pois supostamente teria impedido o infrator de reincidir. A verificação do efeito preventivo especial descrito no exemplo seria improvável. O caso suscita a indagação sobre quando seria possível aferir a ocorrência do efeito preventivo especial. Esse questionamento poderia ser respondido de duas formas.

Primeira, certificar a ocorrência do efeito preventivo especial necessitaria de uma confirmação definitiva sobre a incapacidade delitiva do ex-apenado. Ainda que possa ser altamente reduzida, a possibilidade de reincidência criminal existe enquanto o ex-apenado for física e mentalmente capaz de delinquir. Esse raciocínio imporia uma longa espera até ser possível afirmar que a pena influenciou o infrator a não reincidir. Por exemplo, o efeito preventivo especial só poderia ser propriamente aferido no leito de morte do ex-apenado ou após um atestado médico confirmar que o indivíduo está em estado vegetativo.

Segunda, admite-se a ocorrência da prevenção criminal especial até a eventual reincidência do ex-apenado. Essa afirmação implicaria aceitar que o efeito preventivo seria temporalmente limitável. Essa afirmação permitiria indagar criticamente se a finalidade da pena seria a prevenção criminal ou a "postergação criminal". A perspectiva sustentada nessa resposta poderia ser defendida com o argumento de que o efeito preventivo ocorreu, pois crimes teriam sido prevenidos até a reincidência do infrator. A prevenção criminal especial estaria atrelada aos crimes supostamente evitados entre o término da pena

of Individual and Neighborhood Characteristics and Spatial Contagion on the Likelihood of Reincarceration. In *Crime Justice and Behavior*, Vol. 40, n. 6, 2013, p. 707 a 710; BARNES, Geoffrey. HYATT, Jordan. *Classifying Adult Probationers by Forecasting Future Offending: Final Technical Report*. Philadelphia: National Institute of Justice, U.S. Department of Justice, 2012, p. 15 a 17 e 45 a 48; HELFFGOTT, Jacqueline. *Criminal Behavior: Theories, Typologies and Criminal Justice*. Londres: SAGE Publications Ltd., 2008, p. 472 a 475; BESSENYEY, Kristina. *Risk Assessment Instruments: Can We Predict Recidivism? A Review of the Research*. In *Scholar Works at University of Montana*, n. 9001, 2000, p. 8 a 17; WILKINS, Leslie. *The Politics of Prediction*. In FARRINGTON, David. TARLING, Roger (Ed.). *Prediction in Criminology*. Albany: State University of New York Press, 1985, p. 50 e 51.

e a reincidência do infrator. Uma objeção válida seria apontar que esse argumento se refere a prevenção de crimes "possíveis", ou seja, lida com meras conjecturas sobre o que poderia ter ocorrido em um cenário hipotético. Seria impossível aferir "se" ou "quantos" crimes teriam sido prevenidos entre o término da pena e a reincidência do infrator. Deve admitir-se que essa objeção também seria pertinente a primeira resposta, pois seria igualmente impossível aferir "se" ou "quantos" crimes teriam sido evitados durante a vida do ex-apenado que nunca reincidiu.

Essas ponderações fazem indagar sobre a viabilidade de efetivamente certificar a existência de um efeito preventivo especial proporcionado pela pena. Sob uma perspectiva meramente temporal, o efeito preventivo especial só poderia ser propriamente aferido com uma análise retrospectiva realizada a partir do momento que o ex-apenado não puder mais reincidir. Essa perspectiva seria enviesada, pois pressuporia a necessária relação entre a pena e a não reincidência do réu. Seria impossível afirmar a ocorrência do efeito preventivo especial caso um ex-apenado morra sem reincidir, pois não haveria como certificar que a pena foi o fator que influenciou o indivíduo a não delinquir.[145] A não reincidência criminal apenas indicaria a possibilidade de a pena ter proporcionado um efeito preventivo especial. O fato de um ex-apenado nunca ter voltado a delinquir não confirmaria que a pena realmente teve um efeito preventivo especial. Assim, nas formulações em questão, além de o infrator ser mais considerado e, possivelmente, beneficiado que a vítima, a qual – *tal como nas teorias de prevenção geral negativa* – acabaria sendo "implicitamente instrumentalizada", a pena seria fundamentada na mera possibilidade de proporcionar um efeito preventivo-criminal, o qual, em última análise, seria de improvável verificação.

145. Por exemplo, um fato aleatório, desapercebido e simultâneo à pena, poderia contribuir ou ainda ser decisivo para a não reincidência do infrator. Outro exemplo seria um apenado que acredita ter tido uma experiência transcendental e assume uma convicção religiosa com preceitos morais terminantemente contrários a prática de crimes. Ou ainda, um apenado que decide mudar de vida após quase morrer na malfadada empreitada criminosa que resultou em sua captura.

3.4. Prevenção geral positiva

A ideia de prevenção geral positiva seria a mais recente e debatida dentre as formulações preventivo-criminais.[146] As teorias baseadas na prevenção geral positiva, destacadas durante as últimas décadas do Século XX,[147] diferem daquelas assentadas na contraparte negativa, pois sustentam que a conformidade normativa não decorre da dissuasão penal.[148] As teorias de prevenção geral negativa deixariam entrever uma relação instrumental entre os cidadãos e o ordenamento jurídico.[149] Essa relação acabaria sendo frágil por ser atrelada a um

146. HÖRNLE, Tatjana. *Expressive Straftheorie*, op. cit., p. 145 e 146; Idem. *Gegenwärtige Strafbegründungstheorie: Die herkömmliche deutsche Diskussion*, op. cit., p. 21 a 23; Idem. *Straftheorien*, op. cit., p. 25 a 28; VON HIRSCH. Andreas. *Warum soll die Strafsanktion existieren? Tadel und Prävention als Elemente einer Rechtfertigung*, op. p. 47 e 48; SAUTNER, Lyane. *Opferinteressen und Strafrechtstheorien: Zugleich ein Beitrag zum restorativen Umgang mit Straftaten*, op. cit., p. 50 a 54; WESSELS, Johannes. BEULKE, Werner. *Strafrecht. Allgemeiner Teil: Die Straftat und ihr Aufbau*, op. cit., p. 4; PAWLIK, Michael. *Person, Subjekt, Bürger: Zur Legitimation von Strafe*, op. cit., p. 35 a 43; JAKOBS, Günther. *Strafrecht. Allgemeiner Teil: Die Grundlagen und die Zurechnungslehre*, op. cit., p. 6 a 14; STRATENWERTH, Günter. *Strafrecht. Allgemeiner Teil I: Die Straftat*, op. cit., p. 22 e 23; BITTENCOURT, Cezar Roberto. *Tratado de Direito Penal: Parte Geral I*, op. cit., p. 306 a 310; FIGUEIREDO DIAS, Jorge de. *Temas Básicos da Doutrina Penal*, op. cit., p. 76 a 78; MUÑOZ CONDE, Francisco. *Introducción al Derecho Penal*, op. cit., p. 71 e 72; BACIGALUPO, Enrique. *Derecho Penal: Parte General*, op. cit., p. 39 a 43; MIR PUIG, Santiago. *Introducción a Las Bases del Derecho Penal*, op. cit., p. 59 a 66; ZAFFARONI, Eugenio Raul. ALAGIA, Alejandro. SLOKAR, Alejandro. *Derecho Penal: Parte General*, op. cit., p. 60 a 62.

147. Para uma lista sobre obras que abordam teorias da pena baseadas na prevenção geral positiva: PAWLIK, Michael. *Person, Subjekt, Bürger: Zur Legitimation von Strafe*, op. cit., p. 36, Nota de Rodapé n. 66; JAKOBS, Günther. *Strafrecht. Allgemeiner Teil: Die Grundlagen und die Zurechnungslehre*, op. cit., p. 14, Nota de Rodapé n. 16; BAURMANN, Michael. *Vorüberlegungen zu einer empirische Theorie der positiven Generalprävention*. In SCHÜNEMANN, Bernd. VON HIRSCH, Andrew. JAREBORG, Nils. (Ed.). *Positive Generalprävention: Kritische Analysen im deutsch-englischen Dialog (Uppsala Symposium 1996)*. Heidelberg: C. F. Müller Verlag, 1998, p. 1, Nota de Rodapé n. 1; HÖRNLE, Tatjana. VON HIRSCH, Andrew. *Positive Generalprävention und Tadel*. In SCHÜNEMANN, Bernd. VON HIRSCH, Andrew. JAREBORG, Nils. (Ed.). *Positive Generalprävention: Kritische Analysen im deutsch-englischen Dialog (Uppsala Symposium 1996)*. Heidelberg: C. F. Müller Verlag, 1998, p. 83, Nota de Rodapé n. 1.

148. HÖRNLE, Tatjana. *Gegenwärtige Strafbegründungstheorie: Die herkömmliche deutsche Diskussion*, op. cit., p. 21; Idem. *Straftheorien*, op. cit., p. 25; BAURMANN, Michael. *Vorüberlegungen zu einer empirische Theorie der positiven Generalprävention*, op. cit., p. 1.

149. PAWLIK, Michael. *Person, Subjekt, Bürger: Zur Legitimation von Strafe*, op. cit., p. 35; Essas formulações teóricas recorreriam aos preceitos da sociologia jurídica,

padrão de estimulo-reação baseado na interação entre as percepções momentâneas dos indivíduos e o meio em que estão inseridos.[150] A prevenção geral positiva pressupõe uma observância de deveres legais independente do benefício auferido pela conformidade normativa e cidadãos que se comportam com base em tendências habituais ao invés de decisões pontuais.[151] Apesar de haver um elevado número de formulações, seria possível perceber uma bipartição entre as teorias de prevenção geral positiva.[152]

Um grupo teórico seria pautado por uma tendência sócio-psicológica, pois a pena visaria firmar uma proibição criminal na consciência da população.[153] A punição do infrator teria uma influência moral e pedagógica que proporcionaria aos membros da sociedade um aprendizado social voltado ao cumprimento das normas, ou seja, criaria e manteria predisposições para os indivíduos agirem em conformidade normativa.[154] A pena promoveria a aceitação e internalização de normas entre os membros do convívio social e consequentemente

política criminal e filosofia social para enfatizar a relevância de fatores não instrumentais para o direito (BAURMANN, Michael. *Zehn Thesen zum Verhältnis von Normanerkennung, Legitimität und Legalität*. In LÜDERSSEN, Klaus (Ed.). *Aufgeklärte Kriminalpolitik oder Kampf gegen das Böse?* Band. 1. Baden-Baden: Nomos Verlagsgesellschaft, 1998, p. 411 a 418; ZIPF, Heinz. *Kriminalpolitik: Ein Lehrbuch*, op. cit., p. 40).

150. PAWLIK, Michael. *Person, Subjekt, Bürger: Zur Legitimation von Strafe*, op. cit., p. 35 e 36.

151. Idem, ibidem, p. 35 e 36.

152. BAURMANN, Michael. *Vorüberlegungen zu einer empirische Theorie der positiven Generalprävention*, op. cit., p. 6 e 8; HÖRNLE, Tatjana. VON HIRSCH, Andrew. *Positive Generalprävention und Tadel*, op. cit., p. 83.

153. HÖRNLE, Tatjana. *Gegenwärtige Strafbegründungstheorie: Die herkömmliche deutsche Diskussion*, op. cit., p. 21; WEIGEND, Thomas. *Kommentar zu Tatjana Hörnle, Gegenwärtige Strafbegründungstheorie*. In VON HIRSCH, Andreas. NEUMANN, Ulfrid. SEELMANN, Kurt. (Ed.) *Strafe - Warum? Gegenwärtige Strafbegründungen im Lichte von Hegels Straftheorie*. Baden-Baden: Nomos Verlagsgesellschaft, 2011, p. 33; Outra nomenclatura para esse grupo teórico seria "prevenção geral positiva em sentido amplo" (*positive Generalprävention im weiteren Sinn*) ou "prevenção integradora" (*Integrationsprävention*) (BAURMANN, Michael. *Vorüberlegungen zu einer empirische Theorie der positiven Generalprävention*, op. cit., p. 7).

154. HÖRNLE, Tatjana. *Gegenwärtige Strafbegründungstheorie: Die herkömmliche deutsche Diskussion*, op. cit., p. 21; HÖRNLE, Tatjana. VON HIRSCH, Andrew. *Positive Generalprävention und Tadel*, op. cit., p. 83; ANDENAES, Johannes. *The General Preventive Effects of Punishment*. In *University of Pennsylvania Law Review*, 1966, Vol. 114, n. 7, p. 950; BAURMANN, Michael. *Vorüberlegungen zu einer empirische Theorie der positiven Generalprävention*, op. cit., p. 7, 8 e 15.

proporcionaria um efeito de prevenção criminal.[155] Outro grupo teórico seria pautado por uma tendência normativa, pois a pena objetivaria a confirmação da norma.[156] O ato punitivo não tencionaria influenciar a conduta de indivíduos, mas apenas reafirmar a validade da norma violada pelo delito.[157] Apesar da tradicional associação com o pensamento preventivo geral positivo, um entendimento mais recente[158] sobre o tema questiona essa classificação e propõe enquadrar as formulações de tendência normativa nas teorias expressivas da pena.[159]

O grupo de tendência sócio-psicológica propiciaria uma desconsideração do sujeito passivo semelhante àquela observada em formulações baseadas na prevenção geral negativa. Um indivíduo vitimado apenas indicaria que as penas anteriores não estabeleceram uma predisposição à conformidade normativa entre os membros do convívio social. A vítima novamente seria um "alarme", pois contribuiria para a prevenção criminal ao sinalizar que o funcionamento da pena está aquém do esperado. Os detalhes do ato punitivo seriam repensados para promover maior conformidade normativa, porém os eventuais interesses e expectativas vitimais em relação à pena seriam ignorados. A "contraprestação" preventivo-criminal seria imprópria

155. HÖRNLE, Tatjana. *Gegenwärtige Strafbegründungstheorie: Die herkömmliche deutsche Diskussion*, op. cit., p. 21; Idem. *Straftheorien*, op. cit., p. 25; BAURMANN, Michael. *Vorüberlegungen zu einer empirische Theorie der positiven Generalprävention*, op. cit., p. 1.

156. HÖRNLE, Tatjana. *Gegenwärtige Strafbegründungstheorie: Die herkömmliche deutsche Diskussion*, op. cit., p. 22; WEIGEND, Thomas. *Kommentar zu Tatjana Hörnle, Gegenwärtige Strafbegründungstheorie*, op. cit., p. 33; Essa teorias também poderiam ser referidas por "prevenção geral positiva em sentido estrito" (*positive Generalprävention im engeren Sinn*) (BAURMANN, Michael. *Vorüberlegungen zu einer empirische Theorie der positiven Generalprävention*, op. cit., p. 8 a 10).

157. HÖRNLE, Tatjana. *Gegenwärtige Strafbegründungstheorie: Die herkömmliche deutsche Diskussion*, op. cit., p. 22; BAURMANN, Michael. *Vorüberlegungen zu einer empirische Theorie der positiven Generalprävention*, op. cit., p. 8 a 12; HÖRNLE, Tatjana. VON HIRSCH, Andrew. *Positive Generalprävention und Tadel*, op. cit., p. 83.

158. Essa classificação pode ser vista em: ERBER-SCHROPP, Julia Maria. *Schuld und Strafe: Eine strafrechtsphilosophische Untersuchung des Schuldprinzips*. Tübingen: Mohr Siebeck, 2016, p. 20; HÖRNLE, Tatjana. *Gegenwärtige Strafbegründungstheorie: Die herkömmliche deutsche Diskussion*, op. cit., p. 22; Idem. *Straftheorien*, op. cit., p. 31.

159. Essas teorias, e suas possíveis repercussões para a vítima, voltarão a ser abordadas no Capítulo II.

para lidar com as repercussões do processo de vitimização previamente experimentado. O indivíduo concretamente afetado pelo crime seria tratado como parte indistinta da coletividade e igualado as vítimas e infratores potenciais. Assim, como uma decorrência lógica, ainda que não intencional, das premissas adotadas pelas formulações deste grupo teórico, a vítima seria "implicitamente instrumentalizada", pois, apesar de ter uma contribuição preventivo-criminal, tal indivíduo seria desconsiderado enquanto um sujeito de interesses especificamente relacionados ao crime vivenciado.

Ademais, a partir deste grupo teórico, poderiam surgir formulações, nas quais a vítima seria "instrumentalizada" de uma maneira ainda mais acirrada.[160] Por exemplo, pode elaborar-se uma concepção preventivo-geral positiva de "Justiça Vitimal" (*Opfergerechtigkeit*), na qual o sujeito passivo seria apenas um meio para proporcionar o "efeito de pacificação" (*Befriedungseffekt*) ao convívio social.[161] Nesta concepção, o grau de pacificação social seria balizado pela destreza da reação estatal ao conflito entre infrator e vítima.[162] Um

160. Deve reconhecer-se que o conceito "instrumentalização implícita" seria impreciso para descrever a condição da vítima em uma formulação teórico-penal baseada nos preceitos expostos neste parágrafo. Afinal, o indivíduo vitimado seria considerado, mas tal zelo ocorreria apenas em virtude de uma premissa preventivo-criminal (isto é, a adoção de medidas em prol da vítima contribui para a profilaxia delitiva). Assim, entende-se que, neste parágrafo, seria mais apropriado falar em "instrumentalização explícita" da vítima, pois tal indivíduo seria deliberadamente contemplado, porém não como um fim em si mesmo, mas como um meio para proporcionar a prevenção criminal.

161. SAUTNER, Lyane. *Opferinteressen und Strafrechtstheorien: Zugleich ein Beitrag zum restorativen Umgang mit Straftaten*, op. cit., p. 51 e 52; Segundo Claus Roxin, o efeito de pacificação, o terceiro aspecto da prevenção geral positiva, ocorre quando a consciência jurídica comum se acalma através da sanção à violação da lei e o conflito com o infrator é considerado resolvido. O primeiro aspecto da prevenção geral positiva seria o "efeito de aprendizagem sócio-pedagogicamente motivado" (*sozialpädagogisch motivierte Lerneffekt*), pois a pena auxiliaria na fidelização do povo com o ordenamento jurídico. O segundo aspecto seria o "efeito de confiança" (*Vertrauenseffekt*), pois a punição de um infrator proporcionaria confiança na prevalência da lei entre os demais cidadãos (ROXIN, Claus. *Strafrecht. Allgemeiner Teil I: Der Aufbau der Verbrechenslehre*. 4ª Ed. Munique: Verlag C.H. Beck, 2006, p. 81).

162. SAUTNER, Lyane. *Opferinteressen und Strafrechtstheorien: Zugleich ein Beitrag zum restorativen Umgang mit Straftaten*, op. cit., p. 52; LÖSCHNIG-GSPANDL, Marianne Johanna. *Der außergerichtliche Tatausgleich im allgemeinen Strafrecht: Voraussetzungen und Anwendungsmöglichkeiten*. In MIKLAU, Roland. SCHROLL, Hans Valentin (Ed.). *Diversion. Ein anderer Umgang mit Straftaten: Analysen zur Strafprozessnovelle*. Viena: Verlag Österreich, 1999, p. 86.

exemplo de medida estatal, apta a ter um efeito de pacificação no meio de convívio social, é determinar que o infrator compense as lesões sofridas pela vítima.[163] Esta concepção de "Justiça Vitimal" supostamente apaziguaria a consciência jurídica comum e traria certos benefícios à vítima, porém também acabaria por reduzir este indivíduo à condição de mero instrumento para atingir a finalidade de prevenção geral positiva.[164] Afinal, as medidas que denotam consideração pela vítima seriam focadas em pacificar o convívio social e, consequentemente, evitar delitos futuros, ou seja, pode perceber-se que o zelo pelo indivíduo vitimado estaria, em última instância, condicionado à promoção de um benefício coletivo.

A condição da vítima nas teorias de prevenção geral positiva também seria suscetível a uma objeção empírico-contingente. Em relação ao grupo teórico de tendência sócio-psicológica, a crítica poderia ser exposta em três argumentos. Primeiro, a prevenção geral positiva desconsideraria que os efeitos do ato punitivo estariam relacionados ao agente e conduta sancionada.[165] Seria desarrazoado assumir que a punição de crimes totalmente diversos indistintamente promove a aceitação e internalização de normas.[166] Uma posição mais prudente defenderia que a pena imposta a certo tipo de conduta proporcionaria a conformidade normativa entre os indivíduos, porém tal repercussão poderia não ocorrer com uma modalidade delitiva distinta.[167]

Segundo, a tese da prevenção criminal proporcionada pela ignorância de crimes.[168] Estudos empíricos apontam que o desconhecimento

163. SAUTNER, Lyane. *Opferinteressen und Strafrechtstheorien: Zugleich ein Beitrag zum restorativen Umgang mit Straftaten*, op. cit., p. 52; SESSAR, Klaus. *Wiedergutmachen oder strafen: Einstellungen in der Bevölkerung und der Justiz: ein Forschungsbericht*. Pfaffenweiler: Centaurus-Verlagsgesellschaft, 1992, p. 43.

164. SAUTNER, Lyane. *Opferinteressen und Strafrechtstheorien: Zugleich ein Beitrag zum restorativen Umgang mit Straftaten*, op. cit., p. 52.

165. HÖRNLE, Tatjana. *Straftheorien*, op. cit., p. 27 e 28.

166. Idem, ibidem, p. 27 e 28.

167. Essa ponderação também seria aplicável às teorias de prevenção geral negativa. Vide o subitem 3.1.

168. HÖRNLE, Tatjana. *Straftheorien*, op. cit., p. 27 e 28; Idem. *Gegenwärtige Strafbegründungstheorie: Die herkömmliche deutsche Diskussion*, op. cit., p. 21; POPITZ, Heinrich. *Über die Präventivwirkung des Nichtwissens: Dunkelziffer, Norm und Strafe*. Tübingen: J. C. B. Mohr (Paul Siebeck), 1968, p. 9 a 20; MOORE, Wilbert. TUMIN,

de delitos propiciaria uma estabilização normativa perceptível entre os grupos que mais subestimam a cifra criminal oculta.[169] Expor a inconformidade normativa de um vasto contingente populacional poderia desencorajar os demais indivíduos a seguir as normas e eventualmente majorar a incidência criminal.[170] Essa perspectiva implica reconhecer que uma persecução criminal seletiva e comedida teria uma efetividade preventiva maior que punir infratores de forma constante e visível.[171]

Terceiro, a elusão, total ou significativa, da verificabilidade do efeito preventivo atribuído à pena.[172] O problema representado por essa colocação pode ser visualizado quando alguém sofre um delito, o infrator é punido e a incidência criminal aparenta uma redução. Seria possível supor que crimes não ocorreram, pois a pena promoveu a aceitação e internalização de normas entre os membros do convívio so-

Melvin. *Some Social Functions of Ignorance*. In *American Sociological Review*, Vol. 14, 1949, p. 795.

169. DIEKMANN, Andreas. PRZEPIORKA, Wojtek. RAUHUT, Heiko. *Die Präventivwirkung des Nichtwissens im Experiment*. In *Zeitschrift für Soziologie*, Jg. 40, *Heft* 1, 2011, p. 79 a 81.

170. HÖRNLE, Tatjana. *Gegenwärtige Strafbegründungstheorie: Die herkömmliche deutsche Diskussion*, op. cit., p. 21 e 22; Idem. *Straftheorien*, op. cit., p. 27.

171. Idem, ibidem, p. 21 e 22; Idem, ibidem, p. 27.

172. Idem, ibidem, p. 21; Idem, ibidem, p. 25 e 26; VON HIRSCH. Andreas. *Warum soll die Strafsanktion existieren? Tadel und Prävention als Elemente einer Rechtfertigung*, op. cit., p. 48; ROXIN, Claus. *Strafrecht. Allgemeiner Teil I: Der Aufbau der Verbrechenslehre*, op. cit., p. 81 a 83; HASSEMER, Winfried. *Absehbare Entwicklungen in Strafrechtsdogmatik und Kriminalpolitik*. In PRITTWITZ, Cornelius. MANOLEDAKIS, Ioannis (Ed.). *Strafrechtsprobleme an der Jahrtausendwende: Deutsch-griechisches Symposium (Rostock, 1999)*. Baden-Baden: Nomos Verlagsgesellschaft, 2000, p. 22 a 24; FRISCH, Wolfgang. *Schwächen und berechtigte Aspekte der Theorie der positiven Generalprävention: Zur Schwierigkeit des "Abschieds von Kant und Hegel"*. In SCHÜNEMANN, Bernd. VON HIRSCH, Andrew. JAREBORG, Nils. (Ed.). *Positive Generalprävention: Kritische Analysen im deutsch-englischen Dialog (Uppsala Symposium 1996)*. Heidelberg: C. F. Müller Verlag, 1998, p. 134 e 135; HASSEMER, Winfried. *Variationen der positiven Generalprävention*. In SCHÜNEMANN, Bernd. VON HIRSCH, Andrew. JAREBORG, Nils. (Ed.). *Positive Generalprävention: Kritische Analysen im deutsch-englischen Dialog (Uppsala Symposium 1996)*. Heidelberg: C. F. Müller Verlag, 1998, p. 39 e 40; DUBBER, Markus. *Theories of Crime and Punishment in German Criminal Law*, op. cit., p. 701 e 702; Uma posição a defender a verificabilidade empírica das teorias de prevenção geral positiva em: SCHUMANN, Karl. *Empirische Beweisbarkeit der Grundannahmen von positiven Generalprävention*. In SCHÜNEMANN, Bernd. VON HIRSCH, Andrew. JAREBORG, Nils. (Ed.). *Positive Generalprävention: Kritische Analysen im deutsch-englischen Dialog (Uppsala Symposium 1996)*. Heidelberg: C. F. Müller Verlag, 1998, p. 17 a 22.

cial. Apesar de estudos empíricos apontarem uma relação inversamente proporcional entre conformidade normativa e disposição individual à delinquência,[173] a verificabilidade do efeito preventivo seria obstada pela premissa de a pena promover a aceitação e internalização de normas. Aferir se a punição do infrator efetivamente proporciona a conformidade normativa seria uma empreitada inviável.[174] Um método empírico apto a responder essa indagação também teria que lidar com outras questões complexas. Por exemplo, os indivíduos que costumam seguir as normas não estariam necessariamente impedidos de delinquir.[175] Seria necessário segmentar esse tipo de crime daquele cometido por infratores que convictamente não aceitam ou não internalizam a norma.[176] A pena não seria o único meio de proporcionar o suposto efeito preventivo, pois outros fatores (atividade policial, difusão do conhecimento sobre o direito, educação familiar, interação social, referências culturais etc.) também poderiam propiciar a aceitação e internalização de normas.[177] Seria preciso discernir "se" ou "quanto" a punição do infrator efetivamente promoveu a conformidade normativa.

Essas ponderações não obstariam o fato de o convívio social ser composto por indivíduos que majoritariamente agem em conformidade com as normas.[178] Não parece razoável descartar sumariamente que

173. HERMANN, Dieter. *Werte und Kriminalität: Konzeptionen einer Allgemeinen Kriminalitätstheorie*. Wiesbaden: Springer Fachmedien Wiesbaden GmbH, 2003, p. 310 a 314.

174. HÖRNLE, Tatjana. *Gegenwärtige Strafbegründungstheorie: Die herkömmliche deutsche Diskussion*, op. cit., p. 21; Idem. *Straftheorien*, op. cit., pg 26; VON HIRSCH. Andreas. *Warum soll die Strafsanktion existieren? Tadel und Prävention als Elemente einer Rechtfertigung*, op. cit., p. 48; SOUSA E BRITO, José de. *Strafzwecke im Rechtsstaat*, op. cit., p. 307; ROXIN, Claus. *Strafrecht. Allgemeiner Teil I: Der Aufbau der Verbrechenslehre*, op. cit., p. 82 e 83; HASSEMER, Winfried. *Absehbare Entwicklungen in Strafrechtsdogmatik und Kriminalpolitik*, op. cit., p. 22 a 24; Idem. *Variationen der positiven Generalprävention*, op. cit., p. 39 e 40; FRISCH, Wolfgang. *Schwächen und berechtigte Aspekte der Theorie der positiven Generalprävention: Zur Schwierigkeit des "Abschieds von Kant und Hegel"*, op. cit., p. 134; DUBBER, Markus. *Theories of Crime and Punishment in German Criminal Law*, op. cit., p. 702.

175. HÖRNLE, Tatjana. *Gegenwärtige Strafbegründungstheorie: Die herkömmliche deutsche Diskussion*, op. cit., p. 21; Idem. *Straftheorien*, op. cit., pg 25 e 26.

176. Idem, ibidem, p. 21; Idem, ibidem, pg 25 e 26.

177. Idem, ibidem, pg 21; Idem, ibidem, pg 25 e 26; SOUSA E BRITO, José de. *Strafzwecke im Rechtsstaat*, op. cit., p. 307.

178. ROXIN, Claus. *Strafrecht. Allgemeiner Teil I: Der Aufbau der Verbrechenslehre*,

a pena pode promover a aceitação e internalização de normas, ou seja, o efeito preventivo atribuído à pena seria plausível,[179] porém assentado em uma premissa não verificada. Assumir a ocorrência de prevenção criminal, sem aferir se a punição do infrator efetivamente promove a aceitação e internalização das normas, implicaria ter igual deferência por argumentos plausíveis propostos por outras teorias da pena.[180] Percebe-se que nas teorias de prevenção geral positiva "sócio-psicológicas", além de a vítima, tal como nas outras formulações preventivas, acabar sendo "implicitamente instrumentalizada", a pena seria fundamentada em uma mera possibilidade de prevenção criminal, a qual, em última análise, seria de improvável verificação.

4. Considerações conclusivas

Em relação às características comuns, pontua-se que as teorias de prevenção geral visariam promover um benefício (incerto e futuro) direcionado a um grupo (indeterminado e composto por aqueles não afetados pelo crime) sem se preocupar com o malefício (certo e pretérito) imposto à vítima (determinada e concretamente afetada pelo crime). Ademais, estas teorias seriam questionáveis por dois motivos. Primeiro, adotam premissas que teriam como decorrência lógica, ainda que não intencional, a "instrumentalização implícita" da vítima, pois tal indivíduo, apesar de ter uma contribuição preventivo-criminal, seria desconsiderado enquanto um sujeito de interesses especificamente relacionados ao crime vivenciado. Afinal, sob o viés estritamente coletivista e prospectivo destas formulações, tal zelo com indivíduo vitimado seria irrelevante, pois não promoveria a prevenção criminal (isto é, um benefício coletivo e futuro). Segundo, estas premissas também seriam questionáveis quanto à prevenção de delitos futuros. Neste sentido, o efeito preventivo-criminal atribuído à pena seria, em

op. cit., p. 82 e 83; DUBBER, Markus. *Theories of Crime and Punishment in German Criminal Law*, op. cit., p. 702.

179. Idem, ibidem, p. 82 e 83; Idem, ibidem, p. 702; HÖRNLE, Tatjana. *Gegenwärtige Strafbegründungstheorie: Die herkömmliche deutsche Diskussion*, op. cit., p. 21; Idem. *Straftheorien*, op. cit., pg 26; FRISCH, Wolfgang. *Schwächen und berechtigte Aspekte der Theorie der positiven Generalprävention: Zur Schwierigkeit des "Abschieds von Kant und Hegel"*, op. cit., p. 134.

180. DUBBER, Markus. *Theories of Crime and Punishment in German Criminal Law*, op. cit., p. 702.

última análise, de improvável verificação, ou seja, além de coletivo e futuro, este benefício também seria incerto. A partir destes motivos, pode concluir-se que, nas teorias de prevenção geral, o indivíduo vitimado acabaria sendo "implicitamente instrumentalizado" em prol da prevenção criminal, isto é, um benefício coletivo, futuro e incerto.

No que diz respeito às características comuns, menciona-se que as teorias de prevenção especial tencionariam promover um benefício (incerto e futuro) direcionado ao coletivo (indeterminado e composto por aqueles não afetados pelo crime) ao influenciar, e possivelmente beneficiar, o autor (determinado e causador do crime) sem se preocupar com o malefício (certo e pretérito) imposto a vítima (determinada e concretamente afetada pelo crime). Se comparadas às formulações abordadas no último parágrafo, as teorias de prevenção especial teriam o diferencial de tencionarem beneficiar a coletividade através de uma medida que possivelmente favorece o infrator. Ademais, a crítica às formulações preventivo-gerais pode ser estendida às teorias de prevenção especial, pois nestas o indivíduo vitimado também acabaria sendo "implicitamente instrumentalizado" em prol da prevenção criminal, isto é, um benefício coletivo, futuro e incerto. Contudo, tal crítica deve ser acentuada em relação às teorias de prevenção especial. Afinal, apesar de ser um benefício coletivo, nestas formulações, a prevenção criminal também teria uma dimensão individual, a qual contemplaria o infrator e ignoraria a vítima, ou seja, o indivíduo causador de um mal injusto seria mais considerado, e possivelmente beneficiado, que aquele que sofreu com tal conduta.

As teorias retributivas, na acepção kantiana e hegeliana, implicariam uma perspectiva em que a verdadeira "vítima" seria a abstração afrontada pelo crime.[181] A pena retributiva teria a finalidade de restaurar o "direito" ou a "justiça" e seria efetivamente alheia a violação de interesses e bens jurídicos do sujeito passivo.[182] Apesar de reputadas como as mais favoráveis às vítimas,[183] essas teorias não atribuiriam

181. PRITTWITZ, Cornelius. *Opferlose Straftheorien?*, op. cit., p. 60; REEMTSMA, Jan Philipp. *Das Recht des Opfers auf die Bestrafung des Täters – als Problem*, op. cit., p. 10 e 13.

182. Idem, ibidem, p. 60; Idem, ibidem, p. 10 e 13.

183. HASSEMER, Winfried. *Einführung in die Grundlagen des Strafrechts*, op. cit., p. 72; ZIPF, Heinz. *Kriminalpolitik: Ein Lehrbuch*, op. cit., p. 54.

um lugar realmente significativo para os indivíduos concretamente afetados por crimes.[184] Em relação às formulações neo-retributivas, percebe-se que inexiste um consenso quanto à inclusão da vítima no debate teórico-penal.[185] Sobre as formulações favoráveis à inclusão da vítima, pontua-se que, dentre aquelas analisadas, apenas uma trazia uma fundamentação da pena propriamente dita.[186] Contudo, ao fundamentar a pena, tal formulação deixa entrever que o resguardo de conceitos abstratos atribuídos à vítima seria mais relevante que os eventuais interesses e demandas do indivíduo vitimado. Assim, pode ter-se a impressão de que a vítima seria referida como se fosse um conceito abstrato, tal como a "justiça" na obra kantiana ou o "direito" na obra hegeliana. Ademais, tal formulação não é precisa ao descrever como a pena restauraria a igualdade entre o infrator e a vítima e como estes dois poderiam ser considerados iguais após a imposição do ato punitivo.[187]

184. SAUTNER, Lyane. *Opferinteressen und Strafrechtstheorien: Zugleich ein Beitrag zum restorativen Umgang mit Straftaten*, op. cit., p. 47; PRITTWITZ, Cornelius. *Opferlose Straftheorien?*, op. cit., p. 59.

185. Neste sentido, menciona-se a posição refratária à inclusão da vítima, adotada por Michael Moore (MOORE, Michael. *Victims and Retribution: A Reply to Professor Fletcher*, op. cit., p. 89), em contraposição à posição favorável à inclusão da vítima, adotada por Jeffrie Murphy e George Fletcher (MURPHY, Jeffrie. *Getting Even: The Role of the Victim*, op. cit., p. 225; FLETCHER, George. *The Place of Victims in the Theory of Retribution*, op. cit., p. 63).

186. FLETCHER, George. *The Place of Victims in the Theory of Retribution*, op. cit., p. 61 a 63.

187. MACLEOD, Adam. *All for One: A Review of Victim-Centric Justifications of Punishment*, op. cit., p. 43.

CAPÍTULO II

AS TEORIAS EXPRESSIVAS DA PENA

1. Considerações introdutórias

Apesar de o expressivismo ser relativamente recente no debate teórico-penal, a ideia de que o ato punitivo tem uma dimensão expressiva não é inédita.[1] Argumenta-se que referências ao aspecto expressivo da pena podem ser percebidas em obras do Século XIX.[2] O inglês James Fitzjames Stephen e o francês Émile Durkheim são dois autores associados às proposições oitocentistas sobre o tema.[3] O aspecto expressivo do ato punitivo também teria sido abordado no inicio do Século XX, tal como na teoria da pena proposta pelo inglês Alfred Cyril Ewing.[4]

1. WRINGE, Bill. *An Expressive Theory of Punishment*. Londres: Palgrave Macmillan, 2016, p. 11; DUBBER, Markus. *Theories of Crime and Punishment in German Criminal Law*, op. cit., p. 703 e 704; PRIMORATZ, Igor. *Punishment as Language*. In *Philosophy*. Vol. 64, n. 248, 1989, p. 188 e 189; TEIXEIRA, Adriano. *Teoria da Aplicação da Pena: Fundamentos de uma Determinação Judicial da Pena Proporcional ao Fato*. 1ª Ed. São Paulo: Marcial Pons, 2015, p. 90.

2. WRINGE, Bill. *An Expressive Theory of Punishment*, op. cit., p. 11; BROOKS, Thom. *Punishment*, op. cit., p. 102; DUBBER, Markus. *Theories of Crime and Punishment in German Criminal Law*, op. cit., p. 703 e 704; KAHAN, Dan. *What Do Alternative Sanctions Mean?* In *The University of Chicago Law Review*. Vol. 63, 1996, p. 594; PRIMORATZ, Igor. *Punishment as Language*, op.cit., p. 188 e 189; SKILLEN, Anthony. *How to Say Things with Walls*. In *Philosophy*, Vol. 55, n. 214, 1980, p. 509 a 513.

3. Idem, ibidem, p. 11; Idem, ibidem, p. 102; Idem, ibidem, p. 703 e 704; Idem, ibidem, p. 594; Idem, ibidem, p. 188 e 189; Idem, ibidem, p. 509 a 513.

4. DUBBER, Markus. *Theories of Crime and Punishment in German Criminal Law*,

James Fitzjames Stephen propôs que a pena seria imposta para prevenir crimes e expressar os sentimentos provocados por delitos.[5] Trata-se de uma concepção que propõe um estreito vínculo entre o direito penal e os sentimentos morais.[6] O direito penal tomaria o ódio aos infratores como um sentimento correto e proveria uma satisfação legítima à paixão vingativa decorrente de condutas que provocam a indignação moral dos indivíduos.[7] O ato punitivo seria a forma de o direito penal expressar e confirmar o sentimento de ódio que o autor instigou ao cometer o crime.[8] O ódio pelo infrator seria algo desejável e as penas seriam concebidas com o intento de expressar esse sentimento, o qual seria uma resposta natural e saudável ao crime.[9]

Émile Durkheim formulou que a pena seria uma "notação" (*notation*) expressiva do sentimento inspirado pelo crime.[10] Essa concepção estaria relacionada ao conceito de "consciência coletiva" (*conscience collective*): *"A totalidade de crenças e sentimentos comuns aos membros comuns de uma sociedade"*.[11] A pena preservaria a coerência da sociedade ao sustentar a consciência coletiva e compensaria o mal que o crime fez recair sobre o grupo ao indicar que os sentimentos da coletividade ainda estão intactos e a comunhão de mentes compartilhando valores iguais permanece absoluta.[12]

Alfred Cyril Ewing aduziu que a pena seria uma forma de lin-

op. cit., p. 704; STEIKER, Carol. *Foreword: Punishment and Procedure. Punishment Theory and the Criminal-Civil Procedural Divide*. In *The Georgetown Law Journal*. Vol. 85, 1997, p. 803; PRIMORATZ, Igor. *Punishment as Language*, op. cit., p. 190.

5. STEPHEN, James Fitzjames. *A General View of the Criminal Law of England*. Londres: Macmillan and Co., 1863, p. 98 e 99; Idem. *A History of the Criminal Law of England*. Londres: Macmillan and Co., 1863, p. 82 e 83.

6. STEPHEN, James Fitzjames. *A History of the Criminal Law of England*, op. cit., p. 81.

7. Idem, ibidem, p. 81; Idem. *A General View of the Criminal Law of England*, op. cit., p. 99.

8. STEPHEN, James Fitzjames. *A History of the Criminal Law of England*, op. cit., p. 81.

9. Idem, ibidem, p. 81 e 82.

10. DURKHEIM, Émile. *L'Éducation Morale (1902)*. Paris: Librarie Félix Alcan, 1934, p. 123.

11. Idem. *De la Division du Travail Social (1893)*. Paris: Les Presses universitaires de France, 1967, p. 81.

12. Idem, ibidem, p. 104; Idem. *L'Éducation Morale (1902)*, op. cit., p. 123.

guagem, cujo objetivo é expressar um juízo de reprovação moral.[13] O ônus punitivo que essa linguagem faz recair sobre o agente teria um significado e função moral, pois simbolizaria o mal intrínseco ao crime e expressaria a condenação que a sociedade atribui à tal conduta.[14] O infrator deve *"perceber a maldade daquilo que ele tem feito, e como as ações prévias fazem duvidar se ele irá fazer isso por si próprio, essa maldade deve ser "trazida para ele" e a consciência disso deve ser impressa na sua mente pelo sofrimento".*[15] A pena seria a forma de a sociedade impressionar o autor e conscientiza-lo sobre o caráter errôneo do crime e sobre a necessidade de reformar o próprio comportamento.[16] Essa influência moralizante da pena não ficaria restrita ao criminoso, pois seria irradiada para a coletividade e teria uma contribuição especial para a educação moral de indivíduos com impulsos mais latentes à delinquência.[17]

Apesar dessas menções datadas do Século XIX e inicio do Século XX, o marco inicial do debate contemporâneo sobre o aspecto expressivo da pena é o artigo "A Função Expressiva da Pena" (*The Expressive Function of Punishment*), escrito por Joel Feinberg em 1965.[18] Os estudos sobre a pena floresceram nos periódicos filosóficos

13. EWING, Alfred Cyril. *A Study of Punishment II: Punishment as Viewed by the Philosopher*. In *Canadian Bar Review*, Vol. 21, 1943, p. 116.

14. EWING, Alfred Cyril. *The Morality of Punishment: With Some Suggestions for a General Theory of Ethics*. Londres: Routledge & Kegan Paul Ltd., 1929, p. 84.

15. Idem, ibidem, p. 84.

16. Idem, ibidem, p. 84.

17. EWING, Alfred Cyril. *Punishment as a Moral Agency: An Attempt to Reconcile the Retributive and Utilitarian View*. In *Mind*. Vol. 36, n.. 143, 1927, p. 297 e 298.

18. FEINBERG, Joel. *The Expressive Function of Punishment*. In *The Monist*. Vol. 49, n. 3, 1965, p. 397 a 423; Esse artigo foi republicado pelo autor na seguinte coletânea: Idem. *Doing & Deserving: Essays in the Theory of Responsibility*. Princeton: Princeton University Press, 1970, p. 95 a 118; Joel Feinberg é referido como "pioneiro" do debate contemporâneo sobre as teorias expressivas da pena nas seguintes obras: WRINGE, Bill. *Rethinking expressive theories of punishment: why denunciation is a better bet than communication or pure expression*. In *Philosophical Studies*, Vol. 174, n. 3, 2017, p. 684; Idem. *An Expressive Theory of Punishment*, op. cit., p. 11; Idem. *Collective Agents and Communicative Theories of Punishment*. In *Journal of Social Philosophy*, Vol. 43, n. 4, 2012, p. 436, Nota de Rodapé n. 1; Idem. *War Crimes and Expressive Theories of Punishment: Communication or Denunciation?* In *Res Publica*, Vol. 16, 2010, p. 120; Idem. *Why Punish War Crimes? Victor's Justice and Expressive Justifications of Punishment*. In *Law and Philosophy*, Vol. 25, 2006, p. 176; ENGEN, Andy. *Communication, Expression, and the Justification of Punishment*. In *Athens Journal of Humanities &*

anglófonos durante as décadas de 1950 e 1960.[19] Uma das formulações mais influentes sobre o assunto foi o conceito de "pena" proposto por Anthony Flew e posteriormente aderido por Stanley Benn e H. L. A. Hart.[20] A "Definição Flew-Benn-Hart" decompunha a pena em cinco premissas: primeira, deve envolver dor ou outras consequências normalmente consideradas desagradáveis; segunda, deve ser por uma violação de regras legais; terceira, deve ser de um efetivo ou suposto infrator por sua infração; quarta, deve ser intencionalmente aplicada por pessoas que não o infrator; quinta, deve ser imposta e aplicada por uma autoridade constituída pelo sistema legal contra o qual a infração é cometida.[21]

Joel Feinberg propôs uma crítica às formulações teóricas, tal como a "Definição Flew-Benn-Hart", que ignoravam o aspecto expressivo do ato punitivo e obstavam uma delimitação conceitual adequada entre "penas em sentido estrito" (*punishment in the strict and narrow sense*) e "penalidades" (*penalties*).[22] A pena seria o dispositivo

Arts, Vol. 1, n. 4, 2014, p. 299; HARCOURT. Bernard. *Joel Feinberg on Crime and Punishment: Exploring the Relationship Between The Moral Limits of the Criminal Law and The Expressive Function of Punishment*. In *Buffalo Criminal Law Review*, Vol. 5, n. 1, 2001, p. 145 e 146; ADLER, Matthew. *Expressive Theories of Law: A Skeptical Overview*. In *University of Pennsylvania Law Review*, Vol. 148, 2000, p. 1367 e 1370; STEIKER, Carol. *Foreword: Punishment and Procedure. Punishment Theory and the Criminal-Civil Procedural Divide*, op. cit., p. 803; DAVIS; Michael. *Punishment as Language: Misleading Analogy for Desert Theorists*. In *Law and Philosophy*, Vol. 10, n. 3, 1991, p. 187 e 188.

19. STEIKER, Carol. *Foreword: Punishment and Procedure. Punishment Theory and the Criminal-Civil Procedural Divide*, op. cit., p. 800.

20. GARVEY, Stephen. *Alternatives to Punishment*. In DEIGH, John. DOLINKO, David (Ed.). *The Oxford Handbook of Philosophy of Criminal Law*. Oxford: Oxford University Press, 2011, p. 494; STEIKER, Carol. *Foreword: Punishment and Procedure. Punishment Theory and the Criminal-Civil Procedural Divide*, op. cit., p. 800 e 801. A formação dessa concepção penal pode ser vista nos seguintes artigos: FLEW. Anthony. *The Justification of Punishment*. In *Philosophy*. Vol. 29, n. 111, 1954, p. 291 a 307; BENN, Stanley. *An Approach to the Problems of Law*. In *Philosophy*. Vol. 33, n. 127, 1958, p. 325 a 341; HART, Herbert Lionel Adolphus. *The Presidential Address: Prolegomenon to the Principles of Punishment*. In *Proceedings of the Aristotelian Society*, Vol. 60, 1959-1960, p. 1 a 26.

21. STEIKER, Carol. *Foreword: Punishment and Procedure. Punishment Theory and the Criminal-Civil Procedural Divide*, op. cit., p. 800; HART, Herbert Lionel Adolphus. *The Presidential Address: Prolegomenon to the Principles of Punishment*, op. cit., p. 4 e 5.

22. STEIKER, Carol. *Foreword: Punishment and Procedure. Punishment Theory and*

convencional para expressar as atitudes de ressentimento, indignação e julgamentos de reprovação.[23] A distinção entre pena e penalidade residiria no fato de a primeira ter uma função expressiva, pois o "tratamento rígido" (*hard treatment*) imposto ao infrator simbolizaria a condenação social que recai sobre conduta incorrida.[24]

A expressividade do ato punitivo também seria fundamental para derivar outras funções de caráter simbólico perante uma conduta proscrita, tal como o "repúdio das autoridades" (*authoritative disavowal*), a "não aquiescência simbólica" (*symbolic nonacquiescence*), a "vindicação da lei" (*vindication of the law*) e a "absolvição de outros" (*absolution of others*) indivíduos implicados como suspeitos.[25] O tratamento rígido não seria necessariamente vinculado à punição de infratores, pois haveria formas de onerar gravemente indivíduos sem utilizar o simbolismo da condenação penal.[26] A lógica inversa

the Criminal-Civil Procedural Divide, op. cit., p. 803; FEINBERG, Joel. *The Expressive Function of Punishment*, op. cit., p. 397 a 400.

23. FEINBERG, Joel. *The Expressive Function of Punishment*, op. cit., p. 400.

24. Idem, ibidem, p. 400.

25. Idem, ibidem, p. 404 a 406.

26. O autor utiliza o Caso Fleming v. Nestor, 363 U.S. 603 (1960) e uma lei promulgada pelo Poder Legislativo do Estado de Nova York para explicar essa proposição. O julgado lidava com um idoso cidadão búlgaro-americano, chamado Ephram Nestor, que fora deportado por ter pertencido ao Partido Comunista na juventude. A deportação por esse tipo de atividade política estava prevista na Lei de Imigração e Nacionalidade (*Immigration and Nationality Act*) e também afetava seriamente o sustento financeiro de Ephram Nestor no exílio, pois a Seção 202 (n) da Lei de Segurança Social (*Section 202 (n) - Social Security Act*) vedava o acesso de deportados políticos aos benefícios para cidadãos idosos. O debate na Suprema Corte dos Estados Unidos foi pautado pelo questionamento da natureza jurídica do referido dispositivo legal ser a uma punição ou uma mera penalidade. Os argumentos dos Juízes Harlan e Brennan sintetizam os dois polos dessa controvérsia, pois o primeiro sustentava que o Congresso dos Estados Unidos tinha prerrogativa regulatória sobre essas matérias e o segundo alegava que essa lei existia para deportar os estrangeiros que fossem desagradáveis os legisladores. O Juiz Brennan assinalou que os legisladores estavam implementando um "intento punitivo" (*punitive intent*) de forma não convencional, pois essa prática ocorria fora do sistema criminal e impunha consequências para indivíduos sem usar o simbolismo reprovativo da condenação penal. Uma situação semelhante foi protagonizada pelo Poder Legislativo do Estado de Nova York em 1961, pois foi promulgada a Lei dos Motoristas Subversivos (*Subversive Drivers Act*) prescrevendo a suspensão e revogação das licenças de condução de condenados por defender a derrubada do Governo Federal. Essa atividade era criminalizada pela Lei Smith (*Smith Act*). O intento punitivo era observável na postura do Deputado Paul Taylor, o qual sustentou tal pojeto de lei sob o argumento de a Legislatura estar simplesmente exercendo seu direito de regular o tráfego automotivo em prol da segurança

também seria possível, pois seria possível imaginar uma forma de evocar o simbolismo condenatório da pena sem impor um tratamento rígido ao infrator.[27]

A distinção entre os dois aspectos do ato punitivo, a condenação simbólica e o tratamento rígido, distinguiria a abordagem baseada na função expressiva da pena de outras baseadas no retributivismo.[28] Essas duas abordagens seriam incompatíveis, pois a justiça não seria alcançada por uma estrita proporcionalidade entre o mal praticado e a pena imposta, mas por uma adequação entre o aspecto condenatório do ato punitivo e a conduta incorrida.[29] As convenções vigentes correlacionam o grau de reprovação social e a intensidade do tratamento rígido.[30] Essa constatação não pode obscurecer o fato de que é a reprovação social que efetivamente deve ser equiparada ao crime cometido e que o tratamento rígido é apenas o *"veículo simbólico da condenação"*.[31]

A ascensão de teorias influenciadas pelo artigo de Joel Feinberg coincidiu com um "movimento" crítico que marcou o pensamento jurídico-criminal dos anos setenta e propiciou o declínio do ideário preventivo-instrumental em prol do retributivismo.[32] O debate teórico-penal foi historicamente protagonizado por duas tradições filosóficas,

pública. Percebe-se a imposição de duras consequências a um grupo de pessoas sem que fosse aplicado o simbolismo da condenação penal (Idem, ibidem, p. 409 a 414).

27. Idem, ibidem, p. 419 e 420; Joel Feinberg pondera sobre um ritual hipotético, o qual seria pautado por elementos culturais altamente significativos (música, drama, religião etc) e concebido com a finalidade de evocar o simbolismo condenatório da pena sem impor um tratamento rígido ao infrator (Idem, ibidem, p. 419 e 420).

28. Idem, ibidem, p. 421; Segundo Joel Feinberg, uma concepção penal retributiva tencionaria *"igualar a gravidade moral e dor, para dar a cada delinquente exatamente o mesmo grau de dor que o mal da sua infração merece"* (Idem, ibidem, p. 421). Nota-se que o retributivismo é retratado de uma forma demasiadamente rasa, pois Joel Feinberg simplifica os contornos que essa teoria apresentava naquele momento histórico em uma formulação que mais parece um enunciado taliônico.

29. Idem, ibidem, p. 422 e 423.

30. Idem, ibidem, p. 423.

31. Idem, ibidem, p. 423.

32. GÜNTHER, Klaus. *Criminal Law, Crime and Punishment as Communication*. In SIMESTER, Andrew P. DU BOIS-PEDAIN, Antje. NEUMANN, Ulfrid. (Ed.). *Liberal Criminal Theory: Essays for Andreas von Hirsch*. Oxford: Hart Publishing Ltd., 2014, p. 123 e 124; DUFF, Antony. *Penal Communications: Recent Work in the Philosophy*

uma consequencialista e outra deontológica.[33] As teorias alinhadas com a primeira tradição são focadas nos efeitos da pena e têm um viés prospectivo, pois fundamentam a punição do infrator com base na prevenção criminal proporcionada pela sanção.[34] O utilitarismo de Jeremy Bentham foi o maior expoente dessa tradição filosófica e originou a proposta de punir infratores segundo uma ponderação entre o benefício preventivo e o custo humano-financeiro da pena.[35] As teorias alinhadas com a segunda tradição são focadas no aspecto moral da pena e têm um viés retrospectivo, pois fundamentam a pena como a resposta intrinsecamente apropriada ao crime previamente cometido pelo infrator.[36] As formulações baseadas no "merecimento penal" (*penal desert*) são as mais destacadas dentre as teorias deontológicas.[37] Um dos maiores expoentes dessa tradição filosófica é o retributivismo de Immanuel Kant, o qual propôs que a punição de um infrator seria um imperativo categórico.[38]

A tradição filosófica consequencialista foi mais influente que a deontológica, sobretudo, em países anglo-saxões, no decorrer dos dois últimos séculos e foi a principal tendência no debate teórico-

of Punishment. In *Crime and Justice*, Vol. 20, 1996, p. 1 a 4; Idem. *Reviewed Work: Censure and Sanctions, by Andrew von Hirsch*. In *Mind*, Vol. 104, n. 413, 1995, p. 211.

33. DUFF, Antony. *Penal Communications: Recent Work in the Philosophy of Punishment*, op. cit., p. 4 a 9; VON HIRSCH, Andrew. *Proportionality in the Philosophy of Punishment*, op. cit., p. 57.

34. HONDERICH, Ted. *Punishment: The Supposed Justification*. Londres: Pluto Press, 2006, p. 74 a 76; DUFF, Antony. *Penal Communications: Recent Work in the Philosophy of Punishment*, op. cit., p. 4 a 9; VON HIRSCH, Andrew. *Proportionality in the Philosophy of Punishment*, op. cit., p. 57.

35. HONDERICH, Ted. *Punishment: The Supposed Justification*, op. cit., p. 86 a 89; VON HIRSCH, Andrew. *Proportionality in the Philosophy of Punishment*, op. cit., p. 57 a 59; Para maiores informações sobre a concepção penal de Jeremy Bentham vide o Primeiro Capítulo deste estudo.

36. HONDERICH, Ted. *Punishment: The Supposed Justification*, op. cit., p. 17 a 23; DUFF, Antony. *Penal Communications: Recent Work in the Philosophy of Punishment*, op. cit., p. 6 e 7; VON HIRSCH, Andrew. *Proportionality in the Philosophy of Punishment*, op. cit., p. 57.

37. DUFF, Antony. *Penal Communications: Recent Work in the Philosophy of Punishment*, op. cit., p. 6, 7, 25 e 26; VON HIRSCH, Andrew. *Proportionality in the Philosophy of Punishment*, op. cit., p. 57.

38. VON HIRSCH, Andrew. *Proportionality in the Philosophy of Punishment*, op. cit., p. 57, 59 a 61; Para maiores informações sobre a concepção penal de Immanuel Kant vide o Primeiro Capítulo deste estudo.

-penal do período pós-Segunda Guerra Mundial.[39] Entre as décadas de 1940 e 1970, a influência de uma ética penal positivista propiciou o consenso sobre o ato punitivo ser análogo a um tratamento.[40] A punição do infrator era percebida como um meio para a promover a prevenção criminal, um relevante item na pauta dos países ocidentais durante a Guerra Fria.[41] Tratava-se de uma agenda política de Estado de Bem-Estar Social, a qual influenciou o viés instrumental de que a pena deveria contribuir para melhorar as condições de vida da população.[42] Apesar de ser sustentada por uma forte retórica propagandista, a prevenção criminal atribuída à pena-reabilitadora carecia de uma hipótese definida e uma verificação empírica.[43] Por exemplo, era comum aos partidários da reabilitação defender que a punição do infrator deveria promover a proteção social contra a reincidência criminal e a reintegração do apenado à comunidade, ignorando as potenciais contradições entre essas duas finalidades atribuídas à pena.[44]

Os estudos empíricos publicados a partir de 1974 expuseram que a pena e as técnicas de reabilitação correlatas tinham uma irrisória efetividade em prevenir a reincidência criminal e reinserir infratores no convívio social.[45] A influência do positivismo entrou em declínio

39. DUFF, Antony. *Penal Communications: Recent Work in the Philosophy of Punishment*, op. cit., p. 1 e 2; Idem. *Reviewed Work: Censure and Sanctions, by Andrew von Hirsch*, op. cit., p. 211; VON HIRSCH, Andrew. *Proportionality in the Philosophy of Punishment*, op. cit., p. 57 e 61.

40. GÜNTHER, Klaus. *Criminal Law, Crime and Punishment as Communication*, op. cit., p. 123 e 124; DUFF, Antony. *Penal Communications: Recent Work in the Philosophy of Punishment*, op. cit., p. 1 e 2; VON HIRSCH, Andrew. *Past or Future Crimes: Deservedness and Dangerousness in the Sentencing of Criminals*. Manchester: Manchester University Press, 1985, p. 3.

41. Idem, ibidem, p. 123 e 124; Idem, ibidem, p. 1 e 2; Idem, ibidem, p. 3.

42. GÜNTHER, Klaus. *Criminal Law, Crime and Punishment as Communication*, op. cit., p. 123 a 125; VON HIRSCH, Andrew. *Past or Future Crimes: Deservedness and Dangerousness in the Sentencing of Criminals*, op. cit., p. 3 a 5.

43. VON HIRSCH, Andrew *Past or Future Crimes: Deservedness and Dangerousness in the Sentencing of Criminals*, op. cit., p. 3.

44. Idem, ibidem, p. 3.

45. BROOKS, Thom. *Punishment*, op. cit., p. 51; BOTTOMS, Antonny. VON HIRSCH, Andrew. *The Crime-Preventive Effect of Penal Sanctions*, op. cit., p. 108 a 109; DUFF, Antony. *Penal Communications: Recent Work in the Philosophy of Punishment*, op. cit., p. 1 a 3; VON HIRSCH, Andrew. *Past or Future Crimes: Deservedness and Dangerousness in the Sentencing of Criminals*, op. cit., p. 3 e 4; MARTINSON,

e os antigos adeptos migraram para outra teoria consequencialista, a qual refutava a reabilitação individual em prol de uma abordagem preventivo-criminal focada na dissuasão de infratores potenciais.[46] Essa teoria da pena ganhou notabilidade por fazer constantes referências à economia e econometria, reabilitar o método de sentença *"benthamniano"*, difundir a perspectiva do infrator como um agente racionalmente sensível à relação de custo-benefício "crime-pena" e propor a redução da delinquência através de uma política de condenações voltada para a intimidação de potenciais criminosos.[47]

As formulações baseadas na dissuasão geral tiveram grande destaque na segunda metade dos anos setenta, porém a desilusão de setores cívico-libertários da comunidade jurídica com a preponderância do consequencialismo impulsionou o ressurgimento do retributivismo e a difusão de teorias deontológicas que primavam por justiça antes de utilidade social.[48] A filosofia moral teve uma notável influência

Robert. *What works? – Questions and answers about prison reform*, op. cit., p. 52 a 54; VELOSO, José António. *Pena Criminal*, op. cit., p. 530 e 531.

46. DUFF, Antony. *Penal Communications: Recent Work in the Philosophy of Punishment*, op. cit., p. 3, 4, 9 a 13; VON HIRSCH, Andrew. *Past or Future Crimes: Deservedness and Dangerousness in the Sentencing of Criminals*, op. cit., p. 5 a 7.

47. DUFF, Antony. *Penal Communications: Recent Work in the Philosophy of Punishment*, op. cit., p. 9 a 16; VON HIRSCH, Andrew. *Proportionality in the Philosophy of Punishment*, op. cit., p. 63 a 65; Idem. *Past or Future Crimes: Deservedness and Dangerousness in the Sentencing of Criminals*, op. cit., p. 7 a 9; Dentre os autores mais destacados da "Escola de Dissuasão Geral" (*General Deterrence School*), menciona-se James Wilson, Ernest van den Haag e Richard Posner (Id., ibid., p. 7; POSNER, Richard. *Economic Analysis of Law*. 2ª Ed. Boston: Little, Brown & Company, 1977, p. 163 a 173; VAN DEN HAAG, Ernest. *Punishing Criminals: Concerning a Very Old and Painful Question*. Nova York: Basic Books, 1975; WILSON, James. *Thinking about Crime*. Nova York: Basic Books, 1975, Capítulo 8 e 10).

48. GÜNTHER, Klaus. *Criminal Law, Crime and Punishment as Communication*, op. cit., p. 124; WHITMAN, James. *A Plea Against Retributivism*, op. cit., p. 87; DUFF, Antony. *Penal Communications: Recent Work in the Philosophy of Punishment*, op. cit., p. 1 a 3; Idem. *Reviewed Work: Censure and Sanctions, by Andrew von Hirsch*, op. cit., p. 211; VON HIRSCH, Andrew. *Past or Future Crimes: Deservedness and Dangerousness in the Sentencing of Criminals*, op. cit., p. 9; Apesar de ter sido reforçada pela divulgação de precários resultados práticos da pena-reabilitadora, a vertente teórica contrária ao consequencialismo que proporcionou o ressurgimento do retributivismo teve origem ao final dos anos sessenta. Dentre os autores mais destacados desse primeiro momento de retorno ao retributivismo, menciona-se Herbert Morris, Jeffrie Murphy, Norval Morris e Andrew von Hirsch (DUFF, Antony. *Penal Communications: Recent Work in the Philosophy of Punishment*, op. cit., p. 1 e 2; VON HIRSCH, Andrew. *Doing*

sobre essa vertente teórica, pois apontou a nocividade que um trato puramente consequencialista de questões sociais pode ter para os direitos individuais e introduziu o conceito de merecimento penal.[49] A noção de uma pena merecida e proporcional à reprovabilidade da conduta estabeleceria um limite principiológico ao *jus puniendi* estatal e asseguraria aos infratores um tratamento mais digno do que aquele provido por uma concepção punitiva puramente consequencialista.[50]

Esse momento histórico também foi marcado por críticas ao instrumentalismo político-criminal dos governos ocidentais, pois havia o receio de tal concepção penal possibilitar a objetificação estatal de indivíduos.[51] O sistema político vigente propiciava que a sociedade tivesse a percepção de ser uma entidade organizada e regida pelo Estado.[52] A insatisfação com a relação "vertical" entre governantes e governados culminou em uma sociedade civil com maiores aspirações e expectativas de ingerência na atividade estatal. A comunicação foi

Justice: The Choice of Punishment. Nova York: Hill & Wang, 1976; MORRIS, Norval. *The Future of Imprisonment*. Chicago: University of Chicago Press, 1974; MURPHY, Jeffrie. *Marxism and Retribution*. In *Philosophy & Public Affairs*, Vol. 2, n. 3, 1973, p. 217 a 243; MORRIS, Herbert. *Persons and Punishment*. In *The Monist*. Vol. 52, n 4, 1968, p. 475 a 501).

49. DUFF, Antony. *Reviewed Work: Censure and Sanctions, by Andrew von Hirsch*, op cit., p. 211; VON HIRSCH, Andrew. *Past or Future Crimes: Deservedness and Dangerousness in the Sentencing of Criminals*, op. cit., p. 9; Destaca-se a contribuição que filósofos como Nicholas Rescher, John Rawls, Thomas Nagel, Bernard Willians e Ronald Dworkin tiveram sobre o repertório argumentativo dessa vertente teórica (DUFF, Antony. *Penal Communications: Recent Work in the Philosophy of Punishment*, op. cit., p. 2; VON HIRSCH, Andrew. *Past or Future Crimes: Deservedness and Dangerousness in the Sentencing of Criminals*, op. cit., p. 9; DWORKIN, Ronald. *Taking Rights Seriously (1973)*. Londres: Bloomsbury Publishing Plc., 2013, p. 223 a 248; WILLIANS, Bernard. *A Critique of Utilitarianism (1973)*. In SMART, John Jamieson Carswell. WILLIANS, Bernard (Ed.). *Utilitarianism: For and Against*. 27ª Ed. Cambridge: Cambridge University Press, 2008, p. 77 a 150; NAGEL, Thomas. *War and Massacre*. In *Philosophy and Public Affairs*, Vol. 1, n. 2, 1972, p. 123 a 127; RAWLS, John. *A Theory of Justice*. Cambridge: Harvard University Press, 1971, p. 333 a 391; RESCHER, Nicholas. *Distributive Justice: A Constructive Critique of the Utilitarian Theory of Distribution*. Indianapolis: Bobbs-Merrill Company, 1966, p. 25 a 46)

50. VON HIRSCH, Andrew. *Past or Future Crimes: Deservedness and Dangerousness in the Sentencing of Criminals*, op. cit., p. 9 e 10.

51. GÜNTHER, Klaus. *Criminal Law, Crime and Punishment as Communication*, op. cit., p. 124 e 125.

52. Idem, ibidem, p. 125.

o fator que viabilizou o aumento na participação política da sociedade civil, pois possibilitou a organização e integração daqueles que a compõem e a criação de meios interlocutórios com o Estado. O estabelecimento de uma comunicação pressupõe que os integrantes da sociedade sejam considerados e tratados como pessoas moralmente capazes e responsáveis pela própria conduta. Garantir o status de agente moralmente capaz e responsável implica tratar os indivíduos como "agentes comunicativos" (*communicative actors*), isto é, pessoas capazes e obrigadas a responder pelos próprios atos e contempladas com o direito de demandar justificações do Estado.[53]

O status de agente comunicativo proporciona uma nova forma de perceber os sujeitos do delito e a conduta criminosa.[54] O delito é tomado como uma interação entre agentes morais e autônomos.[55] O infrator é abordado como um indivíduo moralmente capaz e que deve responder pelo crime cometido.[56] A vítima é tratada como um sujeito moralmente relevante, cuja autonomia e integridade foram violadas e que merece ter os interesses e necessidades reconhecidos pela reação ao crime.[57] A sociedade também passa a ser percebida sob uma nova ótica, pois é referida como um ente composto por indivíduos autônomos e moralmente aptos a entender a mensagem de

53. Idem, ibidem, p. 125 e 126.

54. Idem, ibidem, p. 124 e 125.

55. Idem, ibidem, p. 124; VON HIRSCH, Andrew. *Censure and Sanctions*. Clarendon Press: Oxford, 1993, p. 9 e 10; VON HIRSCH. Andreas. *Warum soll die Strafsanktion existieren? Tadel und Prävention als Elemente einer Rechtfertigung*, op. cit., p. 50.

56. GÜNTHER, Klaus. *Criminal Law, Crime and Punishment as Communication*, op. cit., p. 124 e 125; SIMESTER, Andrew. VON HIRSCH, Andreas. *Crimes, Harms, and Wrongs: On the Principles of Criminalisation*, op. cit., p. 18; DUFF, Antony. *Penal Communications: Recent Work in the Philosophy of Punishment*, op. cit., p. 31 e 32; VON HIRSCH, Andrew. *Censure and Sanctions*, op. cit., p. 9 e 10; VON HIRSCH. Andreas. *Warum soll die Strafsanktion existieren? Tadel und Prävention als Elemente einer Rechtfertigung*, op. cit., p. 50.

57. GÜNTHER, Klaus. *Criminal Law, Crime and Punishment as Communication*, op. cit., p. 124 e 125; GARLAND, David. *The Culture of Control: Crime and Social Order in Contemporary Society*. Oxford: Oxford University Press, 2001, p. 11 e 12; DUFF, Antony. *Penal Communications: Recent Work in the Philosophy of Punishment*, op. cit., p. 31 e 32; VON HIRSCH, Andrew. *Censure and Sanctions*, op. cit., p. 10; VON HIRSCH. Andreas *Warum soll die Strafsanktion existieren? Tadel und Prävention als Elemente einer Rechtfertigung*, op. cit., p. 50.

"censura" (*censure*) expressa pela punição do infrator e atender ao apelo de evitar a conduta criminosa.[58]

O fato de os cidadãos serem tidos como agentes comunicativos proporciona uma mudança na forma de perceber o ato punitivo.[59] A pena deixa de ser um instrumento de uma agenda política preventivo-criminal e assume o papel de uma reação proporcional ao crime, cuja finalidade é expressar, perante a vítima, infrator e sociedade, a censura que recai sobre a conduta proscrita.[60] A censura consiste em um juízo de reprovação moral e é expressa através do tratamento rígido imposto ao infrator.[61] A censura expressa pela punição do infrator reconhece o status moral da vítima e manifesta a indignação da sociedade perante o delito perpetrado.[62]

A difusão dessa perspectiva sobre o ato punitivo pode ser dito como uma "virada expressivista" no debate teórico-penal.[63] O artigo de Joel Feinberg teria sido um prelúdio de tal reviravolta e servido

58. GÜNTHER, Klaus. *Criminal Law, Crime and Punishment as Communication*, op. cit., p. 124; VON HIRSCH, Andrew. *Censure and Sanctions*, op. cit., p. 10 e 11.

59. GÜNTHER, Klaus. *Criminal Law, Crime and Punishment as Communication*, op. cit., p. 126.

60. Idem, ibidem, p. 124 e 125; SIMESTER, Andrew. VON HIRSCH, Andreas. *Crimes, Harms, and Wrongs: On the Principles of Criminalisation*, op. cit., p. 11 e 12; DUFF, Antony. *Penal Communications: Recent Work in the Philosophy of Punishment*, op. cit., p. 31 e 32; VON HIRSCH, Andrew. *Censure and Sanctions*, op. cit., p. 9 e 10; Idem. *Proportionality in the Philosophy of Punishment*, op. cit., p. 66 e 67; FEINBERG, Joel. *The Expressive Function of Punishment*, op. cit., p. 404 a 407; VON HIRSCH. Andreas.*Warum soll die Strafsanktion existieren? Tadel und Prävention als Elemente einer Rechtfertigung*, op. cit., pg. 49 e 50.

61. VON HIRSCH, Andrew. *Censure and Sanctions*, op. cit., p. 9 a 13; Idem. *Proportionality in the Philosophy of Punishment*, op. cit., p. 66 e 67; FEINBERG, Joel. *The Expressive Function of Punishment*, op. cit., p. 404 a 407; VON HIRSCH. Andreas. *Warum soll die Strafsanktion existieren? Tadel und Prävention als Elemente einer Rechtfertigung*, op. cit., pg. 49 e 50.

62. GÜNTHER, Klaus. *Criminal Law, Crime and Punishment as Communication*, op. cit., p. 124 e 125; DUFF, Antony. *Penal Communications: Recent Work in the Philosophy of Punishment*, op. cit., p. 31 e 32; VON HIRSCH, Andrew. *Censure and Sanctions*, op. cit., p. 10; FEINBERG, Joel. *The Expressive Function of Punishment*, op. cit., p. 404 a 407 e 423; VON HIRSCH. Andreas. *Warum soll die Strafsanktion existieren? Tadel und Prävention als Elemente einer Rechtfertigung*, op. cit., p. 50

63. Nesse estudo, optou-se por "virada expressivista" (STEIKER, Carol. *Foreword: Punishment and Procedure. Punishment Theory and the Criminal-Civil Procedural Divide*, op. cit., p. 803), porém o termo "virada comunicativa" (*communicative turn*) também pode ser encontrado na literatura sobre as teorias expressivas das pena (GÜNTHER, Klaus. *Criminal Law, Crime and Punishment as Communication*, op. cit., p. 124).

como um referencial para as formulações que propuseram uma fundamentação expressiva para o ato punitivo.[64]

Apesar de terem surgido em meados dos anos sessenta, as teorias expressivas permaneceram majoritariamente restritas ao mundo jurídico anglófono até a última década do Século XX.[65] A inserção dessas formulações no debate teórico-penal continental europeu foi alavancada por dois juristas germanófonos com uma profícua inserção no meio acadêmico anglo-americano, Andreas von Hirsch[66] e Tatjana

64. Sobre tais formulações, é cabível mencionar a bibliografia de Jean Hampton, Antony Duff, Margaret Falls, Igor Primoratz, John Kleinig, Andrew von Hirsch, Dan Kahan, Thaddeus Metz, John Tasioulas, Bill Wringe, Christopher Bennett e Joshua Glasgow. A associação desses autores com as teorias expressivo-comunicativas da pena pode ser observada nas seguintes obras: WRINGE, Bill. *Punishment, Forgiveness and Reconciliation*. In *Philosophia*, Vol. 44, n. 4, 2016, p. 1101; Idem. *Rethinking expressive theories of punishment: why denunciation is a better bet than communication or pure expression*, op. cit., p. 682; COCHRANE, Alasdair. *Prison on Appeal: The Idea of Communicative Incarceration*. In *Criminal Law and Philosophy*, Vol. 11, n. 2, 2015, p. 298; KÖNIGS, Peter. *The Expressivist Account of Punishment, Retribution, and the Emotions*. In *Ethical Theory and Moral Practice*, Vol. 16, n. 5, 2013, p. 1029; ENGEN, Andy. *Communication, Expression, and the Justification of Punishment*, op. cit., p. 299 e 300; GÜNTHER, Klaus. *Criminal Law, Crime and Punishment as Communication*, op. cit., p. 123 e 124; HARCOURT. Bernard. *Joel Feinberg on Crime and Punishment: Exploring the Relationship Between The Moral Limits of the Criminal Law and The Expressive Function of Punishment*, op. cit., p. 145 e 146; ADLER, Matthew. *Expressive Theories of Law: A Skeptical Overview*. op. cit., p. 1369 e 1370; STEIKER, Carol. *Foreword - Punishment and Procedure: Punishment Theory and the Criminal-Civil Procedural Divide*, op. cit., p. 803 e 804; DAVIS; Michael. *Punishment as Language: Misleading Analogy for Desert Theorists*, op. cit., p. 311.

65. Fora do mundo jurídico anglófono, uma das primeiras referências a obras inglesas e americanas sobre tal tema ocorreu num periódico jurídico-criminal alemão: HÖRNLE, Tatjana. VON HIRSCH, Andrew. *Positive Generalprävention und Tadel*. In *Goltdammer's Archiv für Strafrecht*, Vol. 142, 1995, p. 261 a 282. Os artigos publicados por ocasião do Simpósio de Uppsala (1996) também contribuíram para aumentar a visibilidade das teorias expressivo-comunicativas da pena no meio jurídico continental europeu: Idem. *Positive Generalprävention und Tadel* (1998). op. cit., p. 83 a 100; VON HIRSCH, Andrew. *Tadel und Prävention: Die Übelzufügung als Elemente der Strafe*. In SCHÜNEMANN, Bernd. VON HIRSCH, Andrew. JAREBORG, Nils. (Ed.). *Positive Generalprävention: Kritische Analysen im deutsch-englischen Dialog (Uppsala Symposium 1996)*. Heidelberg: C. F. Müller Verlag, 1998, p. 101 a 107. Para uma bibliografia sobre a doutrina alemã relativa a temas também abordados no âmbito das teorias expressivo-comunicativas da pena: HÖRNLE, Tatjana. *Distribution of Punishment: The Role of a Victim's Perspective*, op. cit., p. 178, Nota de Rodapé n. 6.

66. Até 2008, as obras em inglês desse autor eram publicadas sob a variante anglófona de seu nome ("Andrew von Hirsch"). Atualmente, as publicações do autor recebem a versão germânica original de seu nome, isto é, "Andreas von Hirsch" (SIMESTER, Andrew P. DU BOIS-PEDAIN, Antje. NEUMANN, Ulfrid. *Editor's Introduction*. In SIMESTER, Andrew P. DU BOIS-PEDAIN, Antje. NEUMANN, Ulfrid. (Ed.). *Liberal Criminal Theory: Essays for Andreas von Hirsch*. Oxford: Hart Publishing Ltd., 2014, p. xv).

Hörnle.[67] A Alemanha seria o país continental-europeu que proporcionou a mais significativa recepção doutrinária ao tema.[68]

Apesar da inserção na esfera jurídica anglófona e germanófona, nota-se que as formulações expressivas têm uma repercussão limitada no debate teórico-penal de outros países. Na Europa continental, a Espanha pode ser dita como o país não-germânico que recepcionou essas formulações de forma mais relevante. A repercussão na Espanha é limitada, ainda mais se comparada com aquela observada na Alemanha, Estados Unidos da América ou Reino Unido. A doutrina espanhola não é uníssona em relação ao tema, pois contém tanto posições céticas[69] quanto receptivas.[70] A inserção dessas formulações

67. Idem, ibidem, p. xv; HÖRNLE, Tatjana. *Straftheorien*, op. cit., p. iv.

68. Além de Andreas von Hirsch e Tatjana Hörnle, o grupo de autores alemães que desenvolveu o tema inclui nomes como Klaus Günther, Michael Pawlik, Günther Jakobs, Roman Hamel e Tobias Zürcher. A associação desses autores com as teorias expressivo-comunicativas pode ser observada nas seguintes obras: MONTENBRUCK, Axel. *Deutsche Straftheorie: Ein Lehrbuch*. 1ª Ed. In *Open Access der Freien Universität Berlin (Online ISBN 978-3-96110-050-7)*, 2017, p. 164 e 165; ERBER-SCHROPP, Julia Maria. *Schuld und Strafe: Eine strafrechtsphilosophische Untersuchung des Schuldprinzips*, op. cit., p. 19 a 21; HÖRNLE, Tatjana. *Straftheorien*, op. cit., p. 33; Idem. *Gegenwärtige Strafbegründungstheorie: Die herkömmliche deutsche Diskussion*, op. cit., p. 23 e 24; TEIXEIRA, Adriano. *Teoria da Aplicação da Pena: Fundamentos de uma Determinação Judicial da Pena Proporcional ao Fato*, op. cit., p. 90, Nota de Rodapé n. 290.

69. Por exemplo, Alicia Gil aborda criticamente as premissas expressivistas subjacentes às formulações que propõem uma pena, cuja finalidade é a satisfação da vítima. A abordagem sustenta que o ato punitivo pode promover benefícios à vítima, tais como o reconhecimento do crime, a expressão de proteção e solidariedade da sociedade, o atendimento de uma demanda por justiça, porém ressalta que uma teoria da pena unicamente pautada pela satisfação do sujeito passivo seria incapaz de fundamentar a inflicção de um mal ao infrator. Adota-se uma postura bastante cética em relação às propostas de impliquem substituir a finalidade preventiva da pena por uma satisfatória direcionada à vítima, pois a função do direto penal não poderia deixar de ser a proteção de bens jurídicos (GIL, Alicia. *Sobre la Satisfacción de la Víctima como Fin de la Pena*. In *InDret – Revista para el Análisis del Derecho*. n. 4, 2016, p. 19, 21, 30 e 31). Jesús-Maria Silva Sánchez questiona a necessidade de infligir um mal ao infrator para garantir que a pena tenha efeitos benéficos sobre a vítima, tais como a ressocialização, a anulação do domínio estabelecido pelo algoz e a compensação da humilhação sofrida. Nessa obra, critica-se a ideia de que somente a "dor penal" garantiria o significado que se almeja expressar com a punição do infrator. Argumenta-se que uma concepção penal pautada pela vítima deve neutralizar uma lesão imaterial, cujo efeito ainda atormenta o sujeito passivo, através de respostas expressivo-simbólicas, isto é, uma declaração de culpabilidade e condenação (SILVA SÁNCHEZ, Jesús-Maria. *¿Nullum crimen sine poena? Sobre las Doctrinas Penales de la "Lucha contra la Impunidad" y del "Derecho de la Victima al Castigo del Autor"*. In *Revista Derecho Penal y Criminología*. Vol. 29, n. 86-87, 2008, p. 168,169 e 171).

70. Por exemplo, Gabriel Pérez-Barberá aponta que a pena deve ser percebida como

no debate teórico-penal de Portugal e Itália demonstrou ser perceptivelmente reduzida.[71] A recepção das teorias expressivo-comunicativas

a expressão de um princípio moralmente correto. Deve reconhecer-se que a retribuição seria limitada, pois poderia oferecer uma fundamentação deontológica da pena como ato particular, mas não como instituição. A instituição punitiva consistiria em dois elementos: a expressão de desaprovação e a inflicção um mal. Essa assertiva seria baseada em dois argumentos: primeiro, a inflicção um mal ao infrator seria necessário para expressar a desaprovação de forma eficiente; segundo, a inflicção de um mal eventualmente será o melhor, ou ainda o único, meio disponível ao poder público para comunicar perante a sociedade, vítima e infrator, a prevalência da autoridade estatal. A inflicção de um mal seria bastante útil para o Estado alcançar os próprios objetivos, porém cabe indagar se tal prática seria justa. As propostas de Robert Brandon sobre uma perspectiva discursiva no campo da semântica e pragmática permitem conceber uma fundamentação em que o infrator não é instrumentalizado. O argumento propõe que as partes discursivas, agente e Estado, reciprocamente aceitariam uma série de acordos intermediários que conduzem a um mútuo entendimento no final. As partes aceitam que o crime daria ensejo a repreensão do Estado através de uma resposta institucional, cuja gradação máxima pode incluir a inflicção de um mal. As partes também aceitam que o infrator está comprometido a suportar tal ato reprobatório e que habilitou o Estado a repreendê-lo por esse tipo de conduta. A pena seria justa, pois resulta de compromissos, habilitações e atribuições recíprocas, e ultimamente reflete a autonomia do infrator. Uma teoria expressiva da pena seria capaz de propor uma fundamentação deontológica para a instituição punitiva, a qual também alicerçaria a inflicção institucional de um mal ao infrator (PÉREZ BARBERÁ, Gabriel. *Problemas y Perspectivas de las Teorías Expresivas de la Pena.* In *InDret – Revista para el Análisis del Derecho*, n. 4, 2014, p. 26 e 27, 33 a 35). Carlos Gómez-Jara Díez oferece os fundamentos de uma teoria comunicativa da pena baseada no construtivismo epistemológico. A partir da perspectiva do sistema jurídico-penal, o crime e a pena seriam comunicações que implicam a "dor" como constructo comunicativo. O crime e a pena seriam imputadas pelo sistema jurídico criminal em situações distintas. A imputação de um crime significaria um questionamento à vigência da norma. A imposição de uma pena confirmaria a identidade normativa da sociedade, reafirmando a vigência da norma. A paridade no plano comunicativo seria minimamente assegurada por ambas as comunicações implicarem a dor. A confirmação da norma adotaria a forma da pena, aumentando as possibilidades de êxito em comunicar a vigência da norma. A dor penal atuaria como constructo comunicativo sobre o que ocorre quando um delito é cometido e uma pena é imposta, independente de tal "dor" ser efetivamente imposta (GOMÉZ-JARA DÍEZ, Carlos. *La Retribución Comunicativa como Teoría Constructivista de la Pena: ¿El Dolor Penal como Constructo Comunicativo?* In *InDret – Revista para ele Análisis del Derecho*. n. 2, 2008, p. 16 a 20).

71. Em Portugal, o aspecto expressivo é referido por José António Veloso em um verbete descritivo sobre a pena criminal (VELOSO, José António. *Pena Criminal*, op. cit., p. 519 a 563); Em Itália, Arianna Visconti comenta sobre o aspecto expressivo da pena ao discorrer sobre as sanções vexatórias no direito penal (VISCONTI, Arianna. *Onore, Riputazione e Diritto Penale*. Milão: EDUCatt, 2011, p. 44 a 69). Luigi Cornacchia menciona o aspecto expressivo ao abordar as finalidades da pena no direito penal internacional (CORNACCHIA, Luigi. *Funzione della Pena nello Statuto della Corte Penale Internazionale*. Milão: Giuffrè Editore, 2009, p. 128 e 129).

também pode ser observadas em países da América do Sul, tais como Brasil,[72] Argentina, Chile e Colômbia.[73].

2. Classificação, exposição e análise das teorias

Apesar de ser caracterizada por uma ênfase no aspecto expressivo da pena, a vertente teórico-penal expressiva abarca propostas

72. Adriano Teixeira aborda e avalia as consequências dessas formulações para a aplicação da pena. O problema das teorias expressivas seria a imposição de um mal, pois seria ilegítimo ao Estado encarcerar um indivíduo por anos apenas para transmitir mensagens ao infrator, à vítima ou à sociedade. Assume-se que a pena privativa de liberdade só poderia ser justificada com a proteção dos cidadãos por meio da prevenção de delitos (TEIXEIRA, Adriano. *Teoria da Aplicação da Pena: Fundamentos de uma Determinação Judicial da Pena Proporcional ao Fato*, op. cit., p. 65 a 68, 90 e 91). André Giamberardino suscita a possibilidade de censura através de práticas não punitivas. A inflição intencional de castigo ou sofrimento faria parte da definição de pena. A censura seria um componente da função expressiva, mas não necessariamente seria acompanhada pela inflicção intencional do castigo. A censura não punitiva seria aquela suficiente para o reconhecimento público da ofensa e a reprovação pelo ato, restabelecendo o limite ao sujeito, sem a intenção do castigo na forma de dano e sofrimento. A pena seria prescindível, pois seria apenas uma das possibilidades para formalizar e materializar o juízo de reprovação que recai sobre o infrator (RIBEIRO GIAMBERARDINO, André. *A Construção Social da Censura e a Penologia um Passo Além: Reparação Criativa e Restauração.* In *Sistema Penal & Violência.* Vol. 6, n. 1, 2014, p. 100 e 101).

73. Federico León Vargas menciona as formulações expressivo-comunicativas em um ensaio que discorre sobre o papel da retribuição em uma teoria da pena como instituição reguladora (VARGAS, Federico León. *El rol de la retribución en una teoría de la pena como institución regulativa.* In *Revista Ius et Praxis*, Año 21, n. 1, 2015, p. 171). Juan Pablo Mañalich propõe uma fundamentação retributiva da pena. Essa não seria uma fundamentação "absoluta", tal como nas teorias retributivas tradicionais, mas uma "relativa". A pena expressaria a reprovação por um abuso unilateral de confiança. A reciprocidade de confiança seria indispensável para estabilizar as normas de conduta que possibilitam a coexistência de espaços iguais de liberdade. A imposição de uma pena poderia reforçar as inibições morais de cidadãos que demonstram ser fieis ao direto, porém a função expressiva do ato punitivo só poderia derivar juízos reprobatórios sobre determinadas condutas (MAÑALICH, Juan Pablo. *La pena como retribución. Primera parte: La retribución como teoría de la pena.* In *Derecho Penal y Criminología*, Vol. 28, n. 83, 2007, p. 59 e 60). Juan Pablo Mañalich também discorreu sobre as teorias expressivo-comunicativas da pena em obras publicadas em Argentina, Colômbia e Chile: KINDHÄUSER, Urs. MAÑALICH, Juan Pablo. *Pena y Culpabilidad en el Estado Democrático de Derecho*. Buenos Aires: Editorial B de F, 2011, p. 29 a 67 e 116 a 146; MAÑALICH, Juan Pablo. *La pena como retribución. Segunda parte: La retribución como teoría del Derecho penal.* In *Derecho Penal y Criminología*, Vol. 28, n. 83, 2007, p. 76 a 86; Idem. *Pena y Ciudadanía.* In *Revista de Estudios de la Justicia*, n. 6, Año 2005, p. 69 a 75.

que destoam em certos aspectos.[74] A diversidade de formulações suscita a necessidade de organizá-las em um arranjo inteligível. A providência inicial da presente seção será estabelecer parâmetros para segmentar as teorias expressivas. A classificação será sucedida por uma exposição e apreciação críticas das formulações com destaque no debate teórico-penal.

2.1. Critérios classificadores

A classificação das teorias expressivo-comunicativas será realizada a partir de três critérios: tradição filosófica,[75] destinatário da pena[76] e função da pena.[77]

74. WRINGE, Bill. *Punishment, Forgiveness and Reconciliation*, op. cit., p. 1101 e 1102; Idem. *Rethinking expressive theories of punishment: why denunciation is a better bet than communication or pure expression*, op. cit., p. 682; GLASGOW, Joshua. *The Expressivist Theory of Punishment Defended*. In *Law and Philosophy*, Vol. 34, 2015, p. 601 e 602; ZÜRCHER, Tobias. *Legitimation von Strafe: Die expressiv-kommunikative Straftheorie zur moralischen Rechtfertigung von Strafe*. Tübingen: Mohr Siebeck, 2013, p. 127; STEIKER, Carol. *Foreword - Punishment and Procedure: Punishment Theory and the Criminal-Civil Procedural Divide*, op. cit., p. 803; As divergências podem ser exemplificadas por três questões debatidas entre os proponentes de teorias expressivas: primeiro, se o aspecto expressivo é um elemento essencial para uma forma de tratamento ser considerada uma "pena" ou uma característica simplesmente acessória do ato punitivo; segundo, o conteúdo expresso pela pena; terceiro, se o aspecto expressivo é importante para explicar como a pena pode ser fundamentada (WRINGE, Bill. *Punishment, Forgiveness and Reconciliation*, op. cit., p. 1102).

75. DUFF, Antony. *Penal Communications: Recent Work in the Philosophy of Punishment*, op. cit., p. 9 a 67.

76. WRINGE, Bill. *Rethinking expressive theories of punishment: why denunciation is a better bet than communication or pure expression*, op. cit., p. 684 a 690; HÖRNLE, Tatjana. *Gegenwärtige Strafbegründungstheorie: Die herkömmliche deutsche Diskussion*, op. cit., p. 23 a 28; Idem. *Straftheorien*, op. cit., p. 29 a 41.

77. WRINGE, Bill. *Rethinking expressive theories of punishment: why denunciation is a better bet than communication or pure expression*, op. cit., p. 682, 685 e 686; Idem. *War Crimes and Expressive Theories of Punishment: Communication or Denunciation?*, op. cit., p. 120 e 121; GLASGOW, Joshua. *The Expressivist Theory of Punishment Defended*, op. cit., p. 602 a 604; ENGEN, Andy. *Communication, Expression, and the Justification of Punishment*, op. cit., p. 299 e 300; BROOKS, Thom. *Punishment*, op. cit., p. 102 a 106; DUFF, Antony. *Punishment, Communication and Community*. In MATRAVERS, Derek; PIKE, Jon. (Ed.). *Debates in Contemporary Philosophy: An Anthology*. Londres: Francis & Taylor Group, 2003, p. 388; Idem. *Punishment, Communication and Community*. Oxford: Oxford University Press, 2001, p. 79 e 80; Idem. *Penal Communications: Recent Work in the Philosophy of Punishment*, op. cit., p. 32 e 33; Idem. *Alternatives to Punishment - or Alternative Punishments*. In CRAGG, Wesley (Ed.). *Retributivism and its Critics*. Stuttgart: Franz Steiner Verlag, 1992, p. 51.

Um dos critérios adotados poderia ter sido o propósito da formulação, o qual distinguiria entre dois tipos de expressivismo, um descritivo e outro normativo.[78] O primeiro apenas faria referência ao caráter expressivo do ato punitivo e teria um intuito meramente descritivo em relação à pena.[79] O segundo teria o intuito de propor uma fundamentação expressiva para a punição de infratores.[80] O uso desse critério foi intencionalmente declinado, pois a maioria das teorias expressivas são normativas.[81]

O atual debate teórico-penal aparenta uma preponderância das formulações normativas, pois a maioria das referências ao aspecto expressivo tem o intuito de fundamentar a pena ao invés de meramente descrevê-la. Inclusive, as obras e autores selecionados abordam ou versam sobre teorias que são majoritariamente normativas.

78. ZÜRCHER, Tobias. *Legitimation von Strafe: Die expressiv-kommunikative Straftheorie zur moralischen Rechtfertigung von Strafe*, op. cit., p. 127; O critério de classificação das teorias expressivas segundo o binômio "descritivo-normativo" também teria foi mencionado por outros autores, tais como Markus Dubber, Bernard Harcourt, Matthew Adler, Carol Steiker e Igor Primoratz (DUBBER, Markus. *Theories of Crime and Punishment in German Criminal Law*, op. cit., p. 703; HARCOURT. Bernard. *Joel Feinberg on Crime and Punishment: Exploring the Relationship Between The Moral Limits of the Criminal Law and The Expressive Function of Punishment*, op. cit., p. 157, 160 e 161; ADLER, Matthew. *Expressive Theories of Law: A Skeptical Overview*, op. cit., p. 1414 e 1415; STEIKER, Carol. *Foreword: Punishment and Procedure. Punishment Theory and the Criminal-Civil Procedural Divide*, op. cit., p. 804; DAVIS; Michael. *Punishment as Language*, op. cit., p. 188).

79. ZÜRCHER, Tobias. *Legitimation von Strafe: Die expressiv-kommunikative Straftheorie zur moralischen Rechtfertigung von Strafe*, op. cit., p. 127 e 130.

80. Idem, ibidem, p. 130; As teses centrais de uma fundamentação expressiva da pena poderiam ser colocadas nos seguintes termos: primeiro, o ato punitivo consistiria em uma reação moralmente apropriada ao cometimento de uma conduta imoral; segundo, a punição do infrator teria um caráter comunicativo; terceiro, a pena só seria fundamentada se dirigida a um membro da comunidade moral (Idem, ibidem, p. 130).

81. Apesar de aparentar ter uma repercussão atual menos significativa, o expressivismo descritivo teria precedido a contraparte normativa. Inclusive, o entendimento majoritário em relação ao artigo *"The Expressive Function of the Punishment"* sustenta que o expressivismo surgiu como uma abordagem descritiva, pois toma que Joel Feinberg recorreu ao aspecto expressivo da pena com o objetivo de descrevê-la. Essa é a posição de Bill Wringe, Markus Dubber, Matthew Adler, Carol Steiker e Igor Primoratz (WRINGE, Bill. *An Expressive Theory of Punishment*, op. cit., p. 11; DUBBER, Markus. *Theories of Crime and Punishment in German Criminal Law*, op. cit., p. 703; ADLER, Matthew. *Expressive Theories of Law: A Skeptical Overview*, op. cit., p. 1414 e 1415; STEIKER, Carol. *Foreword: Punishment and Procedure. Punishment Theory and the Criminal-Civil Procedural Divide*, op. cit., p. 804; DAVIS; Michael. *Punishment as Language*, op. cit.,

2.1.1. Tradição filosófica

O primeiro critério tenciona determinar em que tradição filosófica uma teoria expressiva está inserida. As formulações poderiam ter três possíveis alinhamentos, consequencialista, deontológica e teleológica.

2.1.1.a Consequencialista

A pena seria fundamentada com base em um benefício específico, o qual poderia ser identificado e explicado independente do ato punitivo que o proporcionou.[82] Trata-se de uma concepção penal que teria um caráter instrumental.[83] O cerne dessas formulações seria aferir se a punição do infrator é um meio eficiente, em termos de custo-benefício, para obter o efeito almejado. As teorias consequencialistas fundamentam a pena como uma técnica contingentemente eficiente para proporcionar determinado benefício.[84]

Apesar de destacados autores "expressivistas" adotarem uma postura refratária ao consequencialismo, a pena expressiva-conse-

p. 188). Inclusive, Matthew Adler aponta que Joel Feinberg ressaltou que cada um dos aspectos da pena suscitaria questões quanto à própria fundamentação (ADLER, Matthew. *Expressive Theories of Law: A Skeptical Overview*, op. cit., p. 1414; FEINBERG, Joel. *The Expressive Function of Punishment*, op. cit., p. 400). Em sentido contrário, Bernard Harcourt sustenta que o artigo de Joel Feinberg teria um intento descritivo e normativo. O primeiro seria o amplamente difundido enunciado sobre os dois aspectos componentes da pena. O segundo seria um argumento exposto no último paragrafo do artigo, o qual propõe que a intensidade da reprovação atribuída a uma pena deve ser proporcional ao mal causado pelo infrator e à probabilidade de outros indivíduos também incorrerem na conduta criminosa. Esse argumento demonstraria que a teoria da pena de Joel Feinberg faz referência a uma concepção *"milliana"* de "princípio do dano" (*harm principle*) (HARCOURT. Bernard. *Joel Feinberg on Crime and Punishment: Exploring the Relationship Between The Moral Limits of the Criminal Law and The Expressive Function of Punishment*, op. cit., p. 157, 160 e 161).

82. DUFF, Antony. *Penal Communications: Recent Work in the Philosophy of Punishment*, op. cit., p. 5 e 6; O consequencialismo estipula que o fundamento de qualquer ato dependeria somente das consequências proporcionadas, ou seja, uma prática que ocasione efeitos vantajosos seria considerada correta e outra que acarrete efeitos desvantajosos seria reputada como errônea. Uma consequência será positivamente, ou negativamente, valorada se for minimamente tão boa quanto, ou ainda pior que, aquelas proporcionadas por condutas alternativas (Idem, ibidem, p. 4).

83. Idem, ibidem, p. 4.

84. Idem, ibidem, p. 8.

quencialista não seria inconcebível.[85] Por exemplo, a pena concebida pelas teorias dissuasórias tencionaria expressar aos infratores sobre a seriedade da ameaça punitiva.[86] A compatibilização não estaria restrita às formulações focadas na dissuasão do infrator, pois a pena também poderia expressar a censura de certas condutas aos membros de uma comunidade, objetivando influenciar o comportamento moral e social desses indivíduos.[87] Uma teoria expressivo-consequencialista sustentaria que a punição de infratores só deve ocorrer quando for um meio eficiente para obter certo benefício, tal como a prevenção criminal.[88] O ato punitivo expressaria um conteúdo que favorece a obtenção do benefício almejado.[89] A mensagem expressa pela pena

85. WRINGE, Bill. *War Crimes and Expressive Theories of Punishment: Communication or Denunciation?*, op. cit., p. 121; DUFF, Antony. *Punishment, Communication and Community* (2003), op. cit., p. 388; Idem. *Punishment, Communication and Community* (2001), op. cit., p. 27 e 28; Idem. *Penal Communications: Recent Work in the Philosophy of Punishment*, op. cit., p. 31 e 32; Ressalta-se a posição crítica frente ao consequencialismo mantida por Antony Duff e Igor Primoratz, dois autores notoriamente associados ao expressivismo (Idem. *Punishment, Communication and Community* (2003), op. cit., p. 388; Idem. *Punishment, Communication and Community* (2001), op. cit., p. 27 e 28; PRIMORATZ, Igor. *Punishment as Language*, op. cit., p. 196).

86. WRINGE, Bill. *War Crimes and Expressive Theories of Punishment: Communication or Denunciation?*, op. cit., p. 121; DUFF, Antony. *Punishment, Communication and Community* (2003), op. cit., p. 388; Idem. *Punishment, Communication and Community* (2001), op. cit., p. 27 e 28; Idem. *Penal Communications: Recent Work in the Philosophy of Punishment*, op. cit., p. 31 e 32.

87. Idem, ibidem, p. 121; Idem, ibidem, 388; Idem, ibidem, p. 27 e 28; Idem, ibidem, p. 31 e 32; Antony Duff pontua a existência de outras teorias consequencialistas que concebem uma pena expressivo-comunicativa: a "teoria republicana da justiça criminal" (*Republican Theory of Criminal Justice*), proposta por John Braithwaite e Philip Pettit (Idem, ibidem, p. 32). A teoria em questão pressupõe um ideal republicano de "domínio" (*dominion*), isto é, um status social disponível apenas em comunidade e pautado pela não interferência de terceiros na liberdade de um cidadão. O crime seria um ato denegatório que atinge o status de domínio da vítima e da sociedade. A punição do infrator teria o objetivo de restaurar o status de "domínio" negado pelo crime. A pena abarcaria medidas simbólicas, tais como um pedido de desculpas do algoz perante a vítima, o compromisso do infrator em não reincidir ou ainda uma tentativa de reconciliação entre sujeito ativo e passivo do delito. A pena também conteria medidas substantivas, cujo objetivo seria conferir materialidade aos atos simbólicos supramencionados (BRAITHWAITE, John. PETTIT, Philip. *Not Just Deserts: A Republican Theory of Criminal Justice*. Oxford: Oxford University Press, 1990, p. 226, 227, 230 e 232).

88. DUFF, Antony. *Punishment, Communication and Community* (2003), op. cit., p. 388; Idem. *Punishment, Communication and Community* (2001), op. cit., p. 27.

89. Idem, ibidem, p. 388; Idem, ibidem, p. 27.

seria direcionada ao indivíduo ou grupo mais propício a ser influenciado de forma favorável à promoção da consequência almejada.[90]

2.1.1.b. Deontológica

A pena seria fundamentada em virtude de ser a resposta intrinsecamente adequada ao crime cometido.[91] Trata-se de uma concepção penal de caráter retributivo.[92] O merecimento penal é um fator central para essas formulações, pois fundamentaria a relação entre o delito ocorrido no passado e o ato punitivo imposto no presente.[93]

As teorias expressivo-retributivas propõem que o infrator seria condenável por ter incorrido em uma conduta ilícita, ou seja, mereceria ser censurado por ter delinquido.[94] A censura seria retrospectiva, pois estaria voltada a um crime pretérito, tal como a pena retributiva.[95]

90. Id., ibid., p. 388; Id., ibid., p. 27.

91. Idem, ibidem, p. 387; Idem, ibidem, p. 19 e 20; Idem. *Penal Communications: Recent Work in the Philosophy of Punishment*, op. cit., p. 6 e 7; A tradição deontológica sustenta que uma ação seria intrinsecamente correta ou errada, independente das consequências proporcionadas (idem, ibidem, p. 6).

92. DUFF, Antony. *Penal Communications: Recent Work in the Philosophy of Punishment*, op. cit., p. 6; Menciona-se a existência de uma acepção "negativa" e outra "positiva" de retributivismo. Os adeptos do retributivismo negativo argumentam apenas que o ato punitivo não deveria ser imposto sem que o agente mereça. Nessa acepção, o merecimento penal forneceria uma condição necessária, mas por si só insuficiente, para punir um infrator. Os adeptos da retributivismo positivo sustentam que a pena seria fundamentada apenas na medida em que seria merecida. Nessa acepção, o merecimento penal forneceria uma condição suficiente para a punição. O retributivismo negativo não forneceria uma fundamentação completa para a pena, pois estaria restrito a dizer quando alguém pode ser punido de forma justa, porém não especificaria o porquê de punir esse indivíduo. Nota-se que o retributivismo negativo é comumente empregado como um elemento "limitador" em formulações consequencialistas, pois teria o propósito de frear uma busca desenfreada por certo beneficio. Por exemplo, a teoria da pena proposta por H. L. A. Hart propõe que a pena seria fundamentada na prevenção criminal, mas a persecução desse objetivo estaria submetida a um limite: inocentes não podem ser punidos (Idem. *Punishment, Communication and Community* (2003), op. cit., p. 387; Idem. *Punishment, Communication and Community* (2001), op. cit., p. 19; Idem. *Penal Communications: Recent Work in the Philosophy of Punishment*, op. cit., p. 7).

93. DUFF, Antony. *Punishment, Communication and Community* (2003), op. cit., p. 387 e 389; Idem. *Punishment, Communication and Community* (2001), op. cit., p. 19, 20 e 27; Idem. *Penal Communications: Recent Work in the Philosophy of Punishment*, op. cit., p. 6, 7, 33 e 34.

94. Idem, ibidem, p. 389; Idem, ibidem, p. 28; Idem, ibidem, p. 33.

95. Idem, ibidem, p. 388; Idem, ibidem, p. 27; Idem, ibidem, p. 33 e 34.

Essa seria a base para uma formulação retributiva que fundamenta a relação entre um crime pretérito que merece ser censurado e uma pena atual que expressa tal reprovação moral.[96] O ato punitivo seria primordialmente direcionado ao autor, expressando-lhe a censura apropriada à conduta previamente incorrida.[97]

2.1.1.c. Teleológica

A pena seria pautada pelo crime passado e direcionada a um propósito futuro, isto é, trata-se de uma concepção simultaneamente retrospectiva e prospectiva.[98] O infrator merece ser censurado através de um ato punitivo, o qual seria uma resposta intrinsecamente apropriada ao crime. A pena merecida pelo infrator seria o meio adequado para alcançar objetivos prospectivos.

Nota-se a divergência entre a concepção penal das teorias teleológicas e aquela tradicionalmente sustentada por formulações deontológicas puramente retributivas.[99] Apesar de considerada como um meio intrinsecamente apropriado, a pena não seria um fim em si mesmo.

As teorias teleológicas também destoam das formulações estritamente consequencialistas, pois não pressupõem uma relação puramente contingente entre o ato punitivo e objetivo atribuído à pena.[100] Essa assertiva seria amparada por dois argumentos. Primeiro, o fim da

96. DUFF, Antony. *Penal Communications: Recent Work in the Philosophy of Punishment*, op. cit., p. 34.

97. Idem. *Punishment, Communication and Community* (2003), op. cit., p. 388; Idem. *Punishment, Communication and Community* (2001), op. cit., p. 27; FEINBERG, Joel. *The Expressive Function of Punishment*, op. cit., p. 400; O intento de evitar a crítica kantiana quanto à instrumentalização de um Ser Humano faz com que a pena seja focada no infrator. Apesar de ser o destinatário principal da expressão penal, o criminoso não seria necessariamente o único, pois a vítima e a sociedade também poderiam ocupar essa posição (DUFF, Antony. *Punishment, Communication and Community* (2003), op. cit., p. 388 e 389; Idem. *Punishment, Communication and Community* (2001), op. cit., p. 27).

98. DUFF, Antony. *Punishment, Communication and Community* (2001), op. cit., pg, 89.

99. Idem. *Penal Communications: Recent Work in the Philosophy of Punishment*, op. cit., p. 8.

100. Idem. *Punishment, Communication and Community* (2001), op. cit., pg, 89; Idem. *Penal Communications: Recent Work in the Philosophy of Punishment*, op. cit., p. 46.

pena estabeleceria o meio pelo qual pode ser alcançado, ou seja, o objetivo da empreitada punitiva determinaria quais práticas penais são apropriadas para promovê-lo.[101] Uma pena adequada seria proporcional ao crime e tencionaria uma comunicação com um agente moral e responsável.[102] Uma eventual tentativa de alcançar o objetivo da pena através de meios escusos, tal como a punição de inocentes, seria inviável e incoerente.[103] Segundo, o fundamento da pena não seria totalmente dependente de uma efetiva consecução do objetivo atribuído ao ato punitivo, ou seja, a tentativa de atingir o propósito já poderia fundamentar a pena.[104]

2.1.2. Destinatário da pena

O segundo critério tenciona responder as seguintes questões: primeiro, aferir se a expressão penal depende de um destinatário; segundo, verificar se o destinatário da pena seria coletivo ou individual (infrator, vítima ou terceiros cientes do crime).

2.1.2.a. Dependência de destinatário

As teorias podem ser divididas entre um grupo em que a expressão penal é dependente de um destinatário e outro em que a expressão penal é independente.[105]

As formulações do primeiro grupo consideram a expressividade da pena perante um destinatário como essencial para fundamentar a punição de um infrator.[106] A expressão dependente de destinatário

101. Idem, ibidem, p. 89; Idem, ibidem, p. 46.

102. Idem, ibidem, p. 88 e 89; Idem, ibidem, p. 46.

103. DUFF, Antony. *Penal Communications: Recent Work in the Philosophy of Punishment*, op. cit., p. 46.

104. Idem, ibidem, p. 46 e 47.

105. WRINGE, Bill. *Rethinking expressive theories of punishment: why denunciation is a better bet than communication or pure expression*, op. cit., p. 685 e 689; Os conceitos foram originalmente formulados por Bill Wringe como expressivismo "dependente de audiência" (*audience-dependent*) ou "independente de audiência" (*audience-independent*). Por uma questão de compatibilização terminológica, opta-se por utilizar "destinatário" ao invés de "audiência"; GLASGOW, Joshua. *The Expressivist Theory of Punishment Defended*, op. cit., p. 608.

106. WRINGE, Bill. *Rethinking expressive theories of punishment: why denunciation is a better bet than communication or pure expression*, op. cit., p. 682, 684 e 685.

ocorreria sob as seguintes condições: primeira, a expectativa do remetente, quanto à capacidade de entendimento do destinatário, deve contribuir para justificar a expressão de um conteúdo; segunda, caso inexistisse tal expectativa, o ato expressivo não ocorreria ou não teria sido considerado justificado pelo remetente; terceira, deve ser razoável para o remetente crer que o destinatário é minimamente capaz de entender o conteúdo expresso.[107]

As formulações do segundo grupo fundamentam a pena como uma expressão que prescinde de qualquer intento comunicativo.[108] A expressão penal não depende de um destinatário, porém seria concebível o conteúdo exposto pelo ato punitivo eventualmente ser entendido ou percebido por algum destinatário.[109]

2.1.2.b. Identidade do destinatário

As teorias expressivas podem ser divididas em um grupo que tem um destinatário coletivo e outro que tem um destinatário individual. Menciona-se que a pena também pode ser concebida com mais de um destinatário.[110]

As formulações do primeiro grupo fundamentam a pena como a expressão de um conteúdo perante destinatários indeterminados, isto é, a coletividade, em um sentido geral e abstrato.[111] A pena seria direcionada

107. Idem, ibidem, p. 687 e 688; Deve diferenciar-se entre a expressão dependente de destinatário e a "expressão precariamente interpretável" (*weakly interpretable expression*). Uma expressão pode ser designada como precariamente interpretável quando o remetente sabe que um destinatário teria capacidade de entendê-la, caso viesse a tomar ciência do conteúdo expresso. Essa designação não dependeria da expectativa do remetente em relação ao destinatário eventualmente ficar ciente do conteúdo expresso. Uma expressão precariamente interpretável não precisa ser dependente de destinatário. Por exemplo, alguém que escreve em um diário mantido distante do conhecimento de todos (Idem, ibidem, p. 688).

108. Idem, ibidem, p. 689; GLASGOW, Joshua. *The Expressivist Theory of Punishment Defended*, op. cit., p. 608 e 609.

109. GLASGOW, Joshua. *The Expressivist Theory of Punishment Defended*, op. cit., p. 608.

110. Por exemplo, a formulação de Igor Primoratz propõe que a pena seria primeiramente direcionada ao infrator, porém a vítima e a sociedade também seriam destinatários do conteúdo expresso pelo ato punitivo (PRIMORATZ, Igor. *Punishment as Language*, op. cit., p. 200).

111. HÖRNLE, Tatjana. *Straftheorien*, op. cit., p. 29 e 30; Idem. *Gegenwärtige*

aos membros da sociedade, cujas normas foram infringidas.[112] Pode conceber-se uma distinção entre as teorias, pois em umas a pena seria direcionada à totalidade da sociedade e em outras seria dirigida apenas a uma parte desse ente coletivo.[113] Essas formulações também deixam entrever a possibilidade de "perspectivas indeterminadas", nas quais a fundamentação da pena dependeria de uma expressão perante um ente coletivo qualquer ao invés de um previamente especificado.[114]

As teorias do segundo grupo fundamentam a pena como a expressão de um conteúdo perante indivíduos.[115] A pena conteria uma mensagem de censura que deve ser direcionada a certas pessoas, ensejando três possíveis destinatários:[116] o infrator,[117] a vítima[118] e os indivíduos que tenham tomado ciência do crime.[119]

Strafbegründungstheorie: Die herkömmliche deutsche Diskussion, op. cit., p. 23 e 24; WRINGE, Bill. *Rethinking expressive theories of punishment: why denunciation is a better bet than communication or pure expression*, op. cit., p. 682 e 685.

112. WRINGE, Bill. *An Expressive Theory of Punishment*, op. cit., p. 24 e 57; Idem. *Punishment, Forgiveness and Reconciliation*, op. cit., p. 1117; Idem. *War Crimes and Expressive Theories of Punishment: Communication or Denunciation?*, op. cit., p. 119; Idem. *Why Punish War Crimes? Victor´s Justice and Expressive Justifications of Punishment*. In *Law and Philosophy*. Vol. 25, n. 2, 2006, p. 177 e 178.

113. WRINGE, Bill. *Rethinking expressive theories of punishment: why denunciation is a better bet than communication or pure expression*, op. cit., p. 687, Nota de Rodapé n. 22.

114. Idem, ibidem, p. 687, Nota de Rodapé n. 22.

115. HÖRNLE, Tatjana. *Straftheorien*, op. cit., p. 29; Idem. *Gegenwärtige Strafbegründungstheorie: Die herkömmliche deutsche Diskussion*, op. cit., p. 24; Tatjana Hörnle classifica essas formulações de "teorias expressivas da pena orientadas à pessoas" (*personenorientierte expressive Straftheorie*) (Idem, ibidem, p. 29; Idem, ibidem, p. 24).

116. Idem, ibidem, p. 29, 32 a 41; Idem, ibidem, p. 24 a 28.

117. Idem, ibidem, p. 32 a 34; Idem, ibidem, p. 26; DUFF, Antony. *Punishment, Communication and Community* (2001), op. cit., pg., 79 a 82; Idem. *Trials and Punishments*. Cambridge: Cambridge University Press, 1986, p. 47 a 50; KLEINIG, John. *Punishment and Moral Seriousness*. In *Israel Law Review*, Vol. 25, n. 3 e 4, 1991, p. 418; MORRIS, Herbert. *A Paternalistic Theory of Punishment*. In *American Philosophical Quarterly*, Vol. 18, n. 14, 1981, p. 263 a 265.

118. HÖRNLE, Tatjana. *Expressive Straftheorie*, op. cit., p. 150 e 151; Idem. *Straftheorien*, op. cit., p. 37 a 41; Idem. *Gegenwärtige Strafbegründungstheorie: Die herkömmliche deutsche Diskussion*, op. cit., p. 26 a 28; Idem. *Die Rolle des Opfers in der Straftheorie und im materiellen Strafrecht*, op. cit., p. 950 a 952; HAMEL, Roman. *Strafen als Sprechakt: Die Bedeutung der Strafe für das Opfer*, op. cit., p. 176 a 188; GÜNTHER, Klaus. *Die symbolisch-expressive Bedeutung der Strafe: Eine neue Straftheorie jenseits von Vergeltung und Prävention?*, op. cit., p. 207 a 210.

119. HÖRNLE, Tatjana. *Expressive Straftheorie*, op. cit., p. 148; Idem. *Straf-*

2.1.3. Função da pena

Esse critério permitira dividir as teorias em três grupos: expressiva "pura", expressivo-comunicativa e comunicativo-teleológica.[120]

2.1.3.a. Expressiva "pura"

A função da pena seria proporcionar um ato unilateralmente expressivo, isto é, desprovido de intento comunicativo com um destinatário.[121] A eventual recepção do conteúdo expresso por algum grupo ou indivíduo seria desejável, porém irrelevante.[122] O fato de impor um tratamento rígido ao infrator faria da pena uma ação adequada para expressar a reprovação do crime.[123]

2.1.3.b. Expressivo-comunicativa

A função da pena seria expressar certo conteúdo a um desti-

theorien, op. cit., p. 35 e 36; WEIGEND, Thomas. *Kommentar zu Tatjana Hörnle, Gegenwärtige Strafbegründungstheorie*, op. cit., p. 34.

120. GLASGOW, Joshua. *The Expressivist Theory of Punishment Defended*, op. cit., p. 603; ENGEN, Andy. *Communication, Expression, and the Justification of Punishment*, op. cit., p. 304 e 305; DUFF, Antony. *Penal Communications: Recent Work in the Philosophy of Punishment*, op. cit., p. 52.

121. GLASGOW, Joshua. *The Expressivist Theory of Punishment Defended*, op. cit., p. 608 e 609; ENGEN, Andy. *Communication, Expression, and the Justification of Punishment*, op. cit., p. 304 e 305.

122. GLASGOW, Joshua. *The Expressivist Theory of Punishment Defended*, op. cit., p. 608 e 609; Joshua Glasgow pressupõe que as interações cotidianas são permeadas por atos unilateralmente expressivos, os quais abarcam um vasto espectro de valores. A pena eventualmente seria a melhor, ou única, maneira de uma sociedade expressar relevantes atitudes morais, tais como as reações perante condutas ilícitas. A reprovação do crime expressa pela pena seria baseada na rejeição moral do ato perpetrado e na reafirmação dos direitos da vítima. A possibilidade de expressões inapropriadas ocorrerem alude à necessidade de delimitar quais atitudes morais podem ensejar um ato punitivo. Propõe-se que a pena somente seria justa ao atender os seguintes parâmetros: primeiro, a atitude expressa deve ser uma reação apropriada ao crime cometido; segundo, a pena deve ser uma expressão apropriada de tal atitude. A reprovação do crime expressa pela pena seria baseada na rejeição moral do ato perpetrado e na reafirmação dos direitos da vítima. A pena expressaria reprovação, isto é, uma atitude espelhada em dois juízos morais. O primeiro seria uma valoração negativa da conduta proscrita. O segundo seria uma valoração positiva, pois atesta que a vítima tem um status moral relevante, o qual foi violado pelo infrator. O segundo juízo lastrearia o primeiro (Idem, ibidem, p. 609 e 610).

123. Idem, ibidem, p. 614 e 615.

natário.[124] O ato punitivo demonstra um intento comunicativo, pois pressupõe que o destinatário seja minimamente capaz de entender o conteúdo moral expresso.[125] As seguintes funções poderiam ser atribuídas à pena: censura e denunciação.

A primeira consistiria na expressão de um juízo condenatório direcionado ao autor de uma conduta repreensível.[126] O indivíduo que recebe a censura deve poder ser responsabilizado pelos próprios atos.[127] A censura transmitiria ao infrator uma mensagem sobre a própria conduta, expressando-lhe o fato de estar sendo reprovado por ter ilicitamente lesionado outrem.[128] Um agente não seria censurado pela mera exposição de um juízo reprobatório, mas pela efetiva expressão de uma condenação baseada em tal valoração da conduta incorrida.[129] A imposição de um tratamento rígido seria o modo adequado para expressar a censura proporcional ao crime perpetrado.[130] O fato de a censura reprovar o autor do delito faz com que a vítima também seja abordada, pois reconhece que a lesão sofrida decorreu de uma conduta ilícita imputável a um terceiro.[131]

A segunda reconheceria a responsabilidade do infrator pelo crime cometido e demonstraria uma atitude moral negativa perante tal con-

124. Idem, ibidem, p. 603.

125. WRINGE, Bill. *Rethinking expressive theories of punishment: why denunciation is a better bet than communication or pure expression*, op. cit., p. 687 e 688; GLASGOW, Joshua. *The Expressivist Theory of Punishment Defended*, op. cit., p. 603 e 604; DUFF, Antony. *Penal Communications: Recent Work in the Philosophy of Punishment*, op. cit., p. 52, Nota de Rodapé n. 32.

126. VON HIRSCH, Andrew. *Censure and Sanctions*, op. cit., p. 9; NARAYAN, Uma. *Appropriate Responses and Preventive Benefits: Justifying Censure and Hard Treatment in Legal Punishment*. In *Oxford Journal of Legal Studies*, Vol. 13, n. 2, 1993, p. 167.

127. VON HIRSCH, Andrew. *Censure and Sanctions*, op. cit., p. 9.

128. Idem, ibidem, p. 10.

129. NARAYAN, Uma. *Appropriate Responses and Preventive Benefits: Justifying Censure and Hard Treatment in Legal Punishment*, op. cit., p. 167.

130. VON HIRSCH. Andreas. *Warum soll die Strafsanktion existieren? Tadel und Prävention als Elemente einer Rechtfertigung*, op. cit., p. 53 e 54; NARAYAN, Uma. *Appropriate Responses and Preventive Benefits: Justifying Censure and Hard Treatment in Legal Punishment*, op. cit., p. 179 e 180; KLEINIG, John. *Punishment and Moral Seriousness*, op. cit., p. 417; PRIMORATZ, Igor. *Punishment as Language*, op. cit., p. 199 e 200.

131. VON HIRSCH, Andrew. *Censure and Sanctions*, op. cit., p. 10.

duta.[132] A denunciação não equivaleria a censura, pois não seria uma condenação moral diretamente voltada ao infrator.[133] A denominação atribuída a essa função da pena faz referência a uma forma específica de expressão, cujo destinatário é a sociedade ao invés do infrator.[134] O propósito do tratamento rígido implicado pela pena seria a sociedade poder expressar aos seus membros que as normas ainda estão em vigor e que transgressões serão levadas a sério.[135]

2.1.3.c. Comunicação teleológica

A função da pena seria expressar um juízo condenatório à conduta incorrida, porém também tencionaria promover objetivos prospectivos em relação ao agente, tal como a educação moral, arrependimento e

132. WRINGE, Bill. *Rethinking expressive theories of punishment: why denunciation is a better bet than communication or pure expression*, op. cit., p. 682 a 686; Idem. *An Expressive Theory of Punishment*, op. cit., p. 68; Idem. *Punishment, Forgiveness and Reconciliation*, op. cit., p. 1117; Idem. *War Crimes and Expressive Theories of Punishment: Communication or Denunciation?*, op. cit., p. 119 e 121; Idem. *Punish War Crimes? Victor´s Justice and Expressive Justifications of Punishment*, op. cit., p. 177 e 178; Nas obras referenciadas, Bill Wringe menciona usar uma terminologia originalmente concebida por Uma Narayan (NARAYAN, Uma. *Appropriate Responses and Preventive Benefits: Justifying Censure and Hard Treatment in Legal Punishment*, op. cit., p. 169 a 171).

133. NARAYAN, Uma. *Appropriate Responses and Preventive Benefits: Justifying Censure and Hard Treatment in Legal Punishment*, op. cit., p. 171; A denunciação seria uma reação que ratifica o status de vítima daquele que foi lesionado pelo crime, reconhece que o infrator foi o responsável por tal ato e expressa indignação e reprovação sobre esse indivíduo, porém sem censurá-lo diretamente (Idem, ibidem, p. 171); Deve mencionar-se que certas teorias expressivas, cuja função da pena poderia ser qualificada como denunciatória, aparentam não ter tal zelo pela vítima. Por exemplo, as teorias da pena propostas por Michael Pawlik e Günther Jakobs. Essas formulações serão abordadas no Item 2.2.

134. WRINGE, Bill. *Rethinking expressive theories of punishment: why denunciation is a better bet than communication or pure expression*, op. cit., p. 682, Nota de Rodapé n. 4; Bill Wringe ressalva que o emprego do vocábulo "denunciatória" notadamente difere daquele feito por Christopher Bennett, o qual utiliza a terminologia para designar uma forma específica de comunicação com um específico conteúdo moral (BENNETT, Christopher. *State denunciation of crime*. In *Journal of Moral Philosophy*. Vol. 3, 2006, p. 293).

135. WRINGE, Bill. *An Expressive Theory of Punishment*, op. cit., p. 24 e 25; Idem. *Punishment, Forgiveness and Reconciliation*, op. cit., p. 1117; Idem. *War Crimes and Expressive Theories of Punishment: Communication or Denunciation?*, op. cit., p. 119.

reconciliação com os pares.[136] A bilateralidade expressiva e o intento de obter uma resposta moral do infrator através de uma persuasão racional difeririam essas formulações daquelas observadas nos itens anteriores.[137] O autor do delito não seria considerado um mero receptor do conteúdo expresso pela pena, pois seria tratado como um interlocutor capaz de participar em um processo comunicativo com o Estado, ou seja, teria o status de um agente responsável e moralmente capaz.[138] O tratamento rígido implicado pelo ato punitivo não seria uma mera condenação do infrator, pois integraria um processo comunicativo, cujo propósito seria o arrependimento, reconciliação e reforma moral do apenado, direcionando o foco deste indivíduo ao crime cometido com o objetivo de fazê-lo refletir e compreender o caráter errôneo da conduta.[139]

2.2. Exposição e crítica

A última seção estabeleceu os critérios classificadores: tradição filosófica, dependência de um destinatário, destinatário da pena e função desempenhada pela pena. Os critérios elencados permitem o seguinte agrupamento das teorias expressivas da pena.

136. TASIOULAS, John. *Punishment and Repentance*. In *Philosophy*, Vol. 81, 2006, p. 316 e 322; DUFF, Antony. *Punishment, Communication and Community* (2003), op. cit., p. 388; Idem. *Punishment, Communication and Community* (2001), op. cit., p. 79 e 80; Idem. *Penal Communications: Recent Work in the Philosophy of Punishment*, op. cit., p. 47 a 52; Idem. *Alternatives to Punishment - or Alternative Punishments*, op. cit., p. 51 e 52; Idem. *Trials and Punishments*, op. cit., p. 236 e 237; HAMPTON, Jean. *Moral Education Theory of Punishment*. In *Philosophy & Public Affairs*, Vol. 13, n. 3, 1984, p. 222; MORRIS, Herbert. *A Paternalistic Theory of Punishment*. In *American Philosophical Quarterly*, Vol. 18, n. 14, 1981, p. 263, 264 e 265.

137. VON HIRSCH. Andreas. *Warum soll die Strafsanktion existieren? Tadel und Prävention als Elemente einer Rechtfertigung*, op. cit., p. 51; DUFF, Antony. *Penal Communications: Recent Work in the Philosophy of Punishment*, op. cit., p. 52, Nota de Rodapé n. 34; VON HIRSCH, Andrew. *Censure and Sanctions*, op. cit., p. 72 a 74; NARAYAN, Uma. *Appropriate Responses and Preventive Benefits: Justifying Censure and Hard Treatment in Legal Punishment*, op. cit., p. 176 a 178.

138. DUFF, Antony *Penal Communications: Recent Work in the Philosophy of Punishment*, op. cit., p. 50 a 53; Idem. *Alternatives to Punishment - or Alternative Punishments*, op. cit., p. 51 e 52.

139. Idem, ibidem, p. 45 e 52; Idem, ibidem, p. 51 e 52.

2.2.1. Primeiro grupo

As teorias de Michael Pawlik[140] e Günther Jakobs[141] podem ser elencadas como representantes desse grupo. Admite-se reticência em afirmar com qual tradição filosófica o grupo estaria alinhado. A teoria proposta por Michael Pawlik é designada como retributiva. Trata-se da classificação proposta pelo próprio autor e aceita pela doutrina. O impasse em apontar a tradição filosófica desse grupo como retributiva seria ensejado pela teoria de Günther Jakobs.[142] O destinatário principal

140. PAWLIK, Michael. *Das Unrecht des Bürgers: Grundlinien der Allgemeinen Verbrechenslehre*. Tübingen: Mohr Siebeck, 2012, p. 110, 116 e 117; Idem. *Person, Subjekt, Bürger: Zur Legitimation von Strafe*, op. cit., p. 63 e 64; Tatjana Hörnle descreve a teoria de Michael Pawlik como uma "teoria expressiva orientada à norma" (HÖRNLE, Tatjana. *Gegenwärtige Strafbegründungstheorie: Die herkömmliche deutsche Diskussion*, op. cit., p. 26). Adriano Teixeira menciona que a proposta pode ser entendida como uma variante expressiva de teoria retributiva da pena (TEIXEIRA, Adriano. *Teoria da Aplicação da Pena: Fundamentos de uma Determinação Judicial da Pena Proporcional ao Fato*, op. cit., p. 90, Nota de Rodapé n. 290).

141. As últimas versões da teoria da pena de Günther Jakobs teriam assumido uma nítida tonalidade "expressiva". O livro "*Norm, Person, Gesellschaft*" (2008) exemplificaria tal mudança, ensejando a proposta de designar a teoria de Günther Jakobs como uma "teoria expressiva orientada à norma" (HÖRNLE, Tatjana. *Gegenwärtige Strafbegründungstheorie: Die herkömmliche deutsche Diskussion*, op. cit., p. 22; JAKOBS, Günther. *Norm, Person, Gesellschaft: Vorüberlegungen zu einer Rechtsphilosophie*. 3ª Ed. Berlim: Duncker & Humblot Verlag, 2008, p. 206 a 110). A teoria da pena de Günther Jakobs também é classificada como "expressiva" em: ERBER-SCHROPP, Julia Maria. *Schuld und Strafe: Eine strafrechtsphilosophische Untersuchung des Schuldprinzips*, op. cit., p. 20).

142. Günther Jakobs propôs que a função da pena seria preservar a validade da norma enquanto modelo orientador de contatos sociais e que o conteúdo da pena seria uma contradição da conduta que repudia a norma, realizada às custas do agente. A pena teria uma função preventiva, pois protegeria as condições necessárias para as interações sociais, ou seja, as normas. A pena validaria a confiança de todos os indivíduos que creem na norma, ou seja, serviria ao "exercício da confiança na norma" (*Einübung in Normvertrauen*). A pena estabeleceria que condutas contrárias a norma são inaceitáveis, ou seja, serviria ao "exercício da fidelidade ao direito" (*Einübung in Rechtstreue*). A pena explanaria a existência de uma conexão necessária entre uma conduta contrária a norma e o ônus punitivo, ou seja, serviria ao "exercício de aceitação das consequências" (*Einübung in die Akzeptation der Konsequenzen*). A combinação dos três efeitos comporia a finalidade da pena: "prevenção geral pelo exercício do reconhecimento normativo" (*Generalprävention durch Einübung in Normanerkennung*) (JAKOBS, Günther. *Strafrecht. Allgemeiner Teil: Die Grundlagen und die Zurechnungslehre*, op. cit., p. 10 a 14 e 32). Günther Jakobs salienta que sua formulação de "prevenção geral positiva" difere de outras existentes na doutrina. A "prevenção" faz referência ao propósito de preservar a fidelidade à norma na coletividade. O termo "positiva" alude ao fato de a pena não ser dissuasória ("negativa"). O vocábulo "geral" decorre de a pena ser destinada à coletividade (Idem.

da pena seria um ente coletivo, a sociedade.[143] Essas teorias seriam expressivo-comunicativas e a pena teria uma função denunciatória.[144]

2.2.1.a. Michael Pawlik

A pena seria direcionada a um fato juridicamente desaprovado previamente realizado pelo infrator.[145] Constatar que a "razão de fato"

Staatliche Strafe: Bedeutung und Zweck, op. cit., p. 31). A teoria da pena proposta por Günther Jakobs suscitou diversas críticas doutrinárias. Bernd Schünemann designou a formulação como uma teoria da pena retributiva, repaginada com argumentos da filosofia moderna, tais como a teoria dos sistemas e a interação simbólica (SCHÜNEMANN, Bernd. *Aporien der Straftheorie in Philosophie und Literatur - Gedanken zu Immanuel Kant*. In PRITTWITZ, Cornelius. BAURMANN, Michael. GÜNTHER, Klaus. KUHLEN, Lothar. MERKEL, Reinhard. NESTIER, Cornelius. SCHULZ, Lorenz. LÜDERSSEN, Klaus. (Ed.). *Festschrift für Klaus Lüderssen: zum 70. Geburtstag am 2 Mai 2002*. Baden-Baden: Nomos Verlagsgesellschaft, 2002, p. 327 a 329). Tatjana Hörnle manifestou ceticismo quanto à possibilidade de assentar essa formulação no rol das teorias preventivas, apontando que o próprio autor não mais empregava o termo "prevenção geral positiva" no livro "*Norm, Person, Gesellschaft*" (2008). A autora propôs uma nova designação para a teoria de Günther Jakobs, incluindo-a junto na tendência das "teoria expressiva orientadas à norma". Tal como as formulações preventivo-criminais, essas teorias expressivas pressupõem que a pena é fundamentada no legítimo interesse de pessoas. A divergência seria o fato de entenderem que tais interesses não seriam relativos à evitação de delitos futuros, mas ao trato apropriado de eventos pretéritos, ou seja, a pena não seria fundamentada na prevenção criminal. A finalidade da pena nas teorias expressivas orientadas à norma seria expor uma mensagem perante a coletividade (HÖRNLE, Tatjana. *Gegenwärtige Strafbegründungstheorie: Die herkömmliche deutsche Diskussion*, op. cit., p. 23 a 24; Idem. *Straftheorien*, op. cit., p. 29 e 30).

143. HÖRNLE, Tatjana. *Gegenwärtige Strafbegründungstheorie: Die herkömmliche deutsche Diskussion*, op. cit., p. 22 a 24; Idem. *Straftheorien*, op. cit., p. 29 e 32. Apesar de o destinatário principal ser a coletividade, pode subentender-se que, para as teorias desse grupo, o infrator seria o destinatário "subsidiário" da mensagem expressa pela pena (PAWLIK, Michael. *Person, Subjekt, Bürger: Zur Legitimation von Strafe*, op. cit., pg. 87; JAKOBS, Günther. *Staatliche Strafe: Bedeutung und Zweck*, op. cit., p. 30).

144. Deve admitir-se que a classificação também é feita com ressalvas em relação à formulação de Günther Jakobs, pois em algumas passagens a pena aparenta ter uma função denunciatória. Por exemplo, *"ao serem entendidos como "discurso" e "resposta", o crime e a pena chegam ao nível social como comunicação sobre a estrutura normativa da sociedade"* (JAKOBS, Günther. *System der strafrechtlichen Zurechnung*. Frankfurt am Main: Verlag Vittorio Klostermann, 2012, p. 13 e 14). No entanto, outras passagens deixam entrever que a pena seria "puramente" expressiva. Por exemplo, o autor já afirmou que, por afastar o significado do crime, a pena promoveria *per se* a vigência da norma (Idem. *Zur gegenwärtigen Straftheorie*. In KODALLE, Klaus (Ed.). *Strafe muss sein! Muss Strafe sein? Philosophen-Juristen-Pädagogen im Gespräch*. Würzburg: Verlag Königshausen & Neumann, 1998, p. 38 e 39)

145. PAWLIK, Michael. *Person, Subjekt, Bürger: Zur Legitimation von Strafe*, op. cit., p. 18.

(*Realgrund*) da pena está no passado não fundamenta porque é legítimo reagir ao crime com a punição do agente. Indaga-se sobre qual seria a "razão de direito" (*Rechtsgrund*) da pena. A resposta para tal questão estaria atrelada ao entendimento do delito como uma ilícita exteriorização de vontade passível de reprovação pela comunidade.

Trata-se de uma concepção retributiva de delito.[146] As teorias retributivas percebem a razão de fato e a razão de direito da pena segundo uma perspectiva voltada ao passado.[147] A retribuição necessitaria de um preceito normativo para demonstrar como um ato criminalmente relevante pode ter a pena como consequência jurídica.[148] Em uma concepção clássica, a pena seria legítima, pois consistiria em uma compensação da conduta ilícita incorrida pelo infrator.[149] O ato punitivo seria uma restauração da ordem de justiça perturbada pelo delito.[150]

A legitimidade de tal concepção foi questionada com o advento da Idade Moderna, pois a pena não poderia ser unicamente baseada em um conceito de justiça à mercê do poder público, o detentor máximo do *jus puniendi*.[151] O Estado e o direito estatal seriam legitimados por possibilitarem a liberdade. A pena seria a atuação estatal incumbida de garantir que os cidadãos possam ser livres, pois restabeleceria uma situação concreta em que as liberdades jurídicas podem ser distribuídas.[152] O direito penal serviria para proporcionar a estabilidade

146. Idem, ibidem, p. 19; Entender o delito como um perigo a ser evitado seria típico de teorias preventivas. As teorias preventivas preconizam a legitimação prospectiva, pois o crime cometido seria irreversível, porém a pena influenciaria favoravelmente o futuro nível de segurança da sociedade ao impedir a reincidência de tal conduta. As teorias abordam relevantes efeitos da pena, porém não apresentam uma legitimação convincente para a instituição punitiva. Segundo Michael Pawlik, *"elas são teorias sobre a pena e não teorias da pena"* (Idem, ibidem, p. 19).

147. Idem, ibidem, p. 19.

148. Idem, ibidem, p. 19 e 20; O preceito foi baseado no postulado aristotélico de "justiça compensatória" (*ausgleichender Gerechtigkeit*) (Idem, ibidem, p. 19 e 20).

149. Idem, ibidem, p. 20 e 55.

150. Idem, ibidem, p. 55.

151. Idem, ibidem, p. 56.

152. Idem, ibidem, p. 57; Segundo a acepção hegeliana do termo, essa liberdade seria "existencial" (*Dasein*) (Idem, ibidem, p. 57).

necessária a um "Estado de Respeito Mútuo" (*Zustand wechselseitigen Respekts*) entre os sujeitos de direito.[153]

A preservação de uma situação em que as leis são amplamente garantidas seria fundamental para a liberdade individual e dependeria de uma lealdade às normas estabelecidas pela sociedade civil.[154] Os cidadãos teriam uma "obrigação de lealdade" (*Verpflichtung zur Loyalität*) ao ordenamento jurídico.[155] A violação dessa obrigação consistiria em um ilícito criminal. O indivíduo que lesiona um bem jurídico alheio adota uma conduta que prejudica a vítima e também a garantia de paz fornecida pelo ordenamento jurídico, cujo garantidor é a comunidade como um todo.[156] A culpa criminal significaria que o infrator não agiu de acordo com o que poderia ser demandado de um cidadão responsável em tal situação, ou seja, o indivíduo incorreu em um "ilícito de cidadão" (*Unrecht des Bürgers*).[157]

A pena seria uma reação a esse tipo de ilícito, pois o agente deve consentir que o vínculo entre "desfrutar a liberdade" (*Freiheitsgenuss*) e cumprir a obrigação de lealdade ao ordenamento jurídico seja confirmado às suas custas.[158] O ato punitivo afirmaria a indissolubilidade de tal vínculo ao privar o infrator de uma parcela da própria liberdade e seria mensurado segundo a dimensão do ilícito cometido.[159] A punição de um infrator-cidadão seria legítima por restabelecer o ordenamento jurídico[160] afrontado pela conduta desse indivíduo.[161]

A pena corroboraria a reciprocidade entre o cumprimento da obrigação de lealdade e o desfrute da liberdade, restabelecendo o direito como direito.[162] O status de cidadão implicaria em um indivíduo ser

153. Idem, ibidem, p. 58.

154. Idem, ibidem, p. 82 e 83.

155. Idem, ibidem, p. 20.

156. Idem, ibidem, p. 86.

157. Idem, ibidem, p. 87.

158. Idem, ibidem, p. 90 e 91.

159. Idem, ibidem, p. 91.

160. O ordenamento jurídico é entendido como uma "ordem existencial de liberdade" (*Daseinordnung der Freiheit*) (Idem, ibidem, p. 91).

161. Idem, ibidem, p. 91.

162. Idem, ibidem, p. 97.

legalmente corresponsável pela coletividade. A pena asseguraria essa "corresponsabilidade" atribuída a todos os cidadãos.

2.2.1.b. Günther Jakobs

Os conceitos "pessoa" (*Person*) e "sujeito" (*Subjekt*) não poderiam ser estabelecidos apenas com base em prestações recíprocas entre os indivíduos.[163] Os parâmetros que permitem a delimitação desses conceitos normativos necessitariam de uma estrutura independente do arbítrio individual.[164] A estrutura seria formulada como a "norma" (*Norm*) e estabeleceria uma possibilidade factível de ação entre os indivíduos.[165] A "sociedade" (*Gesellschaft*) será real quando as normas criadas por pessoas fornecerem um modelo determinante para interpretar condutas.[166] O entendimento do contexto normativo instituído e sua delimitação perante o ambiente puramente cognitivo circundante ocasionaria o surgimento da sociedade.[167]

A eficácia da norma seria um elemento fundamental para os contatos sociais, pois permitiria a orientação e comunicação entre os indivíduos.[168] A violação de uma norma essencial para a organização

163. JAKOBS, Günther. *Norm, Person, Gesellschaft: Vorüberlegungen zu einer Rechtsphilosophie*, op. cit., p. 132.

164. Idem, ibidem, p. 132 e 133.

165. Idem, ibidem, p. 132 e 133.

166. Idem, ibidem, p. 133.

167. Idem, ibidem, p. 133; Os conceitos "normativo" e "cognitivo" são empregados na obra de Günther Jakobs segundo a Teoria dos Sistemas proposta por Niklas Luhmann: "LUHMANN prossegue, distinguindo duas espécies de expectativas: as cognitivas e as normativas. As primeiras são aquelas que deixam de subsistir quando violadas: o expectador adapta sua expectativa à realidade, que lhe é contrária, aprende, deixa de esperar. Já as expectativas normativas mantêm-se a despeito de sua violação: o expectador exige que a realidade se adapte à expectativa, e esta continua a valer mesmo contra os fatos (contrafaticamente). O errado era a realidade, não a expectativa. Daí surge o conceito de norma: normas são expectativas de comportamento estabilizadas contrafaticamente. Mas as expectativas normativas não se pode decepcionar sempre, pois acabam perdendo a credibilidade. Daí porque a necessidade de um *"processamento de decepções"*: a decepção deve gerar alguma reação, que reafirme a validade da norma. Uma dessas reações é a sanção" (GRECO, Luís. *Introdução à Dogmática Funcionalista do Delito: Em Comemoração aos Trinta Anos de "Política Criminal e Sistema Jurídico-Penal", de Claus Roxin*. In *Revista Brasileira de Direito Comparado*, n. 20, 2003, p. 241 a 246).

168. JAKOBS, Günther. *Strafrecht. Allgemeiner Teil: Die Grundlagen und die Zurechnungslehre*, op. cit., p. 4 e 5.

social ocasionaria um conflito que transcende o indivíduo afetado e passa a ser parte da esfera pública.[169] O conflito público demandaria uma reação capaz de demonstrar que a conduta contrária à norma não é determinante e que faça incidir um juízo condenatório sobre o infrator.[170]

A não contestação do significado de um delito poderia contribuir para a erosão normativa da sociedade.[171] A necessidade de punir o cometimento de um crime teria fundamento no dever de fortalecer a validade do ordenamento jurídico existente.[172] A pena seria uma "conduta simbólica" (*symbolisches Verhalten*) que contradiz o significado do delito objetivando preservar a força orientadora, restabelecer a validade e evitar o enfraquecimento da norma questionada pela conduta proscrita.[173] A pena também seria uma "ação de fato" (*Realakt*), pois implicaria na imposição de um ônus tangível ao infrator, ou seja, o ato punitivo atua como um alicerce cognitivo das expectativas normativas frustradas pelo delito.[174]

2.2.1.c. Apreciação crítica

Essas teorias desconsideram os indivíduos envolvidos pelo crime, recorrem a conceitos com elevado grau de abstração para fundamentar a pena e atribuem uma tonalidade coletivista ao ato punitivo, cuja finalidade seria a expressão de uma mensagem à sociedade.[175] Günther Jakobs fundamenta a pena como uma reação expressiva, cujo objetivo seria fortalecer a validade da norma.[176] Michael Pawlik fundamenta a pena como uma reação expressiva que visaria reforçar um Estado de

169. Idem, ibidem, p. 5.

170. Idem, ibidem, p. 6 e 7.

171. Idem. *Norm, Person, Gesellschaft: Vorüberlegungen zu einer Rechtsphilosophie*, op. cit., p. 108 a 116.

172. Idem, ibidem, p. 108 e 116.

173. Idem, ibidem, p. 111 a 116; Idem. *System der strafrechtlichen Zurechnung*, op. cit., p. 15.

174. Idem, ibidem, p. 113 a 116; Idem, ibidem, p. 15; Idem. *Strafrecht. Allgemeiner Teil: Die Grundlagen und die Zurechnungslehre*, op. cit., p. 32.

175. HÖRNLE, Tatjana. *Gegenwärtige Strafbegründungstheorie: Die herkömmliche deutsche Diskussion*, op. cit., p. 24; Idem. *Straftheorien*, op. cit., p. 30 a 32.

176. JAKOBS, Günther. *Norm, Person, Gesellschaft: Vorüberlegungen zu einer Rechtsphilosophie*, op. cit., p. 106 e 107.

Respeito Mútuo, no qual os cidadãos possam desfrutar da liberdade individual.[177] Um traço comum e criticável em ambas as teorias seria o fato de desconsiderarem o individuo concretamente vitimado pelo crime. A procedência do questionamento pode ser percebida pela parca relevância da vítima nessas formulações.

Michael Pawlik expõe que o cidadão que viola um bem jurídico alheio incorre em uma conduta reprovável não só contra a vítima concreta, como também contra a soberania do ordenamento jurídico, cujo garantidor é a comunidade.[178] Ao cometer um crime contra outrem, o agente nega o reconhecimento da vítima, enquanto detentora do status de sujeito, e também ignora que deve lealdade aos seus concidadãos. O fato de a punição do infrator não beneficiar a vítima concreta ressalta o caráter supraindividual da pena, "desprivatizando" o conflito entre os sujeitos ativo e passivo do delito.[179] O âmbito apropriado para inclusão da vítima concreta não seria a pena, mas a reparação de danos, a qual, além de não punir o infrator pela violação de seu dever de lealdade à coletividade, seria a maneira de lidar com o interesse compensatório do indivíduo que sofreu o crime.[180] A teoria *pawlikiana* pode ser criticada por limitar inserção da vitima ao âmbito da compensação de danos. Essa formulação não seria criticável por deixar entrever que o individuo concretamente afetado por um crime poderia ter interesse em opor uma demanda compensatória perante o próprio algoz. O ponto questionável seria a limitação ao âmbito da compensação de danos, pois não poderia ser descartada a possibilidade e legitimidade de a vítima ter demandas punitivas, merecedoras de consideração estatal, em relação ao infrator.

Ao salientar a necessidade de expectativas normativas serem sustentadas por alicerces cognitivos, Günther Jakobs afirma que a orientação de uma vítima potencial somente será possível em uma sociedade que associe o prospecto de sofrer um ônus punitivo à conduta

177. PAWLIK, Michael. *Person, Subjekt, Bürger: Zur Legitimation von Strafe*, op. cit., p. 63.

178. Idem, ibidem, p. 86.

179. Idem, ibidem, p. 89 e 90; Segundo Michael Pawlik, a concepção do ato punitivo como uma reação ao ilícito de cidadão dirimiria os receios que adeptos de uma perspectiva fixada na dimensão interpessoal do conflito poderiam suscitar em relação ao caráter supraindividual atribuído à pena (Idem, ibidem, p. 90).

180. Idem, ibidem, p. 88.

violadora de uma norma proibitiva.[181] A teoria *jakobsiana* desconsideraria o sujeito passivo ao ignorar que a vítima e a coletividade teriam interesses distintos em relação à confirmação da norma.[182] A pena simbolizaria uma contradição ao significado do delito, objetivando preservar a força orientadora, restabelecer a validade e evitar o enfraquecimento da norma questionada por tal conduta.[183] Por impor um ônus ao infrator, a pena também seria um alicerce cognitivo das expectativas normativas frustradas pelo delito.[184] A formulação ignoraria que a vítima e os demais membros do convívio social teriam perspectivas distintas quanto à frustração de expectativas normativas por um crime. A experiência pessoal do delito faria com que o indivíduo vitimado tivesse necessidades e demandas, inclusive penais, mais concretas do que as difusas expectativas da coletividade em relação à punição do infrator.[185] Por exemplo, seria razoável pressupor que uma pena condizente com os interesses da vítima visaria reverter os efeitos nocivos da vivência do delito e restabelecer a confiança na norma ao sujeito passivo.[186]

Ademais, duas ponderações poderiam ser feitas sobre a colocação

181. JAKOBS, Günther. *Norm, Person, Gesellschaft: Vorüberlegungen zu einer Rechtsphilosophie*, op. cit., p. 52 e 113; Idem. *Staatliche Strafe: Bedeutung und Zweck*, op. cit., p. 31 e 32.

182. SAUTNER, Lyane. *Opferinteressen und Strafrechtstheorien: Zugleich ein Beitrag zum restorativen Umgang mit Straftaten*, op. cit., p. 53, 54 e 56; KILCHLING, Michael. *Opferschutz und der Strafanspruch des Staates – Ein Widerspruch?*, op. cit., p. 59.

183. JAKOBS, Günther. *System der strafrechtlichen Zurechnung*, op. cit., p. 15; Idem. *Norm, Person, Gesellschaft: Vorüberlegungen zu einer Rechtsphilosophie*, op. cit., p. 111 a 116; Idem. *Staatliche Strafe: Bedeutung und Zweck*, op. cit., p. 29.

184. Idem, ibidem, p. 15; Idem, ibidem, p. 113 a 116; Idem, ibidem, p. 29; Idem. *Strafrecht. Allgemeiner Teil: Die Grundlagen und die Zurechnungslehre*, op. cit., p. 32.

185. KILCHLING, Michael. *Opferschutz und der Strafanspruch des Staates - Ein Widerspruch?*, op. cit., p. 59.

186. Idem, ibidem, p. 59; O reestabelecimento da confiança na norma ao sujeito passivo seria o terceiro aspecto da abordagem teórica que Michael Kilchling designa como "prevenção voltada para a reintegração da vítima" (*Reintegration des Opfers ausgerichtete Prävention*). O primeiro aspecto seria evitar que a vítima sofra os ônus associados à persecução penal de seu algoz e garantir a compensação pelo ocorrido. O segundo aspecto seria impedir a revitimização. O mencionado terceiro aspecto seria essencial para preservar a estabilidade normativa em relação ao sujeito passivo do delito, pois a desilusão com a norma e a frustração de sofrer um crime pode colocar a vítima em circunstâncias criminógenas (Idem, ibidem, p. 59).

da vítima nas teorias desse grupo. Primeira, o fato de um indivíduo ser concretamente afetado por um crime apenas assinalaria a necessidade de confirmar a norma ou a indissolubilidade do vínculo entre cumprir o dever de lealdade e desfrutar da própria liberdade, às custas do infrator-cidadão.[187] Segunda, o sujeito passivo seria apenas um dos critérios para mensurar a afronta da norma ou ilícito de cidadão implicado pela conduta do infrator e nortear a aplicação da pena.[188] Em contrapartida, o "beneficio" proporcionado à vítima seria a salvaguarda das condições que possibilitam a interação social ou reforço da situação em que as liberdades jurídicas podem ser distribuídas e usufruídas pelos cidadãos.[189]

Uma fundamentação da pena baseada em abstrações conceituais e alheia ao indivíduo diretamente afetado pelo crime seria especialmente criticável em relação aos delitos interpessoais, pois a conduta do infrator primariamente consistiria em uma violação aos direitos da vítima.[190] Inclusive, cabe refletir sobre as implicações de um indivíduo vitimado por um crime grave tomar ciência da própria "irrelevância"

187. JAKOBS, Günther. *Staatliche Strafe: Bedeutung und Zweck*, op. cit., p. 32; PAWLIK, Michael. *Person, Subjekt, Bürger: Zur Legitimation von Strafe*, op. cit., p. 90 e 91.

188. Idem, ibidem, p. 32; Idem, ibidem, p. 92.

189. JAKOBS, Günther. *Norm, Person, Gesellschaft: Vorüberlegungen zu einer Rechtsphilosophie*, op. cit., p. 133; Idem. *Strafrecht. Allgemeiner Teil: Die Grundlagen und die Zurechnungslehre*, op. cit., p. 13; PAWLIK, Michael. *Person, Subjekt, Bürger: Zur Legitimation von Strafe*, op. cit., p. 57; Considerando o teor deste parágrafo, pode perceber-se que, de uma maneira semelhante àquela vista nas teorias de prevenção geral positiva, a "instrumentalização implícita" da vítima também ocorreria nas propostas de Günther Jakobs e Michael Pawlik. Afinal, nestas formulações, também seria razoável entender que, como uma decorrência lógica, ainda que não intencional, das premissas teóricas adotadas, a vítima é implicitamente instrumentalizada, pois, apesar de contribuir para o fortalecimento da validade da norma (isto é, a finalidade da pena na teoria *jakobsiana*) ou o reforço de um Estado de Respeito Mútuo, no qual os cidadãos podem desfrutar das liberdades individuais (isto é, a finalidade da pena na teoria *pawlikiana*), tal indivíduo seria desconsiderado enquanto um sujeito de interesses especificamente relacionados ao crime vivenciado. Contudo, diferente das referidas formulações preventivas, a vítima não seria "implicitamente instrumentalizada" em prol de um benefício coletivo, futuro e incerto. Nas teorias desse grupo, a vítima seria "implicitamente instrumentalizada" em prol de uma abstrata concepção de coletividade, a qual, supostamente, seria beneficiada pela salvaguarda da validade das normas ou pelo reforço da condição em que as liberdades individuais podem ser desfrutadas.

190. HÖRNLE, Tatjana. *Gegenwärtige Strafbegründungstheorie: Die herkömmliche deutsche Diskussion*, op. cit., p. 24.

para a fundamentação da pena imposta ao algoz. Apesar de pautada por fatores subjetivos, a predição de esse indivíduo ser acometido por uma sensação de descontentamento e insignificância não soa disparatada ou desarrazoada.

2.2.2. Segundo grupo

Essas teorias estariam coadunadas com uma tradição filosófica deontológica. O destinatário principal da pena seria um indivíduo, o infrator. As formulações integrantes desse grupo seriam expressivo-comunicativas e teriam a censura como função da pena. Pode exemplificar-se esse grupo com as formulações de Igor Primoratz, Andreas von Hirsch, Christopher Bennett e Tobias Zürcher.

2.2.2.a. Igor Primoratz

Trata-se de uma proposta que pressupõe a diferenciação entre dois tipos de expressivismo penal, um extrínseco e outro intrínseco.[191] O primeiro tomaria a pena como um meio para um fim e elencaria que os efeitos sociais imediatos são os mais relevantes dentre aqueles proporcionados pela punição do infrator.[192] O expressivismo extrínseco implicaria uma lógica criticável, pois possibilitaria justificar resultados moralmente questionáveis unicamente com base nos efeitos sociais da pena.[193] Por exemplo, aceitar a punição de um inocente ou fingir a punição de um culpado.[194]

O expressivismo intrínseco seria um aprimoramento da perspectiva que toma a pena como uma expressão da enfática condenação

191. PRIMORATZ, Igor. *Punishment as Language*, op. cit., p. 196 e 201; A teoria foi primeiramente exposta no seguinte artigo: Idem. *The Middle Way in the Philosophy of Punishment*. In GAVINSON, Ruth. (Ed.). *Issues in Contemporary Legal Philosophy: The Influence of H. L. A. Hart*. Oxford: Oxford University Press, 1987, p. 193 a 221; Essa formulação continuou a ser desenvolvida em: Idem. *Punishment as Language*, op. cit., p. 187 a 205.

192. Idem, ibidem, p. 194; Para Igor Primoratz, o expressivismo de Émile Durkheim, James Fitzjames Stephen, Alfred Cyril Ewing e Jean Hampton seria enquadrado nesse tipo. Ademais, ressalta-se que a crítica de Igor Primoratz ao expressivismo de Jean Hampton é baseada em uma obra publicada pela autora em 1984. As demais obras de Jean Hampton não são referidas (Idem, ibidem, p. 187 a 195).

193. Idem, ibidem, p. 196.

194. Idem, ibidem, p. 196.

moral que a sociedade relega ao crime.[195] A proposta sustenta que a *"pena (...) não precisa servir a um propósito externo e ser justificada em termos do seu valor instrumental, porque ela é intrinsecamente apropriada, justificada e demandada"*.[196] O entendimento e a fundamentação da pena deixariam de ser pautados por uma abordagem preventivo-criminal e passariam a ser inteiramente baseados no passado.[197] A futura redução da delinquência ainda seria desejada, porém não seria algo inerente à punição do infrator, ou seja, a eventual constatação de ineficiência preventivo-criminal não comprometeria a legitimidade da pena. A pena seria a reação necessária para afrontar o crime, pois expressaria a condenação moral da sociedade e asseguraria os três elementos elencados como inerentes ao ato punitivo: vindicação da lei, reafirmação do direito e demonstração da conduta do infrator como um crime.[198]

O fato de a condenação moral ser normalmente exteriorizada por palavras suscita questionar a possibilidade de uma solene declaração pública substituir a pena.[199] A "normalidade" da expressão oral não comprometeria a convencionalidade de outros meios empregados para manifestar a reprovação de condutas impróprias.[200] Acrescenta-se que as condutas criminosas seriam substancialmente diferentes de outras transgressões e uma simples condenação verbal dificilmente alcançaria o destinatário imediato, isto é, o infrator, ou seria entendida da forma esperada,[201] pois *"muitos criminosos são alheios a meras palavras (...) e não se importam com os padrões sociais; caso contrário, eles não estariam cometendo crimes"*.[202] A pena garantiria que os destinatários da condenação moral realmente sejam alcançados e entendam tal signifi-

195. Idem, ibidem, p. 201.

196. Idem, ibidem, p. 196.

197. Idem, ibidem, p. 198.

198. Idem, ibidem, p. 198 a 200.

199. Idem, ibidem, p. 198; Igor Primoratz ressalta o questionamento de H. L. A. Hart sobre a necessidade de expressar a condenação com uma pena: *"a "forma normal"* de expressar condenação moral é através de palavras (...) por que uma solene declaração pública de desaprovação não seria o meio mais *"apropriado"* ou *"enfático"* de expressar isso (...)?" (Idem, ibidem, p. 198).

200. Idem, ibidem, p. 198 e 199.

201. Idem, ibidem, p. 199 e 200.

202. Idem, ibidem, p. 199 e 200.

cado.[203] Apesar de o infrator aparentar ser o principal destinatário, o conteúdo expresso pela pena também seria direcionado à sociedade e à vítima, as quais poderiam perceber uma condenação meramente verbal como inconvincente.[204] A reprovação deve ser expressa de forma proporcional ao crime e uma mensagem oral seria insuficiente para tal propósito, pois uma reação que visa demonstrar o caráter delituoso de uma conduta, reafirmar o direito infringido e vindicar a lei violada, deve ser proporcional ao ato cometido pelo agente.

O expressivismo intrínseco poderia responder satisfatoriamente aos dilemas morais suscetíveis de ocorrer na contraparte "extrínseca".[205] Uma pena apropriada como condenação moral deve ser honesta, justa, merecida e percebida de tal forma por todos os envolvidos no processo punitivo. Punir um inocente ou fingir penalizar um culpado com um intuito expressivo-instrumental seria moralmente falho em dois pontos cruciais: a manifestação de condenação estaria "poluída" na própria fonte e já estaria irreparavelmente maculada perante o indivíduo que a sofre, ou deixa de sofrer, sem merecer.[206] A constatação permitiria traçar uma analogia entre o expressivismo extrínseco e as abordagens utilitaristas da pena e entre o expressivismo intrínseco e o retributivismo penal.[207]

2.2.2.b. Andreas von Hirsch

A teoria propõe uma superação do embate entre as duas tradições filosóficas predominantes no debate teórico-penal, pois sustenta que a punição de um infrator deve ser fundamentada na valoração ética do fato ocorrido e nas consequências do ato punitivo aplicado.[208] A teoria

203. Idem, ibidem, p. 200.

204. Idem, ibidem, p. 200; Vide consideração na Apreciação Crítica desse grupo teórico.

205. Idem, ibidem, p. 201.

206. Idem, ibidem, p. 201 e 202.

207. Idem, ibidem, p. 202.

208. VON HIRSCH. Andreas. *Warum soll die Strafsanktion existieren? Tadel und Prävention als Elemente einer Rechtfertigung*, op. cit., p. 43 e 44; Adota-se uma postura crítica em relação aos modelos teóricos "puristas". As propostas exclusivamente retributivistas ("absolutas") teriam o costume de recorrer à explicações metafóricas e obscuras, sem apresentar uma fundamentação apropriada para a intervenção penal estatal. As formulações unicamente consequencialistas ("relativas") restringiriam a aplicação do

dispõe que o ato punitivo deveria ser fundamentado no binômio de censura e prevenção criminal, ou seja, ter um elemento deontológico e outro consequencialista.[209] A pena expressaria censura através da inflicção de um mal ao infrator.[210] A censura penal seria o elemento principal, pois estabeleceria uma comunicação moral crítica com os infratores[211] sobre a ilicitude da conduta incorrida.[212] O elemento secundário seria a inflicção de um mal ao infrator, cuja função não seria unicamente expressar censura, mas também acrescentar um aspecto preventivo ao ato punitivo.[213]

A censura penal serviria como um apelo ao público e atestaria que certa conduta deve ser evitada em virtude de ser ilícita.[214] O estigma

"Princípio da Culpabilidade" (*Schuldprinzip*) no Direito Penal material, do "Princípio da Proporcionalidade pelo Fato" (*Prinzip der Tatproportionalität*) na mensuração da pena e tratariam o infrator como um agente incapaz de reflexões morais (Idem, ibidem, p. 46 a 49 e 65).

209. Idem, ibidem, p. 43 e 44; SIMESTER, Andrew. VON HIRSCH, Andreas. *Crimes, Harms, and Wrongs: On the Principles of Criminalisation*, op. cit., p. 5; Em inglês, essa teoria foi exposta e desenvolvida nas seguintes obras: SIMESTER, Andrew. VON HIRSCH, Andreas. *Crimes, Harms, and Wrongs: On the Principles of Criminalisation*, op. cit., Capítulo 1; VON HIRSCH. Andrew. ASHWORTH. Andrew. *Proportionate Sentencing: Exploring the Principles. Oxford: Oxford University of Press, 2005, Capítulo 2; VON HIRSCH, Andrew. Censure and Sanctions*, op. cit., Capítulo 2; A teoria foi abordada em alemão nos seguintes artigos: VON HIRSCH. Andreas. *Warum soll die Strafsanktion existieren? Tadel und Prävention als Elemente einer Rechtfertigung*, op. cit., p. 43 a 68; HÖRNLE, Tatjana. VON HIRSCH, Andrew. *Positive Generalprävention und Tadel*. In VON HIRSCH, Andrew. (Ed.). *Fairness, Verbrechen und Strafen: Strafrechtstheoretische Abhandlungen*. Berlim: Berliner Wissenschafts-Verlag, 2005, p. 19 a 39; VON HIRSCH. Andreas. *Die Existenz der Institution Strafe: Tadel und Prävention als Elemente einer Rechtfertigung*, op. cit., p. 41 a 66; HÖRNLE, Tatjana. VON HIRSCH, Andrew. *Positive Generalprävention und Tadel* (1998), op. cit., p. 83 a 100; Idem. *Tadel und Prävention: Die Übelzufügung als Elemente der Strafe*, op. cit., p. 101 a 107; Idem. *Positive Generalprävention und Tadel* (1995), op. cit., p. 261 a 282.

210. VON HIRSCH. Andreas. *Warum soll die Strafsanktion existieren? Tadel und Prävention als Elemente einer Rechtfertigung*, op. cit., p. 49.

211. Essa comunicação moral crítica seria estabelecida tanto com os "infratores de fato" quanto com os "infratores potenciais" (VON HIRSCH. Andreas. *Warum soll die Strafsanktion existieren? Tadel und Prävention als Elemente einer Rechtfertigung*, op. cit., p. 49).

212. Idem, ibidem, p. 50; SIMESTER, Andrew. VON HIRSCH, Andreas. *Crimes, Harms, and Wrongs: On the Principles of Criminalisation*, op. cit., p. 12.

213. Idem, ibidem, p. 44; Idem, ibidem, p. 5.

214. SIMESTER, Andrew. VON HIRSCH, Andreas. *Crimes, Harms, and Wrongs: On the Principles of Criminalisation*, op. cit., p. 11; O preceito parece semelhante a algumas teorias de prevenção geral, porém a mensagem expressa pela censura não é um

social seria um aspecto central da censura penal, pois implicaria na autoridade estatal emitir uma valoração pública e oficial sobre uma conduta e atribuir um status negativo ao individuo que a praticou.[215] A censura penal teria uma função moral, pois a possibilidade de reagir a uma conduta ilícita com reprovação faria parte de uma concepção moral em que os indivíduos são tidos como responsáveis pelos próprios atos.[216] A referida função moral poderia ser relacionada aos sujeitos ativo e passivo do delito.[217] A censura penal expressaria o reconhecimento da condição de vítima, pois atestaria que o sujeito passivo não foi acometido por um mero infortúnio, mas por uma conduta ilícita e imputável a um terceiro.[218] Uma mera manifestação de compaixão pelo indivíduo que sofreu um infortúnio bastaria para eventos causados por fatos aleatórios,[219] porém seria insuficiente

incentivo à obediência legal posto por uma ameaça punitiva, pois consiste em um apelo direcionado aos cidadãos, os quais são tratados como indivíduos capazes de exercer considerações morais e entender o caráter ilícito da conduta. Um resultado de prevenção geral positiva decorrente de tal mensagem seria apenas um efeito colateral (VON HIRSCH. Andreas. *Warum soll die Strafsanktion existieren? Tadel und Prävention als Elemente einer Rechtfertigung*, op. cit., p. 51 e 52).

215. SIMESTER, Andrew. VON HIRSCH, Andreas. *Crimes, Harms, and Wrongs: On the Principles of Criminalisation*, op. cit., p. 13 e 14; VON HIRSCH. Andreas. *Warum soll die Strafsanktion existieren? Tadel und Prävention als Elemente einer Rechtfertigung*, op. cit., p. 50; Por exemplo, uma pena pecuniária e um imposto igualmente afetam o interesse financeiro de um agente, porém a primeira é mais que uma mera restrição patrimonial, pois contém uma reprovação da conduta incorrida e atribui o estigma de ser condenado como um criminoso. A rotulação de alguém como "criminoso" importa toda a ressonância e significado social desse termo, o qual é bem mais grave que atribuir a esse indivíduo o cometimento de um "ilícito advindo de uma infração cível" (*Tort*). Nesse aspecto, a condenação e a censura penal podem afetar drasticamente a participação do infrator na sociedade (Idem, ibidem, p. 5; Idem, ibidem, p. 50).

216. VON HIRSCH. Andreas. *Warum soll die Strafsanktion existieren? Tadel und Prävention als Elemente einer Rechtfertigung*, op. cit., p. 50; VON HIRSCH, Andrew. *Censure and Sanctions*, op. cit., p. 9; As propostas de Peter Frederick Strawson sobre a função moral da censura tiveram uma notável influência sobre essa teoria da pena (STRAWSON, Peter Frederick. *Freedom and Resentment*. In STRAWSON, Peter Frederick (Ed.). *Freedom and Resentment and Other Essays*. Londres: Methuen Publishing Ltd., 1974, p. 1).

217. VON HIRSCH. Andreas. *Warum soll die Strafsanktion existieren? Tadel und Prävention als Elemente einer Rechtfertigung*, op. cit., p. 50; VON HIRSCH, Andrew. *Censure and Sanctions*, op. cit., p. 10.

218. Idem, ibidem, p. 50; Idem, ibidem, p. 10.

219. Por exemplo, pessoas "vitimadas" por catástrofes naturais (VON HIRSCH, Andreas. *Review of Nils Christie "Limits to Pain"*. In *Crime and Delinquency*, Vol. 28, 1982, p. 315 a 318; CHRISTIE, Nils. *Limits to Pain*. Oslo: Universitetsforlaget, 1981).

para lidar com alguém vitimado por um crime.[220] A censura penal também seria uma forma de estabelecer uma comunicação moral com o sujeito ativo do delito, pois proporcionaria uma mensagem crítico-normativa sobre a conduta incorrida e trataria o infrator como um agente capaz de agir e refletir moralmente.[221] Uma pena desprovida de um intento expressivo seria análoga a uma técnica de intimidação ou adestramento de animais.[222] A incidência do ato punitivo sobre o infrator seria apenas externa, pois a censura visaria proporcionar uma introspecção sobre o crime, porém não almejaria provocar uma determinada reação no apenado.[223] A censura penal expressaria um juízo normativo facilmente inteligível sobre a ilicitude da conduta e seria justificada em virtude de ser eticamente adequada, pois abordaria o infrator e os demais cidadãos como agentes moralmente capazes.[224]

O conteúdo expresso pela censura penal não seria limitado a desaprovação de uma violação à norma jurídica, pois seria direcionado à "substância da ilicitude" (*Substanz des Unrechtmäßigen*) da conduta incorrida pelo agente.[225] A censura penal também reforçaria a fundamentação do Princípio da Culpabilidade, pois a ausência de

220. VON HIRSCH. Andreas. *Warum soll die Strafsanktion existieren? Tadel und Prävention als Elemente einer Rechtfertigung*, op. cit., p. 50; VON HIRSCH, Andrew. *Censure and Sanctions*, op. cit., p. 10.

221. Idem, ibidem, p. 50 e 51; Idem, ibidem, p. 10.

222. VON HIRSCH. Andreas. *Warum soll die Strafsanktion existieren? Tadel und Prävention als Elemente einer Rechtfertigung*, op. cit., , p. 51.

223. Idem, ibidem, p. 51; A censura não visa induzir nenhuma reação específica, pois a formulação de Andreas von Hirsch não propõe uma "teoria da penitência", tal como aquela desenvolvida por Antony Duff (Idem, ibidem, p. 51; VON HIRSCH, Andrew. *Censure and Sanctions*, op. cit., p. 10).

224. VON HIRSCH. Andreas. *Warum soll die Strafsanktion existieren? Tadel und Prävention als Elemente einer Rechtfertigung*, op. cit., p. 51 e 52; O conceito de censura seria orientado pela culpa do agente e já integraria o discurso moral atual, porém não recorreria a imprecisas metáforas sobre a reafirmação do ordenamento moral ou jurídico, tal como as formulações retributivistas (Idem, ibidem, p. 52).

225. Idem, ibidem, p. 52 e 53; Esse modelo também teria uma função crítica, pois somente justificaria a criminalização de condutas censuráveis, ou seja, crimes cujo núcleo do tipo penal pode ser caracterizado como tal. Por exemplo, uma lesão dolosa cometida contra alguém (roubo ou agressão), a criação de um risco injustificável de lesionar alguém (dirigir sob efeito de substância entorpecente) ou a violação de deveres comunitários fundamentais (evasão fiscal). Essa proposição abre espaço para a descriminalização de condutas que não sejam mais consideradas como repreensíveis (Idem, ibidem, p. 52 e 53).

culpa afastaria a necessidade de expressar censura em relação ao cometimento de certa conduta.[226] A censura realçaria ao Princípio da Proporcionalidade pelo Fato, pois o rigor da pena refletiria o grau de censura merecido pelo cometimento de certa conduta.[227]

A censura penal seria expressa pela imposição de uma privação ao infrator.[228] O elemento secundário dessa formulação teórica seria pautado por reflexões sobre as funções de censura e prevenção criminal da pena.[229] O fundamento para infligir um mal sobre alguém seria derivado da censura penal, pois um reproche meramente verbal ou simbólico seria insuficiente para expressar a seriedade da reprovação que recai sobre a conduta do agente.[230] Uma demonstração de reprovação que seja crível e coadunada com os padrões morais das modernas sociedades ocidentais pressupõe a imposição de uma privação ao infrator.[231] Além de expressar censura sobre a conduta do agente, a pena teria uma manifesta função de desencorajar infratores potenciais.[232] Ao redigir um novo tipo penal, o Estado prescreveria uma ameaça legal para uma conduta, pois estabeleceria que certa forma de agir é proibida e que os transgressores de tal vedação serão punidos.[233] Essa ameaça legal explicitamente desencorajaria os indivíduos a incorrerem na conduta proscrita.[234] A inflicção de um

226. Idem, ibidem, p. 53.

227. Idem, ibidem, p. 53 e 54; A pena seria determinada pela gravidade do delito em decorrência de haver um vínculo entre a "medida da pena" (*Strafmaß*) e a censura penal (Idem, ibidem, p. 54).

228. Idem, ibidem, p. 53 e 54.

229. Idem, ibidem, p. 53 e 54.

230. Idem, ibidem, p. 53 e 54; KLEINIG, John. *Punishment and Moral Seriousness*. op. cit., p. 401 a 405.

231. VON HIRSCH. Andreas. *Warum soll die Strafsanktion existieren? Tadel und Prävention als Elemente einer Rechtfertigung*, op. cit., p. 54; As sociedades em que existe uma instância ou figura superior, tal como um "alto-sacerdote" (*Hohepriester*), apta a proferir uma reprovação moral suficientemente contumaz prescindiriam de ter que infligir um mal ao transgressor (Idem, ibidem, p. 54 e 55).

232. Idem, ibidem, p. 55.

233. Idem, ibidem, p. 55; VON HIRSCH, Andrew. *Censure and Sanctions*, op. cit., p. 12.

234. Idem, ibidem, p. 55; Idem, ibidem, p. 12; Essa ideia reconduziria ao tópico da prevenção geral negativa e a pena. Apesar de as formulações teóricas unicamente baseadas na dissuasão tratarem infratores potenciais como agentes incapazes de agir moralmente, uma concepção punitiva baseada na censura penal não excluiria a possibi-

mal teria uma função preventiva, pois proporcionaria uma "razão prudencial" (*prudential reason*) para todos evitarem o cometimento de delitos.[235] A pena expressaria censura através da inflicção de um mal, ou seja, manifestaria reprovação moral através de um meio que fornece um motivo adicional para os indivíduos não delinquirem.[236] O ato punitivo congregaria uma função de censura e outra preventiva, pois expressaria reprovação moral em relação ao crime e desencorajaria o futuro cometimento de tal conduta.[237] A censura penal seria o fundamento para a inflicção de um mal ao infrator, isto é, o elemento consequencialista estaria subsumido ao deontológico.[238]

lidade de desencorajar indivíduos através do ato punitivo. Além disso, deve ressaltar-se que o termo "desencorajar" (*entmutigen*) não implicaria uma submissão ao comando legal motivada pelo temor do mal infligido pela pena, ou seja, não seria um sinônimo do verbo "dissuadir" (*abschrecken*) (VON HIRSCH. Andreas. *Warum soll die Strafsanktion existieren? Tadel und Prävention als Elemente einer Rechtfertigung*, op. cit., p. 55 e 56).

235. VON HIRSCH. Andreas. *Warum soll die Strafsanktion existieren? Tadel und Prävention als Elemente einer Rechtfertigung*, op. cit., p. 55; VON HIRSCH, Andrew. *Censure and Sanctions*, op. cit., p. 12; SIMESTER, Andrew. VON HIRSCH, Andreas. *Crimes, Harms, and Wrongs: On the Principles of Criminalisation*, op. cit., p. 14; A razão prudencial estaria relacionada à razão normativa expressa pela censura penal (VON HIRSCH. Andreas. *Warum soll die Strafsanktion existieren? Tadel und Prävention als Elemente einer Rechtfertigung*, op. cit., p. 55).

236. VON HIRSCH. Andreas. *Warum soll die Strafsanktion existieren? Tadel und Prävention als Elemente einer Rechtfertigung*, op. cit., p. 55; Esse argumento toma os Seres Humanos como moralmente capazes de responder aos apelos normativos, porém não ignora a falibilidade humana, pois os indivíduos também são suscetíveis a ignorar tais rogativas. A concepção de natureza humana exposta requer um modelo punitivo que considere a capacidade individual de refletir e decidir moralmente e também sirva para desencorajar eventuais propensões ao cometimento de condutas proscritas (Idem, ibidem, p. 56; SIMESTER, Andrew. VON HIRSCH, Andreas. *Crimes, Harms, and Wrongs: On the Principles of Criminalisation*, op. cit., p. 14 e 15).

237. VON HIRSCH. Andreas. *Warum soll die Strafsanktion existieren? Tadel und Prävention als Elemente einer Rechtfertigung*, op. cit., p. 56 e 57.

238. Idem, ibidem, p. 57; Essa concepção penal possibilita abdicar de uma prática punitiva desnecessária para promover a prevenção criminal. Por exemplo, em uma sociedade notabilizada pela baixa incidência de crimes graves em virtude de um elevado desenvolvimento socioeconômico, a aplicação de sanções sociais informais e regulamentações cíveis seriam suficientes para controlar a incidência criminal. Um dos elementos da pena, a inflicção de um mal, perderia seu propósito. Essa sociedade poderia manter uma forma oficial de expressar a desaprovação de determinadas condutas, porém a pena, isto é, a expressão de censura através da inflicção de um mal, seria desnecessária (Idem, ibidem, p. 58; SIMESTER, Andrew. VON HIRSCH, Andreas. *Crimes, Harms, and Wrongs: On the Principles of Criminalisation*, op. cit., p. 15; VON HIRSCH, Andrew. *Censure and Sanctions*, op. cit., p. 14).

A conexão entre a censura e a inflicção de um mal seria importante para fundamentar o Princípio da Culpabilidade e também demonstrar que a inclusão de elementos preventivos não comprometeria a aplicação de tal princípio, tal como nas formulações exclusivamente consequencialistas.[239] A prevenção criminal estaria relacionada à inflicção de um mal, cuja função primária seria expressar a censura em relação ao crime.[240] A censura penal somente seria justificada se o apenado efetivamente tiver delinquido.[241] O elemento preventivo estaria condicionado a uma censura justa e apropriada à conduta do agente.[242] O Princípio da Proporcionalidade pelo Fato também seria aplicável, pois a pena implicaria infligir ao infrator um mal que expresse o grau de desaprovação da conduta incorrida, ou seja, a intensidade do ônus punitivo refletiria a gravidade do delito.[243]

2.2.2.c. Christopher Bennett

Trata-se de uma teoria retributiva, na qual a finalidade da pena seria condenar "ilícitos morais" (*moral wrongs*) ao invés de tentar propiciar benefícios sociais posteriores.[244] A teoria seria baseada em três argumentos, o Ritual de Desculpa, a Penitência e o Direito a Ser Punido.[245]

O argumento do Ritual de Desculpa estabelece que um Estado

239. VON HIRSCH. Andreas. *Warum soll die Strafsanktion existieren? Tadel und Prävention als Elemente einer Rechtfertigung*, op. cit., p. 57 a 59; SIMESTER, Andrew. VON HIRSCH, Andreas. *Crimes, Harms, and Wrongs: On the Principles of Criminalisation*, op. cit., p. 8, 9 e 15; VON HIRSCH, Andrew. *Censure and Sanctions*, op. cit., p. 13 e 14.

240. VON HIRSCH. Andreas. *Warum soll die Strafsanktion existieren? Tadel und Prävention als Elemente einer Rechtfertigung*, op. cit., p. 59; VON HIRSCH, Andrew. *Censure and Sanctions*, op. cit., p. 13 e 14.

241. Idem, ibidem, p. 59; Idem, ibidem, p. 13 e 14.

242. Idem, ibidem, p. 59; Idem, ibidem, p. 13 e 14.

243. Idem, ibidem, p. 59; Idem, ibidem, p. 15.

244. BENNETT, Christopher. *Précis of The Apology Ritual*. In *Teorema*, Vol. XXXI/2, 2012, p. 74; A teoria foi primeiramente proposta pelo autor na seguinte obra: BENNETT, Christopher. *The Apology Ritual: A Philosophical Theory of Punishment*. Cambridge: Cambridge University Press, 2008. Essa abordagem utilizou uma versão mais recente da proposta: Idem. *Précis of The Apology Ritual*, op. cit., p. 73 a 83.

245. Idem. *Précis of The Apology Ritual*, op. cit., p. 74.

decente necessitaria de uma instituição reprobatória.[246] A instituição deve ser retributiva ao infligir um mal sobre um agente e ao fundamentar a imposição desse ônus na necessidade de lidar seriamente com transgressões. O tradicional preceito retributivo que baseia a pena no ultraje provocado pelo crime não seria utilizado nessa formulação. O argumento pressupõe que o delinquente interessado em responder apropriadamente deve assumir encargos como uma forma de reparar o crime cometido.

Uma forma de fundamentar a punição de infratores seria mostrar que a pena pode ser uma ideia desagradável, porém também é parte de algo incontroversamente positivo.[247] A ponderação conduziria ao argumento de que um tratamento sério e apropriado de delitos necessariamente envolveria a pena. O consenso amplamente estabelecido dispõe que uma abordagem séria de condutas proscritas é um importante objetivo estatal. A pena seria fundamentada na necessidade de lidar com delitos com a seriedade apropriada e omiti-la poderia ser entendido como uma tolerância com a delinquência.

Uma sociedade decente não toleraria a realização de certos malefícios contra os próprios cidadãos.[248] Essa sociedade seria organizada segundo valores que não estariam restritos à vida dos cidadãos, mas também ao ambiente, instituições sociais e as gerações vindouras. Os cidadãos que compõem a sociedade seriam aqueles que devem promover e respeitar esses valores, ou seja, as condutas nocivas ao esforço de promover tais valores deveriam ser proibidas. O raciocínio conclui pela necessidade de atribuir aos cidadãos a responsabilidade de não agir em contradição aos valores estimados pela sociedade. A inércia da sociedade em salientar que certas condutas são proscritas ou intoleráveis entravaria a difusão de uma perspectiva que toma as responsabilidades atribuídas aos cidadãos como vinculantes.

Percebe-se que deve haver uma instituição para expressar a censura em relação às condutas contrárias aos valores ostentados pela sociedade.[249] Essa constatação também suscitaria o questio-

246. Idem, ibidem, p. 74.
247. Idem, ibidem, p. 75.
248. Idem, ibidem, p. 76.
249. Idem, ibidem, p. 76.

namento sobre a necessidade de punir para censurar. Inicia-se a resposta dessa indagação constatando que um ato condenatório deve ser simbolicamente adequado, ou seja, assumir uma forma que tenha um significado de condenação. A abordagem focaria na reação do agente que seria apropriada ao crime, tal como a "auto-culpa" (*self--blame*).[250] O infrator propriamente arrependido teria a motivação de corrigir o próprio malfeito. Essa constatação aduziria ao simbolismo para expressar a condenação de uma forma proporcional. Impor ao agente a realização de reparações expressaria a condenação de uma forma simbolicamente adequada. Condena-se um crime como sendo de certa gravidade ao expressar como o infrator deveria sentir-se por tê-lo cometido. O sucesso da empreitada punitiva não dependeria de o infrator realizar tais reparações por livre e espontânea vontade, pois o papel do Estado seria apenas expressar censura. O fato de o agente não ter adotado a motivação apropriada não eximiria o Estado de censurá-lo pelo crime cometido.

Caso o Ritual de Desculpa almejasse uma pena meramente comunicadora da reprovação oficial sobre certa conduta, o Estado empregaria qualquer símbolo popularmente usado para demonstrar repúdio.[251] O Ritual da Desculpa ambiciona mais do que uma mera comunicação e sustenta que a não condenação de delitos[252] implicaria na aquiescência de tais condutas.[253] Os símbolos condenatórios não poderiam ser somente os usados pelo povo, pois também deveriam incluir aqueles que efetivamente dissociam os indivíduos de uma conduta proscrita.[254] A Penitência seria uma escolha promissora, conforme já teria sido demonstrado por aqueles que aceitaram tal empreitada. Os indivíduos "penitentes" teriam percebido a experiência como uma forma de dissociar-se das condutas previamente incorridas.

O argumento da Penitência é necessário para explicar o porquê de "reparações penitenciais" (*penitential amends*) proporcionais ao ato praticado serem uma resposta apropriada ao delito.[255] O argumento

250. Idem, ibidem, p. 77.
251. Idem, ibidem, p. 77.
252. Sobretudo, os crimes de maior gravidade (Idem, ibidem, p. 77).
253. Idem, ibidem, p. 77 e 78.
254. Idem, ibidem, p. 78.
255. Idem, ibidem, p. 74.

explica a necessidade de submeter infratores a um tratamento específico, cujo objeto é promover uma resposta que considera o agente e o crime de forma apropriadamente séria. Além disso, o argumento expõe que a demanda por uma penitência seria algo conveniente para o infrator.[256]

A penitência consistiria em um indivíduo retirar a própria "dignidade" (*goodwill*).[257] O infrator que retira a própria dignidade estaria reagindo de maneira apropriada ao crime cometido.[258] A penitência seria uma internalização dessa reação e demonstraria que o agente aceita ser responsabilizado pelo próprio ato. Essa perspectiva seria embasada pela presunção de que as relações sociais têm valor por fazerem a vida boa e vantajosa e são parcialmente estruturadas na sujeição a certas responsabilidades. A observância de padrões de responsabilidade seria um fator constitutivo para certos relacionamentos. A violação de tais padrões tornaria incerta a subsistência de tal interação. Um determinado relacionamento poderia ser aferido pela existência de "marcas de reconhecimento" (*marks of recognition*), isto é, formas distintas de tratamento entre os indivíduos. Indaga-se sobre o proceder adequado na eventualidade desses padrões serem violados.[259] A intuição retributiva básica seria não permanecer em bons termos com a pessoa que incorreu na violação, pois agir de forma contrária implicaria compactuar ou aquiescer com tal conduta.[260] Os padrões do relacionamento seriam alterados até o agente admitir a falha com as próprias responsabilidades e a reprovação moral da transgressão seria essencialmente expressa pela retirada (parcial e temporária) das marcas de reconhecimento anteriormente atribuídas ao infrator.[261]

256. Idem, ibidem, p. 75; O fato de a penitência ser favorável ao infrator requer uma especificação e defesa de certa concepção de identidade e responsabilidade (Idem, ibidem, p. 75).

257. Idem, ibidem, p. 78; O termo inglês originalmente usado pelo autor é "boa-vontade" (*goodwill*). A utilização do termo "dignidade" seria mais fidedigna ao sentido original. Por exemplo, Peter Königs usa o termo *"dignity"* ao invés de *"goodwill"* para abordar a teoria da pena elaborada por Christopher Bennet: KÖNIGS, Peter. *The Expressivist Account of Punishment, Retribution, and the Emotions*, op. cit., pg 1034.

258. BENNETT, *Christopher. Précis of The Apology Ritual*, op. cit., p. 78.

259. Idem, ibidem, p. 78 e 79.

260. Idem, ibidem, p. 79.

261. A conduta perante o individuo que viola as próprias responsabilidades em um relacionamento não seria uma comunicação orientada ao futuro, mas uma expressão

Um transgressor que aceite a reprovação expressa por outros removeria as próprias marcas de reconhecimento, pois sentiria impossível ter autorrespeito ou ser merecedor de um bom tratamento.[262] A condição experimentada por esse indivíduo seria exteriorizada pelo sentimento de culpa, o qual proporcionaria uma sensação de autoalienação ou autodeterioração. Um infrator moralmente culpado poderia se sentir compelido a aceitar uma penitência, pois não poderia estar em paz até ter lidado plenamente com o próprio malfeito. Esse argumento propõe que a imposição de reparações penitenciais seria uma simbolização adequada do penar que um malfeitor deve sentir. Um "infrator virtuoso" (*virtuous offender*) se sentiria compelido a empreender esforços na correção do próprio ato.

O argumento do Direito a Ser Punido sustenta que existe um dever da coletividade em considerar os infratores como responsáveis pelos próprios atos.[263] Essa prática é essencial para que esses indivíduos sejam tratados como capazes, independentes e inseridos em um relacionamento. As respostas retributivas seriam percebidas como uma maneira de levar o infrator a sério, pois tomar uma ação como um delito implicaria atribuí-la a um agente sobre o qual recaem demandas de conduta. O argumento da Penitência esclareceu que a responsabilização faria o criminoso ser visto como um membro de um relacionamento violado e que as respostas retributivas poderiam reinserir esse indivíduo no convívio comprometido pela transgressão. Essa constatação seria o fundamento de o último argumento aludir a um Direito a Ser Punido.

Indaga-se se uma resposta não retributiva frente ao malfeito cometido e o estabelecimento de um diálogo com o infrator, cujo

orientada ao passado. O objetivo almejado não seria comunicar ao infrator a reprovação da conduta incorrida. Caso fosse esse o objetivo, a questão seria contingente. Inclusive, caberia indagar se retirar as marcas de reconhecimento seria a forma mais apropriada para comunicar ao agente o repúdio pela conduta incorrida. Por outro lado, indagar se uma resposta pautada pela retirada das marcas de reconhecimento seria justa em face da gravidade do malfeito não consistiria em uma questão contingente. A colocação implica dizer que a "culpa" (*blame*) não seria essencialmente comunicativa, mas faria parte de um vasto âmbito de comportamentos expressivos, tais como pedir desculpas, demonstrar gratidão, lamentar, exibir alegria etc (Idem, ibidem, p. 79).

262. Idem, ibidem, p. 80.

263. Idem, ibidem, p. 75.

objetivo seria engajá-lo em considerações sobre o caráter errôneo do ato, não seria uma forma mais apropriada de inclusão em uma interação social.[264] A resposta dessa indagação implica traçar uma distinção entre dois tipos de agente: o primeiro é capaz de aprender e ajustar a própria conduta conforme o aprendizado; o segundo é um membro independentemente funcional de um relacionamento e é capaz de autonomamente reconhecer e agir conforme as próprias responsabilidades.[265] O primeiro seria incluído na categoria dos "aprendizes" (*apprentices*), pois seria capaz de aprender ao ser orientado. O segundo seria incluído na categoria dos "praticantes qualificados" (*qualified practitioners*), pois a expectativa razoável seria que esses indivíduos agissem de forma independente.

A distinção aduz que o simbolismo existente na retirada das marcas de reconhecimento seria apropriado para os praticantes qualificados, porém seria inapropriado para os aprendizes.[266] O simbolismo seria necessário para dialogar com o praticante qualificado, pois estabeleceria que cabe unicamente a esse indivíduo tomar as providências necessárias para reconhecer as próprias responsabilidades. O praticante qualificado que necessita de orientação deveria buscá-la por conta própria. O cometimento de um ilícito em virtude de não ter obtido a orientação necessária seria uma falha das responsabilidades atribuídas ao indivíduo designado como praticante qualificado. O argumento do Direito a Ser Punido pontua a importância do status de praticante qualificado no âmbito das interações sociais. O tratamento de praticante qualificado implicaria abordar um indivíduo como independente e capaz de reconhecer e atender as expectativas estabelecidas por um determinado relacionamento. Ser reconhecido com um praticante qualificado implica ter um maior espaço para liberdade, privacidade, individualidade e criatividade. A resposta apropriada à transgressão cometida por um praticante qualificado pressupõe retirar (parcial e temporariamente) as marcas de reconhecimento originalmente atribuídos a esse sujeito para evitar tolerar ou aquiescer com essa conduta.

264. Idem, ibidem, p. 81 e 82.
265. Idem, ibidem, p. 82.
266. Idem, ibidem, p. 82.

2.2.2.d. Tobias Zürcher

A pena seria fundamentada como uma "repreensão" (*Vorwurf*) de condutas que frustram expectativas e demandas básicas de indivíduos responsáveis integrantes de uma comunidade moral.[267] A responsabilidade individual seria concebível em duas acepções, causal e moral.[268] A primeira permite atribuir certo fato a um indivíduo, isto é, demonstrar que um resultado expressa a personalidade do agente. A segunda pressupõe que a conduta ocorre em um ambiente social e está sujeita a parâmetros impessoais, os quais permitem que terceiros nutram expectativas de respeito e consideração em relação à conduta de um indivíduo. A responsabilidade moral seria um conceito essencialmente social, pois os indivíduos que podem ter expectativas recíprocas formam juntos uma comunidade moral. Tratar alguém como responsável significa abordá-lo como um membro da comunidade moral, ou seja, exigir a observância e medir a conduta desse indivíduo segundo os padrões vigentes. O fato de poder agir moralmente, isto é, ser um "agente moral" (*moralische Akteur*), faz com que indivíduos sejam suscetíveis de ter responsabilidade e o status de "pessoa" (*Person*).[269]

A repreensão seria um dos pilares da experiência moral cotidiana e o núcleo moral da prática penal.[270] O ato de reprender seria uma "atitude reativa participante" (*teilnehmenden reaktiven Einstellung*),[271] a qual pode ser definida como a *"reação humana natural perante a boa vontade, má vontade ou indiferença de outros perante nós, tal como demonstrado em suas atitudes e ações"*.[272] Essas atitudes seriam aquelas adotadas nas relações cotidianas e dependeriam da percepção de um indivíduo sobre o outro.[273] O ressentimento seria uma atitude reativa e uma forma de repreender aquele que frustrou as demandas

267. ZÜRCHER, Tobias. *Legitimation von Strafe: Die expressiv-kommunikative Straftheorie zur moralischen Rechtfertigung von Strafe*, op. cit. p. 34 a 36, 81 a 83.

268. Idem, ibidem, p. 85.

269. Idem, ibidem, p. 86 e 87.

270. Idem, ibidem, p. 83.

271. Idem, ibidem, p. 95 e 96.

272. STRAWSON, Peter Frederick. *Freedom and Resentment*. In WATSON, Gary (Ed.). *Free Will*. Oxford: Oxford Publishing Press, 2003, p. 84; O termo alemão destacado foi traduzido do original em inglês "atitude reativa participante" (*participant reactive attitude*) (Idem, ibidem, p. 84).

273. ZÜRCHER, Tobias. *Legitimation von Strafe: Die expressiv-kommunikative Straftheorie zur moralischen Rechtfertigung von Strafe*, op. cit., p. 95 e 96.

e expectativas básicas de conduta, pois essa pessoa deveria ter agido segundo um grau razoável de boa vontade e consideração pelo outro.[274]

A repreensão não poderia ser entendida como um mero juízo sobre o caráter errôneo da conduta, pois também faria referência a um componente emocional.[275] As emoções implicadas seriam qualificadas como emoções morais, pois não poderiam ocorrer sem o referido juízo de desvalor.[276] Uma atitude reativa passaria a ser "participante" por demonstrar desrespeito pelos demais envolvidos, ou seja, consistir na expressão de uma interação moral.[277] A repreensão teria uma natureza relacional-comunicativa, pois não seria aplicável a um indivíduo em isolamento ou a alguém incapaz de entendê-la.[278] A capacidade de entendimento não seria uma questão de inteligência, mas de "motivabilidade" (*Motivierbarkeit*) segundo as demandas e expectativas básicas de conduta.[279]

As pessoas não teriam demandas e expectativas unicamente voltadas para a forma como são tratadas pelos demais membros do convívio social.[280] As expectativas e demandas básicas de conduta também seriam direcionadas a terceiros, pois seria possível conceber um indivíduo que reage com indignação moral perante uma conduta sofrida unicamente por outrem.[281] Essas reações seriam as "atitudes reativas vicariantes" (*stellvertretend reaktiven Einstellung*).[282] Nota-se

274. Idem, ibidem, p. 95 e 96; STRAWSON, Peter Frederick. *Freedom and Resentment*, op. cit., p. 80.

275. ZÜRCHER, Tobias. *Legitimation von Strafe: Die expressiv-kommunikative Straftheorie zur moralischen Rechtfertigung von Strafe*, op. cit., p. 96.

276. Idem, ibidem, p. 96.

277. Idem, ibidem, p. 96; SHER, George. *In Praise of Blame*. Oxford: Oxford University Press, 2006, p. 14.

278. ZÜRCHER, Tobias. *Legitimation von Strafe: Die expressiv-kommunikative Straftheorie zur moralischen Rechtfertigung von Strafe*, op. cit., p. 96; WALLACE, Jay. *The Argument from Resentment*. In *Proceedings of the Aristotelian Society*, Vol. 108, 2007, p. 303.

279. ZÜRCHER, Tobias. *Legitimation von Strafe: Die expressiv-kommunikative Straftheorie zur moralischen Rechtfertigung von Strafe*, op. cit., p. 97.

280. Idem, ibidem, p. 99; STRAWSON, Peter Frederick. *Freedom and Resentment*, op. cit., p. 84.

281. Idem, ibidem, p. 99; Idem, ibidem, p. 84.

282. Idem, ibidem, p. 99; Idem, ibidem, p. 84; O termo alemão destacado foi traduzido do original em inglês "vicária" (*vicarious*) (Idem, ibidem p. 84).

a existência de uma rede de atitudes reativas interconectando todos os membros de um convívio social.[283]

A repreensão dependeria da existência de uma moral.[284] Haveria uma estreita relação entre a aceitação de uma moral e a demanda pela observância de tal concepção. O fato de a moral ser relevante implicaria na repreensão por violá-la ser igualmente levada a serio. A comunidade moral seria primeiramente constituída através da existência de atitudes reativas. A reação perante o malfeito implicaria enxergar o opositor como um ser capaz de ter acesso aos fundamentos morais e apto a interpretar uma situação concreta como moralmente relevante. A indignação seria essencial para manter um senso de comunidade moral.[285] Uma análise sobre as práticas de repreensão indica que as atitudes reativas seriam a base das interações morais e sociais e alicerçariam a atribuição de responsabilidade, estima e louvor entre os indivíduos.[286] Aqueles que são aptos a adotar atitudes reativas participantes seriam agentes morais e membros de uma comunidade moral.[287]

Uma pena que demonstra uma repreensão moral poderia expressar uma atitude reativa.[288] A punição de um infrator seria uma empreitada essencialmente moral, pois poderia ser tomada como um caso paradigmático de atribuição de responsabilidade.[289] A sentença criminal consistiria em uma crítica moral prolatada pelo poder público em face do indivíduo que perpetrou um delito.[290] A atribuição de responsabilidade moral por uma jurisdição seria uma função essencial

283. ZÜRCHER, Tobias. *Legitimation von Strafe: Die expressiv-kommunikative Straftheorie zur moralischen Rechtfertigung von Strafe*, op. cit., p. 99.

284. Idem, ibidem, p. 105.

285. Idem, ibidem, p. 105; STERN, Lawrence. *Freedom, Blame, and Moral Community*. In *The Journal of Philosophy*. Vol. 71, 1974, p. 79.

286. ZÜRCHER, Tobias. *Legitimation von Strafe: Die expressiv-kommunikative Straftheorie zur moralischen Rechtfertigung von Strafe*, op. cit., p. 125.

287. Idem, ibidem, p. 125; A repreensão seria uma prática moral que expressa a máxima kantiana em não tratar os demais indivíduos de forma puramente objetiva (Idem, ibidem, p. 125).

288. Idem, ibidem, p. 133.

289. Idem, ibidem, p. 133; TADROS, Victor. *Criminal Responsibility*. Oxford: Oxford University Press, 2005, p. 71.

290. Idem, ibidem, p. 133; Idem, ibidem, p. 1.

da justiça criminal.[291] A pena seria uma forma de atitude reativa, cujo diferencial perante as demais é o fato de ser promovida pelo Estado perante a violação de uma norma e ser regularmente conjugada com a inflicção de um mal.[292] O ato de punir um criminoso expressaria uma atitude reativa, ou seja, a repreensão de um indivíduo que agiu de forma a merecer uma privação parcial da boa vontade dos demais membros da comunidade moral.[293] A atitude reativa expressa pela pena seria vicária, pois seria promovida pelo Estado, através de agentes públicos (juízes, promotores, etc), em nome do indivíduo que foi vitimado pela conduta repreendida.[294] O fato de ser imposta por um sujeito coletivo, o Estado, faria da pena uma ação coletiva.[295]

A punição de um infrator criaria um fato social ao usar os preceitos de uma determinada convenção[296] para atribuir responsabilidade.[297] A pena exteriorizaria a repreensão de uma conduta, porém a devida compreensão do conteúdo expresso pelo ato punitivo seria incerta.[298] Essa constatação seria problemática, pois a repreensão deve ser entendível pelo apenado.[299] O tratamento rígido implicado pela pena seria uma forma performativa de linguagem que constrói a

291. Idem, ibidem, p. 133; Idem, ibidem, p. 1.

292. ZÜRCHER, Tobias. *Legitimation von Strafe: Die expressiv-kommunikative Straftheorie zur moralischen Rechtfertigung von Strafe*, op. cit., p. 135; Deve ressaltar-se que a pena seria uma atitude reativa, porém nem toda atitude reativa seria uma pena (Idem, ibidem, p. 135).

293. Idem, ibidem, p. 136; STRAWSON, Peter Frederick. *Freedom and Resentment*, op. cit., p. 90.

294. ZÜRCHER, Tobias. *Legitimation von Strafe: Die expressiv-kommunikative Straftheorie zur moralischen Rechtfertigung von Strafe*, op. cit., p. 137, 138 e 140.

295. Idem, ibidem, p. 141 e 142; Adota-se uma compreensão individualista da ação coletiva, isto é, a pena não seria executada pelo Estado ou por uma autoridade pública (como entidade), pois seria o resultado de ações comuns, individualmente realizadas por vários atores a serviço do poder público, cujo objetivo final é a punição do infrator. Isto significa que a repreensão ao infrator não seria constituída por um único juiz durante a prolação da sentença condenatória (Idem, ibidem, p. 145).

296. As convenções seriam regras sociais procedimentais ou ritualísticas que estabelecem significado e eventualmente também direitos e obrigações. Elas seriam entendimentos intersubjetivos sobre a criação ou modificação de fatos sociais (Idem, ibidem, p. 154).

297. Idem, ibidem, p. 146 e 147.

298. Idem, ibidem, p. 147.

299. Idem, ibidem, p. 153 e 168.

realidade social.[300] O "tratamento rígido" (*harte Behandlung*) receberia um significado atribuído por uma convenção vigente, a qual também determinaria a relação entre as ações e a natureza repreensiva.[301] Nota-se a existência de duas questões pertinentes ao tratamento rígido: o que o constitui e como deve ser entendido em termos de repreensão. O primeiro questionamento seria respondido segundo as convenções vigentes, as quais conteriam a constituição de um tratamento rígido.

Em relação ao segundo questionamento, a escolha de um meio para expressar a repreensão deve considerar que o tratamento rígido seria um mal, independente do significado atribuído pelas convenções vigentes.[302] O objetivo da pena não seria a inflicção de um mal ao infrator, mas repreendê-lo de forma apropriada.[303] O meio expressivo escolhido deve ser adequado a uma repreensão condizente com o crime cometido, ou seja, o mal implicado pela pena não poderia ser maior do que o minimamente necessário para garantir que a repreensão seja inteligível pelo apenado.[304] A abolição do tratamento rígido deve ocorrer tão logo esse elemento seja desnecessário para expressar a repreensão de uma conduta.[305] Uma reação meramente verbal somente poderia significar uma repreensão apropriada em casos envolvendo delitos leves. Quanto mais grave a conduta do infrator,[306] mais limitadas serão as possibilidades de repreensão através de uma reação verbal.[307] As penas que implicam um tratamento rígido poderiam ser fundamentadas, caso as alternativas mais brandas não existam,

300. Idem, ibidem, p. 152 e 153.

301. Idem, ibidem, p. 153.

302. Idem, ibidem, p. 156.

303. Idem, ibidem, p. 157.

304. Idem, ibidem, p. 156 e 157; Por exemplo, diante de três opções de tratamento rígido, igualmente aptas a serem entendidas pelo infrator como uma repreensão pelo do crime cometido, deve escolher-se a mais branda. A escolha de uma opção que não a mais a branda significaria a imposição de um tormento injustificado. Afinal, uma pena moralmente fundamentada não recorre a inflicção de um mal como uma bem intrínseco (Idem, ibidem, p. 156).

305. Idem, ibidem, p. 157.

306. Entenda-se que uma maior gravidade implicaria em uma violação mais incisiva das demandas e expectativas básica dos indivíduos inseridos na comunidade moral (Idem, ibidem, p. 157).

307. Idem, ibidem, p. 157.

sejam demasiadamente limitadas ou não possam ser imediatamente aplicadas.[308]

O fato de a repreensão ao infrator ser uma atitude reativa vicária acabaria por envolver outros destinatários, tal como a sociedade e a vítima.[309] A natureza vicária da repreensão afastaria uma fundamentação pautada somente pela vítima.[310] A legitimidade da repreensão também não dependeria de convicções e emoções do indivíduo diretamente afetado pelo crime. Enfim, a pena fundamentada consistiria em uma atitude reativa vicária perante a frustração de demandas e expectativas básicas da vítima, ininteligível se expressa de uma forma mitigada e direcionada a um agente que pode ser responsabilizado pela própria conduta, ou seja, um membro da comunidade moral.[311]

2.2.2.e. Apreciação crítica

As formulações desse grupo conferem protagonismo ao infrator. Em termos de cometimento teórico, o fato de as maiores considerações serem direcionadas ao infrator parece moralmente questionável, pois deixa entrever que o autor de um crime recebe mais deferência que a vítima de tal conduta. Apesar de proporem que a expressão penal seria parcialmente direcionada à vítima, as teorias desse grupo abordam o sujeito passivo como pertencente a um plano de importância secundaria.

O "expressivismo intrínseco" de Igor Primoratz deixa dúvidas quanto ao destinatário principal da expressão penal, pois alguns trechos permitem concluir que seria o autor[312] e outros que seria a sociedade.[313] Apesar de ser discutível quem seria o principal destinatário da pena, pode afirmar-se que não seria a vítima.[314]

308. Idem, ibidem, p. 179.

309. Idem, ibidem, p. 175.

310. Idem, ibidem, p. 178.

311. Idem, ibidem, p. 179 e 185.

312. PRIMORATZ, Igor. *Punishment as Language*, op. cit., p. 200.

313. Idem, ibidem, p. 197; Bill Wringe também percebe essa ambiguidade na formulação de Igor Primoratz (WRINGE, Bill. *Rethinking expressive theories of punishment: why denunciation is a better bet than communication or pure expression*, op. cit., p. 685).

314. PRIMORATZ, Igor. *Punishment as Language*, op. cit., p. 200.

A teoria de Andreas von Hirsch aborda o sujeito passivo, pois afirma que uma das funções da censura penal seria reconhecer que o individuo afetado por um crime tem o status de vítima.[315] Trata-se de uma teoria que se destaca entre as demais desse grupo, porém ainda mantém a vítima em uma condição de expectador.

A proposta do Ritual da Desculpa demonstra uma parca consideração pela vítima. Inclusive, Christopher Bennett não omite a exígua abordagem sobre a vítima, salientando que deixa em aberto a possibilidade de acertos compensatórios ou mediações entre os sujeitos passivo e ativo, pois considera que o propósito fundamental da penitência coercitiva imposta pelo Estado seria a condenação do infrator.[316]

Para Tobias Zürcher, o interesse das vítimas, tanto reais quanto potenciais, não poderia ser o único fundamento de uma resposta apropriada ao crime.[317] A pena poderia ser fundamentada até em casos, cuja vítima real é inexistente, ou em situações em que o sujeito passivo não demonstra interesses punitivos.[318] A referência à vítima seria decorrente de um intento estatal em expressar a repreensão adequada ao infrator.

Além de fundamentarem o ato punitivo como uma expressão principalmente direcionada ao infrator, as teorias desse grupo atribuem à pena uma função de censura. Tendo a função de censura, o ato punitivo, ao expressar, através da inflicção de um ônus tangível, um juízo condenatório ao infrator, reconhece a vítima como alguém que sofreu uma conduta ilícita imputável a outrem. A consideração que as teorias desse grupo têm pela vítima seria o reconhecimento do status vitimal. Ademais, para as teorias desse grupo, a pena é composta por dois elementos, um moral e outro fático, sendo que

315. VON HIRSCH. Andreas. *Warum soll die Strafsanktion existieren? Tadel und Prävention als Elemente einer Rechtfertigung*, op. cit., p. 50; VON HIRSCH, Andrew. *Censure and Sanctions*, op. cit., p. 10.

316. BENNETT, Christopher. *Replies to My Commentators*. In *Teorema*, Vol. XXXI/2, 2012, p. 160 a 162.

317. ZÜRCHER, Tobias. *Legitimation von Strafe: Die expressiv-kommunikative Straftheorie zur moralischen Rechtfertigung von Strafe*, p. 177.

318. Idem, ibidem, p. 178.

o grau do primeiro é expresso pela intensidade do segundo. Assim, o grau de reprovação moral seria expresso pela intensidade do ônus tangível infligido ao infrator. A partir das últimas assertivas, pode perceber-se que, no âmbito dos delitos interpessoais, a vítima é altamente relevante para a determinação do conteúdo moral da pena, pois, nesses casos, os parâmetros para aferir o grau de reprovação necessariamente envolvem o indivíduo que sofreu a conduta delitiva.

Apesar de importante na mensuração da pena, a vítima é considerada de uma maneira "passiva" nas teorias desse grupo. Embora tenha o status vitimal reconhecido, o indivíduo que sofreu o crime fica restrito a ter uma condição de passividade na determinação da pena. Afinal, a partir de uma "análise" da vítima, na qual esta é mantida inerte, as autoridades determinam qual o grau de reprovação suscitado pelo crime e quão intenso deve ser o ônus tangível, tendo em vista que este expressa o conteúdo moral da pena. Sendo impedida de influenciar a intensidade do ônus punitivo, a vítima é privada de opinar sobre a conteúdo moral expresso pela pena. Em última análise, o juízo condenatório que a pena expressa ao infrator é indiferente à dimensão moral que a vítima atribui a conduta delitiva vivenciada. As teorias desse grupo têm consideração pela vítima, pois, com a punição do infrator, aquele que sofreu o crime tem o status vitimal reconhecido. Contudo, apesar de recorrerem à vítima, essas formulações não atribuem a tal indivíduo uma participação ativa na determinação do conteúdo moral a ser expresso pela pena.

2.2.3. Terceiro grupo

As teorias desse grupo seriam alinhadas com a tradição filosófica teleológica. O destinatário da pena seria o infrator. A função do ato punitivo seria comunicativo-teleológica. As formulações de Robert Nozick,[319] Herbert Morris e Antony Duff podem ser elencadas como paradigmas desse grupo.

319. Antony Duff e Bill Wringe também associam Robert Nozick com essas formulações (WRINGE, Bill. *Rethinking expressive theories of punishment: why denunciation is a better bet than communication or pure expression*, op. cit., p. 689, Nota de Rodapé n. 29; DUFF, Antony. *Penal Communications: Recent Work in the Philosophy of Punishment*, op. cit., p. 48)

2.2.3.a. Robert Nozick

Essa teoria da pena tem uma tonalidade retributiva, pois dispõe que o infrator merece ser punido em virtude do ato praticado.[320] A pena retributiva seria um ato de comunicação comportamental, pois impor ao infrator o infortúnio cometido contra a vítima seria a forma mais intensa de expor e significar o caráter errôneo do crime perpetrado.[321] A pena seria imposta a um infrator com o intuito de fazê-lo perceber o porquê de estar sendo punido e demonstrar-lhe que foi intencional que percebesse o ato punitivo de tal forma.[322] Essa premissa apresentaria restrições, pois a pena almejaria ser suficiente para fazer

320. NOZICK, Robert. *Philosophical Explanations*. Cambridge: Harvard University Press, 1981, p. 363; A pena merecida seria calculada pela fórmula *"r x H"*. O *"r"* seria o grau de responsabilidade do agente e o *"H"* seria a dimensão da ilicitude do ato. O fator *"r"* variaria entre *"1"* (*responsabilidade total*) e *"0"* (*nenhuma responsabilidade*) e incluiria valores numéricos intermediários para representar a responsabilidade parcial pelo ato. Menciona-se que essa formulação pressupõe a combinação de uma teoria da pena e uma teoria da compensação. A abordagem da segunda teoria é intencionalmente postergada, mas é esclarecido que tal formulação complementa a primeira, pois pressupõe-se que o infrator seja compelido a realizar uma compensação pautada pelo grau de causação dos malefícios impostos à vítima. Acrescenta-se que a compensação não é balizada pelo grau de responsabilidade quanto ao ato praticado. Por exemplo, uma conduta acidental não decorrente de negligência que danifica uma propriedade alheia. Esse tipo de situação implica atribuir *"r = 0"* ao ato praticado pelo autor, ou seja, ele deve pagar uma compensação ao proprietário lesado, mas não merece ser punido (Idem, ibidem, p. 363 a 365).

321. Idem, ibidem, p. 370 e 371.

322. Idem, ibidem, p. 369 e 370; A retribuição é descrita segundo uma estrutura *griceana* composta por nove condições e pode ser exposta (em seu cenário mais satisfatório) da seguinte forma: 1) Alguém crê que o ato *A* de *S* tem um certo grau de ilicitude; 2) e impõe sobre *S* uma penalidade; 3) que é determinada pela ilicitude *H* do ato *A*, ou por *"r x H"*; 4) pretendendo que a penalidade seja imposta pelo ato ilícito *A*; 5) e em virtude da ilicitude do ato *A*; 6) pretendendo que *S* saiba que a penalidade foi imposta por ele ter cometido o ato *A*; 7) e em virtude da ilicitude de *A*; 8) por alguém que pretendeu que a penalidade seja mensurada e imposta pela ilicitude do ato *A*; 9) e que pretendeu que *S* reconheceria (era esperado que ele reconhecesse) que a penalidade foi imposta sobre ele de modo a satisfazer as condições 1 – 8 e, sendo assim, estão satisfeitas as condições de 1 – 9 (Idem, ibidem, p. 369 e 370); A influência de Herbert Paul Grice é percebida ao longo dessa seção do livro de Robert Nozick. Por exemplo, na página 370, as seguintes obras são mencionadas: GRICE, Herbert Paul. *Utterer's Meaning and Intentions*. In *Philosophical Review*, Vol. 78, 1969, p. 147 a 177; GRICE, Herbert Paul. *Logic and Conversation*. In *William James Lectures*. Cambridge: Harvard University Press, 1967; GRICE, Herbert Paul. *Meaning*. In *Philosophical Review*, Vol. 66, 1957, p. 377 a 388.

o infrator perceber o caráter errôneo do crime.[323] A eventual impossibilidade de incutir tal percepção através de uma pena representaria um óbice à concretização de tal objetivo.[324] Por exemplo, punir com equivalência retributiva[325] um homicídio ou um crime simetricamente consensual, no qual os envolvidos já experimentaram os efeitos da conduta reprimida.[326] A possibilidade de o criminoso universalizar o caráter de uma conduta ou traçar uma distinção entre a própria situação e aquela vivenciada pela vítima também seriam empecilhos ao raciocínio retributivista.[327] Essa constatação afetaria as formulações teóricas baseadas no "retributivismo teleológico" (*teleological retributivism*), isto é, aquelas que concebem a pena com uma equivalência retributiva, pois pressuporia que o infrator tem a capacidade de perceber o caráter errôneo do crime ao ser confrontado com tal ato, ou seja, o argumento dependeria de uma suposição sobre aquilo que um indivíduo irá ou poderá perceber ao ser punido.[328] Uma teoria da pena baseada no retributivismo teleológico seria excessivamente

323. NOZICK, Robert. *Philosophical Explanations*, op. cit., p. 372.

324. Idem, ibidem, p. 372.

325. Idem, ibidem, p. 372; Uma pena com "equivalência retributiva" (*retributive matching*) prescreverá que seja imposto ao infrator um *"H"* equivalente ao malfeito cometido no caso de ser *"r = 1"* (Idem, ibidem, p. 364).

326. Idem, ibidem, p. 371.

327. Idem, ibidem, p. 371; Para maiores detalhes sobre os conceitos *"universalizar"* e *"diferenciar"*, recomenda-se a leitura da obra citada por Robert Nozick: HARE, Richard Mervyn. *Freedom and Reason*. Oxford: Oxford University Press, 1963.

328. NOZICK, Robert. *Philosophical Explanations*, op. cit., p. 371; Esse problema pode ser demonstrado nos seguintes exemplos: um infrator, que renega drasticamente os valores da comunidade moral, tem a capacidade de entendimento minada por uma deficiência mental ou ainda percebe o caráter errôneo da própria conduta sem precisar ser punido. Essas situações possibilitariam considerar o uso de uma pena dissuasiva, pois tal concepção punitiva trataria todos como igualmente alheios à comunidade moral. Os retributivistas convictos seriam refratários a tal possibilidade, pois considerariam que uma teoria dissuasória da pena permitiria o uso instrumental do infrator. Esse receio ignoraria a possibilidade de compatibilizar os preceitos de teorias da pena dissuasórias e retributivistas. Por exemplo, submeter o criminoso ao uso instrumental através de uma pena dissuasiva retribuiria o seu merecimento de forma equivalente. Uma teoria retributiva teleológica deveria considerar se o objetivo justificaria as ações empregadas para alcança-lo e refletir sobre alternativas menos inoportunas para atingir tal propósito. O caso sobre a punição de um malfeitor inigualavelmente deplorável (por exemplo, Adolf Hitler) poderia contrariar o preceito exposto na última frase, pois teria o potencial de fazer um retributivista teleológico pender em favor do retributivismo não teleológico. O exercício proposto assumiria a existência de uma forma não tormentosa de fazer alguém

otimista, pois pressuporia a capacidade da pena de sempre induzir o malfeitor a perceber o caráter errôneo da própria conduta e torná-lo uma pessoa melhor.[329] O retributivismo teleológico aduziria ao recebimento de uma mensagem reprobatória exposta por uma pena ser suficiente para convencer o destinatário sobre a veracidade de um conteúdo transmitido.[330] A pena retributiva teleológica transmitiria a evidência e o conteúdo da mensagem de forma conjunta.[331]

Em contraposição a variante teleológica, propõe-se uma teoria da pena baseada no "retributivismo não-teleológico" (*nonteleological retributivism*),[332] na qual o conteúdo e a evidência da mensagem reprobatória são separadamente transmitidos.[333] As consequências positivas almejadas por retributivistas teleológicos deixariam de ser uma condição para punir um infrator de forma justa, porém ainda

perceber plenamente a gravidade dos próprios atos e indagaria ao retributivista teleológico se ele aceita essa abordagem como a mais apropriada para o referido malfeitor. Deve admitir-se a dificuldade em visualizar a resposta para esse questionamento, pois pressuporia imaginar como é compreender o aspecto moral de um ato monstruoso e perceber a própria responsabilidade por tê-lo cometido. Avulta-se a possibilidade de tal malfeitor constatar que o suicídio seria a única opção apropriada para o merecimento penal decorrente de tal ato, porém essa ação faria cessar a percepção do mal causado e, sob certo prisma, proporcionaria uma tranquilidade indigna ao agente. Esse exercício argumentativo possibilitaria apontar um critério para aferir o entendimento de um criminoso sobre o caráter moralmente aberrante do próprio ato. O critério seria uma conscientização que proporciona ao infrator um sofrimento comparável à pena com equivalência retributiva, pois experimentar o malfeito cometido proporcionaria ao infrator um conhecimento íntimo sobre como é o infortúnio causado pelo crime perpetrado (Idem, ibidem, p. 371, 372 e 373).

329. Idem, ibidem, p. 372; Um defensor dessa teoria poderia aceitar a procedência da crítica, porém retrucar a impossibilidade de saber previamente em quais indivíduos a pena será efetiva para atingir os fins almejados. O argumento soa implausível, pois parece inverossímil crer que um adepto do retributivismo teleológico aceitaria a anistia de um infrator na eventualidade de ser possível prever que tal indivíduo não compreenderá o caráter errôneo da conduta após ser punido (Idem, ibidem, p. 372 a 374).

330. Idem, ibidem, p. 374; A proposição pode ser ilustrada ao dizer que a pena retributiva teleológica é análoga ao recebimento de um telegrama dizendo "você acabou de receber um telegrama" (Idem, ibidem, p. 372 a 374).

331. Idem, ibidem, p. 372 a 374.

332. Nota-se que Robert Nozick e Antony Duff usam o termo "teleológico" com conotações diferentes (DUFF, Antony. *Penal Communications: Recent Work in the Philosophy of Punishment*. op. cit., p. 4, 45 a 47; NOZICK, Robert. *Philosophical Explanations*, op. cit., p. 374 a 376)

333. NOZICK, Robert. *Philosophical Explanations*, op. cit., p. 374.

seriam consideradas um bônus desejável que intensifica o objetivo da pena não-teleológica. A pena visaria reconectar o malfeitor aos valores corretos, os quais foram afastados desse indivíduo pelo cometimento do crime. Essa conexão não seria uma eventualidade desejada, mas algo efetuado pela pena retributiva. A possibilidade de alguém cometer um crime seria decorrente de tais valores serem desprovidos de um poder causal autônomo e necessitarem de efetivação pela pena.[334] Os valores deixariam de ser completamente ineficazes, pois seriam conectados diretamente ao infrator pela pena e passariam a ter alguma significância para a vida desse indivíduo.

A pena retributiva deve conectar o infrator aos valores corretos e fazê-los incutir nesse indivíduo um efeito de significado igual ao descaso demonstrado pelo cometimento do crime.[335] A pena possibilitaria estabelecer uma comunicação pautada pelos valores corretos com o agente. Podem descrever-se três aspectos da vinculação comunicativa do infrator com os valores corretos: primeiro, o efeito de o indivíduo ser conectado com tais valores; segundo, esse efeito de conexão também incidir em quem aplica a pena; terceiro, a conexão com valores não ser reduzida a um efeito que incide sobre uma das partes, mas que ocorre entre elas.[336] O efeito almejado por uma formulação teórica baseada no retributivismo não teleológico seria diferente daquele desejado pela contraparte teleológica, pois a pena defendida pela segunda concepção prezaria por uma transformação do malfeitor com base nos valores corretos.[337] O retributivismo não-teleológico teria a expectativa de que a mensagem transmitida pela pena faça o infrator perceber os erros e alterar a conduta, porém o fator principal da empreitada seria o ato punitivo proporcionar aos valores corretos algum significado na vida desse indivíduo.[338] O retributivismo não-teleológico almejaria conectar o malfeitor com

334. Idem, ibidem, p. 375.

335. Idem, ibidem, p. 376 e 377.

336. Idem, ibidem, p. 379 e 380.

337. Idem, ibidem, p. 375.

338. Idem, ibidem, p. 375 a 377; Esse ponto deixa entrever uma semelhança entre as duas vertentes do retributivismo. Essa coincidência é explicada pelo fato de o retributivismo não-teleológico pretender complementar (e não substituir) a vertente teleológica. O valor do apenado seria mantido em consideração ao observar a meta estabelecida pelo retributivismo teleológico (Idem, ibidem, p. 377 a 379).

os valores corretos, porém o valor desse indivíduo impediria que tal conexão fosse buscada de forma isolada.[339]

2.2.3.b. Herbert Morris

Essa teoria foi desenvolvida com base no elemento comunicativo da pena e no conceito de "paternalismo" (*paternalism*) como um ideal para formular um sistema punitivo.[340] O paternalismo seria *"um fenômeno social prefigurado na situação universal e elementar de uma conduta parental solícita que tem suas raízes em nossa humanidade comum"*.[341] A designação paternalista pressuporia o intento de expressar ao infrator que a imposição da pena decorre de uma conduta incorrida.[342] A pena seria consideravelmente distinta do conceito de vingança ou retaliação, pois seria um "ato comunicativo complexo" (*complex communicative act*) destinado a propiciar um "benefício moral" (*moral good*) aos infratores potenciais e de fato.[343]

O ato punitivo progressivamente instigaria os sentimentos de remorso, culpa apropriada ao malfeito, arrependimento, auto-perdão e, em última instância, proporcionaria ao agente a concepção de ser um sujeito responsável.[344] O benefício moral a ser propiciado seria a transformação do apenado em *"um indivíduo autônomo livremente afeiçoado àquilo que é bom, àquelas relações com os outros que sustentam e dão sentido à vida"*.[345] A pena imposta serviria para *"mediar os esforços do malfeitor em entender o pleno significado da conduta proscrita, o significado da pena imposta e o significado de aceita-la"*.[346]

339. Idem, ibidem, p. 379.

340. MORRIS, Herbert. *A Paternalistic Theory of Punishment*, op. cit., p. 263, 264 e 265.

341. Idem, ibidem, p. 263; Herbert Morris nega o significado tradicional atribuído ao termo "paternalismo", o qual seria *"primariamente focado em leis específicas, leis que proíbem ou requerem uma conduta e que, possivelmente, têm como sua única ou principal razão de existência o bem dos indivíduos a quem são dirigidas"* (Idem, ibidem, p. 264).

342. Idem, ibidem, p. 264.

343. Idem, ibidem, p. 264 e 265.

344. Idem, ibidem, p. 265.

345. Idem, ibidem, p. 265 e 266.

346. Idem, ibidem, p. 266.

2.2.3.c. Antony Duff

O termo "comunicativo" seria o mais apropriado para designar essa teoria, pois descreve uma atividade racional e pressupõe indivíduos capazes de entendimento mútuo, isto é, toma o destinatário da mensagem expressa pelo ato punitivo como um agente racional, moralmente responsável e capaz de ser mais que um receptor passivo de um conteúdo expresso por outrem.[347] A pena seria uma forma de persuasão e reforma do infrator, pois visaria estabelecer um canal comunicativo apto a proporcionar-lhe uma sincera introspecção sobre o caráter errôneo do crime perpetrado.[348]

O tratamento rígido contido na pena não seria uma mera demons-

347. DUFF, Antony. *Punishment, Communication and Community* (2003), op. cit., p. 388; Idem. *Punishment, Communication and Community* (2001), op. cit., p. 79 e 80; Idem. *Penal Communications: Recent Work in the Philosophy of Punishment*, op. cit., p. 32 e 33; Idem. *Alternatives to Punishment - or Alternative Punishments*, op. cit., p. 51; Essa é a razão de essa teoria ser designada como "comunicativa" ao invés de "expressiva" (Idem, ibidem, p. 388; Idem, ibidem, p. 79 e 80; Idem, ibidem, p. 32 e 33; Idem ibidem, p. 51); O realce dessa questão terminológica não é explícito na obra publicada em 1986, pois é mencionado apenas que a pena deve preconizar uma comunicação com autor acerca do caráter errôneo do crime ao invés de ser um mero instrumento para expressar a condenação da conduta e comunica-la aos demais integrantes do convívio social (Idem. *Trials and Punishments*, op. cit., p. 236 e 237). As demais obras citadas expressamente mencionam essa escolha terminológica.

348. Idem. *Penal Communications: Recent Work in the Philosophy of Punishment.*, op. cit., p. 51 e 52; O enfoque no aspecto moral e comunicativo dessa teoria seria pautado pelo "comunitarismo" (*communitarianism*). O entendimento de Antony Duff sobre o "comunitarismo" e "liberalismo" está exposto de forma mais detalhada na obra: Idem. *Punishment, Communication and Community* (2001)., op. cit., p. 35 a 75. Trata-se de uma concepção teórico-penal incompatível com as vertentes mais acirradas do "individualismo liberal" (*liberal individualism*). Essas abordagens tomariam as instituições e relações politicas como oriundas de um contrato social entre sujeitos interessados em garantir a própria individualidade perante os demais. O conceito metafísico de "pessoa" seria negado pelo comunitarismo, pois a ideia de um indivíduo passível de ser identificado e valorado fora de um contexto social seria inviável. O entendimento do ato punitivo como comunicação seria um ideal comunitarista, pois a pena seria uma forma de induzir uma autêntica reforma moral no infrator e reconduzi-lo a plena integração com a comunidade. Destaca-se que essa teoria não visa justificar as penas implementadas pelos sistemas punitivos da atualidade. A proposta almejaria demonstrar um sistema ideal que possa ser usado como parâmetro para avaliar as práticas penais existentes. Essa teoria da pena pressupõe a existência de uma comunidade, cujos indivíduos têm interesse em zelar pela conduta dos demais membros em virtude de compartilharem um idioma, valores e modo de vida, ou seja, preceitos teóricos estranhos a uma visão liberal-individualista e contratual de Estado e da sociedade (Idem. *Punishment, Communication and Community* (2003)., op. cit., p. 391, 395 e 396).

tração de quão grave foi o delito perpetrado, mas um recurso para direcionar o foco do agente à própria conduta e fazê-lo compreender o caráter errôneo em agir de tal forma.[349] Além de ser uma comunicação de censura, a pena tencionaria obter uma resposta moral do infrator e proporcionar-lhe um "entendimento arrependido" (*repentant understanding*) em relação ao crime.[350] Após fazer o agente confrontar, entender e se arrepender do malfeito incorrido, a pena aprimoraria o comportamento moral desse indivíduo, pois a legítima compreensão do caráter errôneo de um crime implicaria no abandono futuro de tal conduta.[351] Pode afirmar-se que a pena seria análoga a uma "penitência secular" (*secular penance*).[352]

Apesar de inicialmente imposta, a pena seria posteriormente aceita e desejada pelo infrator, pois expressaria o reconhecimento e repúdio perante o malfeito cometido.[353] A plena aceitação do tratamento rígido implicado pela pena manifestaria o remorso do criminoso e a sinceridade do arrependimento.[354] A pena também poderia proporcionar uma reconciliação do infrator com a vítima, os demais cidadãos ou a comunidade, pois expressaria que o autor aceita ser responsabilizado, renuncia veementemente ao malfeito e deseja restaurar as relações

349. Idem. *Penal Communications: Recent Work in the Philosophy of Punishment*, op. cit., p. 52.

350. Idem, ibidem, p. 53.

351. Idem, ibidem, p. 53; Essa abordagem punitiva seria vista em programas especiais direcionados aos autores de crimes relacionados à violência sexual ou doméstica, pois o objetivo dessas iniciativas seria forçosamente confrontar o agente com a natureza dos próprios atos e induzi-lo em um reconhecimento do malfeito cometido. Esses programas teriam um nítido intento comunicativo, porém uma administração apropriada de penas convencionais, tais como serviço comunitário, multas, períodos probatórios e encarceramento, também poderiam servir ao mesmo propósito (Idem, ibidem, p. 52 e 53; Idem. *Alternatives to Punishment – or Alternative Punishments*, op. cit., p. 55 a 62; Idem. *Trials and Punishments*, op. cit., p. 246 a 262).

352. Idem. *Penal Communications: Recent Work in the Philosophy of Punishment*, op. cit., p. 52 e 53; Idem. *Punishment, Communication and Community* (2001), op. cit., p. 106 a 112; A locução "penitência secular" aparece na seguinte obra: Idem. *Punishment, Communication and Community* (2003), op. cit., p. 390. As demais obras usam apenas o termo "penitência" (*penance*).

353. Idem. *Penal Communications: Recent Work in the Philosophy of Punishment*, op. cit., p. 53.

354. Idem, ibidem, p. 53.

sociais danificadas.[355] O objetivo da pena seria propiciar um entendimento arrependido ao indivíduo punido e auxiliá-lo em um processo de reparação, reconciliação e reabilitação.[356] O intento comunicativo seria bem representado em "penas comunais", tais como serviços comunitários, períodos probatórios e esquemas de mediação entre infrator e vítima.[357]

Um incremento no rigor punitivo para promover o arrependimento seria inadmissível, pois a pena visaria uma autêntica persuasão racional e moral do infrator.[358] A coação de um agente seria uma prática incompatível com o aspecto comunicativo da pena, pois mensurar a pena de forma proporcional ao malfeito cometido seria essencial para comunicar o desvalor de tal ato.[359] A pena seria necessariamente suscetível ao fracasso.[360]

A instituição de práticas penais contrárias à autonomia individual seria injustificável, pois a comunidade e o Estado devem tratar os infratores como agentes capazes de responder a uma persuasão moral

355. Idem, ibidem, p. 53 e 54; Essa concepção justificaria punir infratores já arrependidos, caso necessário para reforçar a nova condição moral do agente ou demonstrar a sinceridade de tal reforma perante a comunidade. A punição de malfeitores que seguramente não vão demonstrar arrependimento também seria justificada, pois haveria um dever de persistir na possibilidade de modificar a conduta desses indivíduos. Essa reforma comportamental somente seria permissível através de uma persuasão racional e moral do infrator. A pena imposta ao indivíduo abertamente rebelado contra os valores comunitários também poderia ser justificada, porém seria imprescindível a possibilidade de explicar-lhe a razão pela qual deve aceitar tais valores. Essa concepção penal também reconhece que seria injusto punir infratores que nunca foram tratados como membros plenos da comunidade, pois seria desarrazoado afirmar que esses indivíduos infringiram os valores e laços de um convívio social em que estão efetivamente inseridos (Idem. *Punishment, Communication and Community* (2003), op. cit., p. 390; Idem. *Penal Communications: Recent Work in the Philosophy of Punishment*, op. cit., p. 53 e 54; Idem. *Trials and Punishments*, op. cit., p. 264 a 266).

356. Idem. *Penal Communications: Recent Work in the Philosophy of Punishment*, op. cit., p. 81; O trinômio *"reparação, reconciliação e reabilitação"* são referidos por *"Os Três 'R's da Pena"* (Idem. *Punishment, Communication and Community* (2001), op. cit., p. 107).

357. Idem. *Punishment, Communication and Community* (2003)., op. cit., p. 397.

358. Idem, ibidem, p. 397; Idem. *Penal Communications: Recent Work in the Philosophy of Punishment*, op. cit., p. 54.

359. Idem, ibidem, p. 397; Idem, ibidem, p. 46, 54 e 58.

360. Idem. *Punishment, Communication and Community* (2003), op. cit., p. 391.

e racional.[361] A instituição de três parâmetros preveniria a ocorrência de tais práticas: primeiro, uma comunidade afeiçoada a certos valores (autonomia, liberdade individual, privacidade etc) instituirá um direito penal com um escopo estritamente definido; segundo, o interesse do direito penal e do sistema de justiça criminal no caráter moral dos cidadãos somente será legítimo se circunscrito aos aspectos expostos em uma conduta criminal; terceiro, o respeito pela autonomia obsta todas as tentativas de mudar a atitude moral de um cidadão que não envolvam uma persuasão moral e racional.[362]

2.2.3.d. Apreciação crítica

Uma análise sucinta permite constatar que Robert Nozick, Herbert Morris e Antony Duff concebem a pena como um meio para persuadir racionalmente o infrator ao arrependimento e reforma moral. As propostas demonstram primar por um tratamento ético-moral do apenado, pois desconsideram a possibilidade de objetificar esse indivíduo em prol da coletividade. O zelo pelo status do infrator como um agente moralmente capaz e autônomo obstaria uma eventual equiparação dessas formulações àquelas baseadas no ideário preventivo especial positivo. Essas teorias são especialmente benevolentes com o sujeito ativo do delito, pois tencionam ajudar os infratores receptivos à comunicação penal e também respeitar a autonomia daqueles que sejam refratários.

Apesar de proporem um trato moralmente apropriado para o infrator, essas formulações deixam entrever uma desconsideração pela vítima. Herbert Morris exibe esse traço de forma mais acentuada, pois praticamente não menciona a vítima. A formulação de Robert Nozick consiste em duas teorias, uma punitiva e outra compensatória.[363] Apesar de estarem relacionadas, as teorias têm escopos distintos, pois a primeira seria pertinente à punição do infrator e a segunda à compensação da vítima.[364] O sujeito passivo não seria ignorado, porém

361. Idem, ibidem, p. 397; O Estado seria a materialização institucional dos valores e objetivos comunitários (Idem, ibidem, p. 391).

362. Idem, ibidem, p. 397.

363. NOZICK, Robert. *Philosophical Explanations*, op. cit., p. 363 a 365.

364. Idem, ibidem, p. 363 a 365.

seria expressamente afastado do âmbito da pena, cujo enfoque principal seria propiciar aos "valores corretos" a possibilidade de exercer algum efeito sobre o infrator.[365] Antony Duff dedica considerações mais significativas à questão, porém é perceptível que os esforços direcionados à vítima estão condicionados ao infrator adotar uma postura receptiva perante a comunicação penal.[366]

As teorias desse grupo não devem ser criticadas por zelarem pela condição do apenado, porém, em virtude de o infrator receber mais atenção que sua vítima, a proposta dessas formulações soa moralmente contraintuitiva. Essa constatação é especialmente inquietante se aplicada às vítimas de delitos interpessoais de natureza grave. O visível apreço pelo status moral do algoz ressalta que essas formulações inadvertidamente propiciam uma relação assimétrica entre os sujeitos ativo e passivo.

O fato de a comunicação penal ser focada no autor deixaria entrever uma relevância secundária da vítima, pois demonstraria que a perspectiva do infrator seria a mais relevante para a determinação da pena. O cenário seria análogo a uma manifestação em que o Estado desabona a perspectiva mais íntima ao crime e nega ao principal afetado pelo ato a possibilidade de participar ativamente na punição do próprio algoz. A ideia de um criminoso ser tratado como interlocutor de uma comunicação penal promovida pelo Estado, enquanto a vítima é impedida de tomar parte em tal processo, soa como moralmente questionável.

A empreitada punitiva poderia propiciar ao apenado reparar ou buscar reconciliação com as respectivas vítimas, porém não atribuiria a estas um grau de interlocutoriedade análogo àquele conferido ao infrator. A ausência de um processo comunicativo que busca engajar tanto a vítima quanto o autor seria o equívoco dessa concepção penal. Apesar de proporem uma atitude comunicativa perante o autor, as teorias desse grupo acabam por admitir que a vítima seja abordada de uma forma meramente expressiva. Aceitar que a comunicação penal

365. Idem, ibidem, p. 374 a 379.

366. DUFF, Antony. *Punishment, Communication and Community* (2001), op. cit., p. 107; Idem. *Penal Communications: Recent Work in the Philosophy of Punishment*, op. cit., p. 81.

seja restrita ao infrator implicaria assumir que a vítima não é tratada como um agente racional, moralmente responsável e capaz de superar a receptividade passiva. O status moral da vítima seria implicitamente considerado como inferior àquele atribuído ao autor do crime.

2.2.4. Quarto grupo

A tradição filosófica refletida nessas formulações seria deontológica. Apesar de ser o grupo que aborda a vítima de forma mais completa, o sujeito passivo não seria o destinatário principal da expressão penal. A equivocada impressão de primazia vitimal poderia ser atribuída às comparações entre a consideração pelo sujeito passivo nas teorias desse grupo e aquela observada nas formulações expressivas anteriormente mencionadas. Trata-se de uma proposta que destaca a vítima como um destinatário tão relevante quanto o infrator ou sociedade. As teorias desse grupo seriam expressivo-comunicativas e a pena teria a função de censura. As formulações propostas por Jean Hampton, Tatjana Hörnle e Klaus Günther podem ser elencadas como representantes do grupo.

2.2.4.a. Jean Hampton

A retribuição seria um componente necessário para um sistema punitivo ser moralmente respeitável.[367] O cerne dessa proposta consiste em vincular o objetivo da resposta retributiva à ilicitude da conduta realizada por um indivíduo.[368] A ilicitude não envolveria uma necessária perda ou deterioração tangível, pois haveria uma diferença entre

367. HAMPTON, Jean. *Correcting Harms Versus Righting Wrongs: The Goal of Retribution.* In *UCLA Law Review*, Vol. 39, 1991-1992, p. 1659; Essa teoria foi primeiramente exposta na obra: Idem. *The Retributive Idea.* In MURPHY, Jeffrie. HAMPTON, Jean (Ed.). *Forgiveness and Mercy.* Cambridge: Cambridge University Press, 1988, p. 111 a 167. E posteriormente desenvolvida no seguinte capítulo: Idem. A *New Theory of Retribution.* In FREY, R.G. MORRIS, Christopher W. (Ed.). *Liability and Responsibility: Essays in Law and Moral.* Cambridge: Cambridge University Press, 1991, p. 377 a 415; Idem. *An Expressive Theory of Retribution.* In CRAIG, Wesley (Ed.). *Retributivism and Its Critics.* Stuttgart: Franz Steiner Verlag, 1992, p. 1 a 25; A influência do expressivismo também é percebida na "teoria moral-educativa da pena" (*moral education theory of punishment*): Idem. *Moral Education Theory of Punishment.* In *Philosophy & Public Affairs*, Vol. 13, n. 3, 1984, p. 208 a 238).

368. Idem. *Correcting Harms Versus Righting Wrongs: The Goal of Retribution*, op. cit., p. 1660.

o "dano" (*harm*) causado por uma conduta e o aspecto que qualifica essa forma de agir como "ilícita" (*wrongful*).[369]

Esse preceito possibilitaria distinguir entre "justiça corretiva" (*corrective justice*) e "justiça retributiva" (*retributive justice*).[370] A primeira seria direcionada aos danos ilícitos, isto é, aqueles causados por ações ilícitas. O enfoque da segunda seria pautado pelas ações ilícitas. Apesar de eventualmente compelir o infrator a um acerto pecuniário em favor da vítima, a finalidade da pena é a retribuição e não a compensação de danos. As ações ilícitas poderiam ser bipartidas nas seguintes categorias: as ações ilícitas (com potencial perda ilícita) que, além de merecerem uma resposta retributiva, também ensejam um pleito compensatório relativo às perdas que causam; e as ações ilícitas (com potencial perda ilícita) que, apesar de não merecerem uma resposta retributiva, ainda ensejam um pleito compensatório relativo às perdas que causam.[371]

A primeira categoria incluiria as ações que infligem uma "lesão moral" (*moral injury*) à vítima, isto é, *"um dano a percepção do valor da vítima, ou dano ao reconhecimento do valor da vítima, realizado através de um comportamento, cujo significado é a diminuição do valor da vítima"*.[372] O comportamento humano é pressuposto como expressivo, pois tem o potencial de transmitir e representar significados, lícitos e ilícitos, sobre o valor de outras pessoas.[373] O significado de um comportamento infligiria uma lesão moral ao induzir alguém a subdimensionar a "percepção do próprio valor" (*realization of his value*) ou o "reconhecimento do próprio valor" (*acknowledgment of his value*). Apesar de fazer um indivíduo perceber ou reconhecer o próprio valor de forma reduzida, a lesão moral proporciona apenas uma aparência de degradação. O valor intrínseco a todos os Seres Humanos não poderia ser verdadeiramente degradado.

A ação que implica uma lesão moral expressaria a inferiorização da vítima perante o algoz.[374] A não punição dessas ações igualmente

369. Idem, ibidem, p. 1660 e 1661.
370. Idem, ibidem, p. 1663.
371. Idem, ibidem, p. 1664.
372. Idem, ibidem, p. 1679.
373. Idem, ibidem, p. 1669 a 1673.
374. Idem, ibidem, p. 1680 a 1683.

teria um conteúdo expressivo, pois comunicaria à vítima e sociedade que o malfeitor agiu de forma apropriada.[375] O fato de essas ações ficarem impunes confirmaria que o valor da vítima é tão inferiorizado quanto o algoz expôs ao agir. A lógica expressiva da lesão moral também seria aplicável à resposta retributiva manifesta no ato punitivo, cujo objetivo seria vindicar o valor do indivíduo vitimado, construindo um evento que, além de repudiar a mensagem contida na ação criminosa (isto é, a superioridade do infrator sobre a vítima), iguala ambos os sujeitos do delito em virtude de sua humanidade.[376]

O ato punitivo vindicaria a vítima, restaurando-lhe o reconhecimento da própria dignidade e reparando-lhe a habilidade de perceber o próprio valor.[377] O restabelecimento da dignidade da vítima não seria realizado através de assertivas meramente verbais ou escritas entre o sujeito ativo e passivo do delito. A ação que expressa e tenta degradar uma pessoa deve ser contrastada por uma resposta que negue aquilo que o agente tentou materializar, isto é, deve rebaixar o infrator, elevar a vítima e anular o significado de diminuição do valor vitimal expresso pela conduta do algoz.[378] Em suma, a pena deve expressar a igualdade entre o infrator e a vítima.[379]

A segunda categoria incluiria as ações ilícitas, mas consideradas positivas sob uma perspectiva moral.[380] O fato de tais ações não expressarem uma lesão moral implicaria na desnecessidade de uma resposta retributiva na forma de pena. Apesar de não merecer uma pena, a pessoa que contribuiu para a causação de danos deverá efetuar uma compensação.[381] Essa categoria também abarcaria as ações ilícitas

375. Idem, ibidem, p. 1684.

376. Idem, ibidem, p. 1686.

377. Idem, ibidem, p. 1686.

378. Idem, ibidem, p. 1687.

379. Idem. *An Expressive Theory of Retribution*, op. cit., p. 15.

380. Idem. *Correcting Harms Versus Righting Wrongs: The Goal of Retribution*, op. cit., p. 1664.

381. Idem, ibidem, p. 1664; Esse tipo situação é exemplificado pelo *Caso Vincent vs. Lake Erie Transp. Co.* O julgado trata de um sujeito que atracou um barco a uma doca ao saber de uma tempestade eminente. A conduta foi realizada em desacordo com a proibição imposta pelo proprietário da doca e a embarcação acabou danificando a estrutura do atracadouro durante a tormenta. A corte decidiu que o dono do barco era responsável pelos danos causados, porém decidiu que a conduta não era punível em

avaliadas como moralmente negativas, tais como as decorrentes de negligência criminal.[382] Por exemplo, alguém dirige desatentamente em uma pista molhada, não consegue frear a tempo de evitar uma colisão com o carro da frente e causa um acidente danificando os dois veículos. A conduta do motorista foi negligente e resultou em danos ilícitos, porém um processo penal seguido de uma condenação não aparenta ser a solução mais apropriada. A resposta mais apropriada seria demandar que o motorista arque com danos causados pela conduta negligente.[383]

2.2.4.b. Tatjana Hörnle

Trata-se de uma formulação que defende a referência à vítima na teoria da pena, pois o indivíduo afetado pelo delito teria um interesse legítimo na punição do infrator.[384] A proposta pressupõe uma crítica ao atual estado do debate teórico-penal e à bipartição deste entre formulações "absolutas" e "relativas".[385] As teorias do primeiro grupo seriam retributivas, pois conceberiam a pena de forma estritamente racionalista-construtivista, direcionada à eventos pretéritos e desinteressada nos futuros efeitos sociais.[386] As teorias do segundo seriam

virtude das circunstâncias do caso. A conduta do réu não seria negativa sob um aspecto moral, porém violaria o direito de propriedade do dono do atracadouro (Idem, ibidem, p. 1664).

382. Idem, ibidem, p. 1665.

383. Idem, ibidem, p. 1665; Essa lógica também seria aplicável aos casos envolvendo ações de autolesão, tal como a tentativa de suicídio (Idem, ibidem, p. 1665).

384. HÖRNLE, Tatjana. *Gegenwärtige Strafbegründungstheorie: Die herkömmliche deutsche Diskussion*, op. cit., p. 24; Idem. *Die Rolle des Opfers in der Straftheorie und im materiellen Strafrecht*, op. cit., p. 952; Em inglês, a autora desenvolveu e expôs as ideias de inclusão da vítima no debate teórico-penal no seguinte artigo: Idem. *Distribution of Punishment: The Role of a Victim's Perspective*, op. cit., p. 175 e 209; Em alemão, cabe destacar os seguintes artigos: Idem. *Expressive Straftheorie*, op. cit., p. 143 a 158; Idem. *Gegenwärtige Strafbegründungstheorie: Die herkömmliche deutsche Diskussion*, op. cit., p. 11 a 30; Idem. *Straftheorien*, op. cit., p. 29 a 43 e 57 a 60; Idem. *Die Rolle des Opfers in der Straftheorie und im materiellen Strafrecht*, op. cit., p. 950 a 958; HÖRNLE, Tatjana. VON HIRSCH, Andrew. *Positive Generalprävention und Tadel* (2005), op. cit., p. 19 a 39; Idem. *Positive Generalprävention und Tadel* (1998), op. cit., p. 83 a 100; Idem. *Positive Generalprävention und Tadel* (1995), op. cit., p. 261 a 282.

385. Idem. *Expressive Straftheorie*, op. cit., p. 143 e 144; Idem. *Gegenwärtige Strafbegründungstheorie: Die herkömmliche deutsche Diskussion*, op. cit., p. 11 e 30; Idem. *Straftheorien*, op. cit., p. 3.

386. Idem, ibidem, p. 148; Idem, ibidem, p. 11 e 12; Idem, ibidem, p. 15.

preventivas, pois fundamentariam a pena na profilaxia de delitos futuros.[387] A proeminência do ideário preventivo-criminal demonstraria uma tendência coletivista no debate teórico-penal, pois o fundamento para punir condutas relativas aos bens jurídicos coletivos seria igualmente aplicado àquelas que afetam os bens jurídicos individuais.[388] O viés coletivista deixaria entrever uma propensão em ignorar o sujeito passivo do delito.[389] A desconsideração da vítima pelas formulações preventivas motivaria a busca por uma concepção penal propícia a inclusão do indivíduo afetado pelo crime.[390]

387. Idem, ibidem, p. 148; Idem, ibidem, p. 11 e 12; Idem, ibidem, p. 15; Tatjana Hörnle dirige a crítica ao debate teórico-penal alemão e ressalta o equivoco dessa perspectiva bipartida ao sustentar que é possível identificar seis tendências teóricas. A primeira seria composta por "modelos de orientação preventiva" (*konsequent präventionsorientierte Modelle*), nos quais todas as decisões relativas à determinação da pena seriam voltadas para a maximização do efeito de prevenção criminal. A segunda seria composta pelas já mencionadas "teorias absolutas" (*absolute Theorien*), porém uma nomenclatura preferível seria "influências filosóficas do idealismo alemão" (*Anleihen bei der Philosophie des deutschen Idealismus*). A terceira seria composta pelas "teorias de união com fundamento na prevenção geral por ameaça" (*Vereinigungstheorien mit dem Fundament Androhungsgeneralprävention*). Essa tendência compreende abordagens variadas que compartilham o preceito de que a ameaça punitiva posta pela lei penal seria capaz de influenciar infratores potenciais a não delinquirem. A quarta seria composta pelas teorias baseadas na "prevenção geral positiva" (*positive Generalprävention*). As formulações abrangidas por essa tendência têm como ponto central a proposta de que a pena preveniria a ocorrência de crimes por contribuir para a internalização e aceitação da norma. As condutas em conformidade normativa não seriam motivadas pelo medo em ser punido, mas pela "confirmação da posição de cidadão leal ao direito" (*Bestätigung der Position als rechtstreuer Bürger*) proporcionada pela pena. A quinta tendência seria composta pelas "teorias expressivas da pena orientadas à norma" (*normorientierte expressive Straftheorie*). Essas formulações propõem que a pena expressaria a reprovação moral de uma conduta perante destinatários indeterminados, isto é, destinada à coletividade em uma acepção geral e abstrata. A sexta tendência seria composta pelas "teorias expressivas da pena orientadas às pessoas" (*personenorientierte expressive Straftheorie*). Essas formulações propõem que a pena expressaria uma mensagem direcionada a certos indivíduos (Idem, ibidem, p. 143 e 147; Idem, ibidem, p. 11 a 13, 15, 19 a 24; Idem, ibidem, p. 3, 15, 29 e 30).

388. Idem. *Gegenwärtige Strafbegründungstheorie: Die herkömmliche deutsche Diskussion*, op. cit., p. 29; Idem. *Die Rolle des Opfers in der Straftheorie und im materiellen Strafrecht*, op. cit., p. 950 a 952.

389. Idem, ibidem, p. 29; Idem, ibidem, p. 950 a 952; Inclusive, o viés coletivista acabaria por ocultar que em crimes, cujo sujeito passivo é um indivíduo, o direito de personalidade da vítima seria violado por uma eventual recusa do Estado em fazer uma condenação apropriada (Idem. *Gegenwärtige Strafbegründungstheorie: Die herkömmliche deutsche Diskussion*, op. cit., p. 29).

390. Idem. *Expressive Straftheorie*, op. cit., p. 155 a 158; Idem. *Gegenwärtige*

Considera-se a possibilidade de incluir elementos ignorados pelas demais teorias da pena, tal como afetos, emoções e desejos da vítima.[391] A existência de um anseio retributivo por parte do indivíduo vitimado[392] explicaria a demanda por uma pena criminal sem recorrer às teorias preventivas.[393] A existência de tal demanda estaria diretamente atrelada à personalidade da vítima e ao delito perpetrado.[394] A relação entre a demanda da vítima e o crime sofrido seria sumarizada como *"quanto mais grave o delito cometido contra a pessoa, quanto mais ele tiver invadido a esfera de intimidade, quanto mais ele tiver influído na vida posterior, maior será a demanda punitiva a ser esperada".*[395]

A demanda retributiva explicaria a razão de existir um clamor pela punição do infrator, porém seria insuficiente para fundamentar a pena, a qual, além de ser uma empreitada que onera os recursos

Strafbegründungstheorie: Die herkömmliche deutsche Diskussion, op. cit., p. 29 e 30; Idem. *Straftheorien*, op. cit., p. 58 a 60; Idem. *Die Rolle des Opfers in der Straftheorie und im materiellen Strafrecht*, op. cit., p. 952.

391. Idem. *Expressive Straftheorie*, op. cit., p. 148.

392. Essa demanda poderia ser igualmente atribuída à coletividade, pois a pena também serviria para "conter os sentimentos de indignação" (*auffangen von Gefühle der Empörung*) proporcionados pelo delito (idem. *Straftheorien*, op. cit., p. 35 e 36). Essa ideia está presente em teorias da pena de inspiração psicológica e psicanalítica, tal como aquelas propostas por Franz Alexander, Hugo Staub e Paul Reiwald (idem. *Expressive Straftheorie*, op. cit., p. 148). A coletividade não seria entendida como uma abstração, mas como um conjunto de indivíduos indignados, porém não diretamente afetados, pelo crime (Idem, ibidem, p. 151). Essa formulações são praticamente ignoradas no atual debate teórico-penal, porém sustentam algo plausível e facilmente perceptível pelo fato de indivíduos ficarem indignados ao tomar conhecimento de que crimes graves foram cometidos (Idem, ibidem, p. 149).

393. Idem. *Expressive Straftheorie*, op. cit., p. 148 e 151; Tatjana Hörnle embasa essa afirmação em estudos sobre a Teoria dos Jogos: DIEKMANN, Andreas. *Spieltheorie*. 2ª Ed. Reinbek bei Hamburg: Rowohlt Taschenbuch, 2010, p. 52, 82, 120, 215 e 218; LAUE, Christian. *Die Konventionelle Theorie als Grundlage der Wirtschaftskriminologie und des Wirtschaftsstrafrechts*. In BANNENBERG, Britta. JEHLE, Jörg-Martin (Ed.). *Wirtschaftskriminalität*. Mönchengladbach: Forum Verlag Godesberg, 2010, p. 119; HENRICH, Joseph. Et all. *Costly Punishment Across Human Societies*. In *Science*, Vol. 36, 2006, p. 1767.

394. HÖRNLE, Tatjana. *Expressive Straftheorie*, op. cit., p. 150; Por exemplo, a demanda de indivíduos lesionados por delitos patrimoniais seria primeiramente voltada para o ressarcimento do prejuízo e depois para a punição do infrator, porém tal panorama não ocorreria com as vítimas de crimes graves e violentos (Idem, ibidem, p. 150; Idem. *Die Rolle des Opfers in der Straftheorie und im materiellen Strafrecht*, op. cit., p. 953).

395. Idem. *Expressive Straftheorie*, op. cit., p. 151.

públicos, também implica uma incisiva ingerência na esfera pessoal de todos aqueles submetidos ao sistema de justiça criminal.[396] A pena necessitaria de um fundamento normativo.[397] Estabelecer o interesse da vítima como critério normativo implicaria em uma fundamentação parcial da pena, pois seria condizente apenas com condutas que afetam os direitos de personalidade do indivíduo que sofreu o crime.[398] Essa reflexão aduziria a inviabilidade de uma teoria da pena "única", pois a fundamentação do ato punitivo não poderia ser alheia ao tipo de delito.[399] A necessidade de fazer referência aos interesses da vítima seria evidente em casos envolvendo crimes, cujo sujeito passivo é um indivíduo.[400] Uma fundamentação da pena pautada pelo interesse da vítima não significaria ignorar as necessidades da sociedade, porém implicaria estabelecer que os objetivos "coletivistas" devem estar coadunados com os anseios e demandas do indivíduo afetado pelo crime.[401]

Eis que pode insurgir-se a crítica de que fundamentar a punição de "crimes com vítima" no interesse do sujeito passivo seria uma aceitação da vingança.[402] Existem duas possíveis respostas para esse

396. Idem, ibidem, p. 152.

397. Idem, ibidem, p. 152; Idem. *Gegenwärtige Strafbegründungstheorie: Die herkömmliche deutsche Diskussion*, op. cit., p. 26.

398. Idem. *Expressive Straftheorie*, op. cit., p. 152 e 153; Por exemplo, essa fundamentação poderia servir para crimes contra a autodeterminação sexual e liberdade individual ou que afetem gravemente a integridade física. Por outro lado, a punição de condutas que incidem sobre bens jurídicos coletivos ou bens jurídicos individuais patrimoniais poderia ser fundamentada na prevenção criminal (Idem, ibidem, p. 152 e 153).

399. Idem, ibidem, p. 153; Idem. *Gegenwärtige Strafbegründungstheorie: Die herkömmliche deutsche Diskussion*, op. cit., p. 29 e 30; Idem. *Straftheorien*, op. cit., p. 59 e 60; Idem. *Die Rolle des Opfers in der Straftheorie und im materiellen Strafrecht*, op. cit., p. 952.

400. Idem. *Expressive Straftheorie*, op. cit., p. 153; Essa posição seria condizente com o conceito de "individualismo normativo" (*normative Individualismus*), o qual fundamentaria uma relação apropriada entre o Estado e os indivíduos. (VON DER PFORDTEN, Dietmar. *Normativer Individualismus und das Recht*. In *Juristen Zeitung*, n. 22, 2005, p. 1069).

401. HÖRNLE, Tatjana. *Die Rolle des Opfers in der Straftheorie und im materiellen Strafrecht*, op. cit., p. 952 e 953.

402. Idem. *Expressive Straftheorie*, op. cit., p. 153; Idem. *Die Rolle des Opfers in der Straftheorie und im materiellen Strafrecht*, op. cit., p. 953.

questionamento.[403] A primeira reconhece que os anseios e demandas punitivas da vítima representam uma questão complexa e problemática, a qual, caso seja ignorada pelo Estado, pode ensejar eventuais atos de justiçamento privado.[404] A reação estatal deveria encerrar o conflito e fazer o sujeito passivo do delito perceber eventuais ações vingativas como desnecessárias.[405] A teoria da pena seria entendida como orientada à finalidade de conter as emoções e sentimentos vingativos da vítima.[406]

A segunda investigaria a existência de interesses legítimos por detrás do que é comumente rotulado como "vingança" (*Rache*).[407] Propõe-se uma diferenciação entre dois conceitos, a "vingança de sangue" (*Blutrache*) e a "demanda por satisfação" (*Genugtuungsbedürfnis*).[408] O primeiro poderia ser delimitado como uma reação privada ao ilícito sofrido por um indivíduo.[409] O segundo seria uma legítima pretensão à pronúncia de uma "condenação" (*Unrechturteil*), isto é, uma declaração vinculante emitida por uma jurisdição soberana, cujo teor reconhece que a vítima sofreu um ilícito perpetrado por outrem e não um mero infortúnio decorrente do acaso.[410] O indivíduo formalmente reconhecido como vítima de

403. Idem, *Expressive Straftheorie*, op. cit., p. 153 e 154.

404. Idem, ibidem, p. 153 e 154; Idem. *Die Rolle des Opfers in der Straftheorie und im materiellen Strafrecht*, op. cit., p. 953 e 954.

405. Idem, ibidem, p. 154; Idem, ibidem, p. 953 e 954.

406. Idem, ibidem, p. 154; Idem, ibidem, p. 953 e 954; Uma teoria da pena com essa finalidade poderia ser considerada como consequencialista (Idem. *Expressive Straftheorie*, op. cit., p. 155)

407. Idem. *Expressive Straftheorie*, op. cit., p. 154; Idem. *Die Rolle des Opfers in der Straftheorie und im materiellen Strafrecht*, op. cit., p. 954.

408. Idem, ibidem, p. 154; Idem, ibidem, p. 954.

409. Idem. *Expressive Straftheorie*, op. cit., p. 155; A vingança de sangue seria uma reação à violação de um direito, cuja realização implica infligir um mal ao infrator, movida pelo indivíduo vitimado, a qual tende ocorrer em sociedades desprovidas de alternativas para lidar com transgressões. Os pormenores da reação seriam determinados pela inserção das partes nas relações de poder que regem a sociedade. A consolidação do monopólio coercitivo estatal acabou por extinguir a *vendetta* e alienar a vítima, pois a resolução de conflitos segundo um processo regrado conduziu o indivíduo afetado pelo crime ao papel de mera testemunha (Idem, ibidem, p. 154 e 155; Idem. *Die Rolle des Opfers in der Straftheorie und im materiellen Strafrecht*, op. cit., p. 955).

410. Idem. *Expressive Straftheorie*, op. cit., p. 155; Idem. *Gegenwärtige Strafbegründungstheorie: Die herkömmliche deutsche Diskussion*, op. cit., p. 26; Idem. *Straftheorien*, op. cit., p. 39; Idem. *Die Rolle des Opfers in der Straftheorie und im*

um crime teria um tratamento diferente daquele que foi acometido por um desastre natural.[411]

O fato de o ato punitivo ser a forma pela qual o Estado reconhece a condição da vítima não implicaria o acolhimento de interesses baseados em sentimentos inadequados para fundamentar a pena e propícios a um exercício emotivo e desproporcional do *jus puniendi*.[412] Uma teoria da pena favorável à inclusão da vítima deve ter um fundamento normativo, isto é, um direito à condenação estatal existente em certas circunstâncias.[413] A existência de tal direito pode ser sustentada por dois argumentos: o Estado não pode ignorar os conflitos que ocorrem na própria esfera de competência[414]; a reação adotada para aplacar conflitos circunstancialmente deve assumir a forma de uma condenação, pois o significado simbólico da ação e omissão estatal é decisivo.[415] A renúncia estatal em agir e condenar o ocorrido contém uma declaração implícita, pois expõe que o crime foi apenas um in-

materiellen Strafrecht, op. cit., p. 954 e 955; A demanda satisfatória da vítima estaria alicerçada na reconstrução de relações interpessoais em um nível normativo. Os indivíduos estariam inseridos em uma rede de reconhecimentos mútuos e significados simbólicos. A reconstrução de significados prejudicados por condutas, cujos resultados são lesões tangíveis, é um fator importante para as relações interpessoais. O trato dessas condutas ("crimes") não seria limitado à prospectiva de remediar e superar as lesões causadas, pois também dependeria de uma retrospectiva de valorar ações e atribuir responsabilidade aos indivíduos. Os variados sistemas de atribuição de responsabilidade, desenvolvidos tanto no âmbito sociocultural quanto jurídico, diferenciam os conceitos de "ilícito" (*Unrecht*) e "infortúnio" (*Unglück*) (Idem. *Expressive Straftheorie*, op. cit., p. 155 e 156) Ressalta-se a influência das ideias propostas na seguinte obra: STRAWSON, Peter Frederick. *Freedom and Resentment*. In WATSON, Gary (Ed.). *Free Will*. Oxford: Oxford Publishing Press, 1982, p. 59, 60, 67 a 70.

411. HÖRNLE, Tatjana. *Expressive Straftheorie*, op. cit., p. 156; A pretensão da vítima seria direcionada à condenação do algoz, porém não estaria vinculado à cura de traumas ou outras perturbações mentais decorrentes do crime experimentado. A superação de mazelas psíquicas seria somente um efeito colateral possível e desejável da condenação. Apesar de vítimas exporem que nada pode apagar o trauma de um delito grave, a ausência de uma condenação do algoz intensificaria o sentimento de insegurança decorrente de tais situações (Idem, ibidem, p. 156 e 157).

412. Idem. *Gegenwärtige Strafbegründungstheorie: Die herkömmliche deutsche Diskussion*, op. cit., p. 26; Idem. *Straftheorien*, op. cit., p. 39; Idem. *Die Rolle des Opfers in der Straftheorie und im materiellen Strafrecht*, op. cit., p. 954 e 955.

413. Idem, ibidem, p. 26 e 27; Idem, ibidem, p. 38 e 39; Id., ibid., p. 954 e 955.

414. Idem. *Gegenwärtige Strafbegründungstheorie: Die herkömmliche deutsche Diskussion*, op. cit., p. 27.

415. Idem, ibidem, p. 27.

fortúnio ou não foi suficientemente grave para merecer uma reação superior àquela prevista no âmbito cível.[416] Essa renúncia também implica uma declaração sobre a vítima, pois transmite que o sujeito passivo foi responsável pelo crime, não deve ser levado a sério ou não goza de plena cidadania.[417] O Estado não deve ser compelido a agir em situações de leves afrontas ao direito de um indivíduo, porém a inércia diante de uma grave violação implica declarar que a vítima não vale a preocupação ou solidariedade do poder público.[418]

Um ponto relevante para as teorias expressivas consiste em fundamentar a necessidade da condenação ser acompanhada pela inflicção de um mal ao infrator.[419] Questiona-se a possibilidade de uma pena expressar a condenação de um crime sem infligir um mal ao agente.[420] A ausência de um ônus tangível seria viável na punição de indivíduos que incorreram em delitos leves, porém a pena que não inflige um mal ao autor de uma conduta grave seria contraditória e comprometeria o significado expressivo da condenação.[421] A intensidade da pena refletiria o grau de reprovação atribuído ao ilícito cometido pelo agente, isto é, a credibilidade da condenação e do ato punitivo estariam sincronizadas.[422] Punir sem infligir um mal ao infrator significaria que a conduta incorrida não foi grave.[423] A pena desprovida de um ônus tangível conflitaria com os interesses de indivíduos vitimados por crimes graves, pois comprometeria a credibilidade da condenação expressa pelo Estado.[424]

416. Idem, ibidem, p. 27; Idem. *Die Rolle des Opfers in der Straftheorie und im materiellen Strafrecht*, op. cit., p. 955 e 956.

417. Idem, ibidem, p. 27; Idem, ibidem, p. 955 e 956; Idem. *Straftheorien*, op. cit., p. 39 e 40.

418. Idem, ibidem, p. 27; Idem, ibidem, p. 955 e 956; Idem, ibidem, p. 40.

419. Idem, ibidem, p. 27 e 28; Idem, ibidem, p. 956; Idem, ibidem, p. 41 e 42.

420. Idem, ibidem, p. 28; Idem, ibidem, p. 955 e 956; Idem, ibidem, p. 42.

421. Idem, ibidem, p. 28; Idem, ibidem, p. 955 e 956; Idem, ibidem, p. 42 e 43.

422. Idem. *Expressive Straftheorie*, op. cit., p. 157; Idem. *Die Rolle des Opfers in der Straftheorie und im materiellen Strafrecht*, op. cit., p. 956.

423. Idem, ibidem, p. 157; Idem, ibidem, p. 956.

424. Idem, ibidem, p. 157; Idem, ibidem, p. 956; Idem. *Gegenwärtige Strafbegründungstheorie: Die herkömmliche deutsche Diskussion*, op. cit., p. 28; Idem. *Straftheorien*, op. cit., p. 42 e 43; As possibilidades de elucidações linguísticas seriam consideravelmente limitadas e a condenação de condutas que ultrapassam certo limiar de intensidade necessitaria de um alicerce fático. Apesar de promover o acerto financeiro

O fato de a condenação apropriada para certos crimes implicar na inflicção de um mal ao infrator não significaria uma necessidade em estabelecer penas mais severas.[425] Não haveria uma relação direta entre o reconhecimento da legítima demanda satisfatória da vítima e a imposição de penas draconianas.[426] A pronúncia de uma condenação penal por parte do Estado constituiria um direito a ser reconhecido como legítimo e atribuível a todos os indivíduos afetados por crimes graves.[427] A pretensão a ser oficialmente reconhecido como "vítima" compensaria o sujeito passivo do delito por ter abdicado da vingança e por ter uma reduzida participação no processo penal.

A fundamentação da pena consideraria os interesses e necessidades da vítima, porém não seria permitido a este individuo ingerir diretamente na punição do infrator, pois o *quantum* sancionatório não poderia estar atrelado a peculiaridades de caráter pessoal.[428] A introdução de interesses afetivos individuais deve ser evitada, pois a formalização e despersonalização do processo penal foi um avanço civilizatório.[429] Apesar de uma pena pautada pelo subjetivismo do indivíduo diretamente afetado pelo crime ser imprudente, o estabelecimento e consideração de uma perspectiva vitimal serviria para identificar uma relação apropriada entre a seriedade do crime e a

entre os envolvidos, o pagamento compensatório ou indenizatório seria insuficiente para expressar a condenação estatal de delitos graves, pois não implicaria em uma genuína inflicção de um mal ao infrator (Idem. *Gegenwärtige Strafbegründungstheorie: Die herkömmliche deutsche Diskussion*, op. cit., p. 28; Idem. *Straftheorien*, op. cit., p. 42 e 43; Idem. *Die Rolle des Opfers in der Straftheorie und im materiellen Strafrecht*, op. cit., p. 953).

425. Idem. *Expressive Straftheorie*, op. cit., p. 157; A questão sobre a intensidade do rigor punitivo a ser adotado pelo sistema de justiça criminal não é abordada por essa proposta (Idem, ibidem, p. 158).

426. Idem, ibidem, p. 157.

427. Idem, ibidem, p. 158.

428. Idem, ibidem, p. 158; Idem. *Straftheorien*, op. cit., p. 40 e 41; A intensidade da pena também não deveria estar sujeita aos sentimentos de indignação da coletividade (Idem. *Expressive Straftheorie*, op. cit., p. 157).

429. Idem. *Expressive Straftheorie*, op. cit., p. 158; Idem. *Straftheorien*, op. cit., p. 40 e 41; Por exemplo, a pacificação proporcionada pelo afastamento da vítima, e demais integrantes de sua esfera social, da resolução da querela e pelo estabelecimento de processo punitivo em que os indivíduos envolvidos são tratados de forma equânime pelo Estado (Idem, ibidem, p. 158; Idem, ibidem, p. 40 e 41).

intensidade do ato punitivo.[430] A proposta implica uma consideração normativa sobre a perspectiva da vítima, ou seja, o parâmetro para avaliar o impacto de um crime sobre esse indivíduos seria objetivo e questionaria como alguém racional reagiria perante tal conduta.[431] A abordagem forneceria parâmetros mais precisos para avaliar a gravidade do crime perpetrado pelo infrator, pois permitiria uma valoração mais criteriosa sobre a lesão imposta à vítima e as circunstâncias do cometimento da conduta.[432]

2.2.4.c. Klaus Günther

A pena seria diferente de outras reações ao cometimento de crimes em virtude de ter um "significado simbólico-expressivo" (*symbolisch--expressive Bedeutung*).[433] Esse fator impediria que a pena fosse abolida e substituída por uma compensação de danos entre a vítima e o autor do delito.[434] Em relação ao referido atributo da pena, são

430. Idem. *Straftheorien*, op. cit., p. 41; Idem. *Distribution of Punishment: The Role of a Victim's Perspective*, op. cit., p. 175 a 177; Salienta-se a diferença terminológica entre uma "perspectiva vitimal' (*a victims's perspective*) e "perspectiva de uma vítima" (*the victims's perspective*). A primeira seria objetiva e a segunda subjetiva (Idem, ibidem, p. 177); A abordagem proposta não implica punir segundo as preferências do individuo diretamente vitimado pelo crime. As impressões da vítima concreta em relação ao infrator seriam irrelevantes, pois tal abordagem resultaria em decisões legais moldadas por sentimentos e emoções pessoais. A equidade e uniformidade das sentenças condenatórias poderiam ser comprometidas, pois, em virtude de preferências individuais, condutas iguais poderiam ser punidas de maneiras consideravelmente distintas (Idem, ibidem, p. 177).

431. Idem. *Distribution of Punishment: The Role of a Victim's Perspective*, op. cit., p. 176 e 177.

432. Idem, ibidem, p. 176 e 209.

433. GÜNTHER, Klaus. *Die symbolisch-expressive Bedeutung der Strafe: Eine neue Straftheorie jenseits von Vergeltung und Prävention?*, op. cit., p. 206;.

434. A proposta foi apresentada em uma coletânea em comemoração ao septuagésimo aniversário de Klaus Lüderssen. Destacam-se algumas propostas do penalista homenageado: a "compensação de danos" (*Schadensausgleich*) seria uma alternativa à pena; as medidas de ressocialização baseadas na terapia social e desprovidas de elementos coercitivos seriam um meio de prevenção criminal mais eficiente do que punir o infrator; a proteção de bens jurídicos seria mais efetiva e menos intrusiva se realizada por sanções administrativas ou pela compensação de danos no âmbito jurídico-civil. (LÜDERSSEN, Klaus. *Abschaffen des Strafens?* Frankfurt am Main: Suhrkamp Verlag, 1995, p. 259 a 278). Nota-se que o intuito de Klaus Günther era questionar a proposta de Klaus Lüderssen, argumentando que pena não poderia ser transformada em uma compensação cível em virtude de ter um significado simbólico-expressivo (GÜNTHER, Klaus. *Die symbolisch-expressive Bedeutung der Strafe: Eine neue Straftheorie jenseits von Vergeltung und Prävention?*, op. cit., p. 207)

propostas duas teses: primeira, o significado simbólico-expressivo da reação perante a conduta desviante deve ser publicamente exposto e não pode ser reduzido a uma compensação entre a vítima e o autor;[435] segunda, o significado simbólico-expressivo não dependeria de uma representação através da pena,[436] pois poderia ser igualmente exteriorizado por uma sentença condenatória, cuja prolação decorreria de um processo penal formal, público e pautado pelo objetivo de avaliar a culpabilidade do agente.[437]

Um símbolo seria um sinal representante de um significado, ou seja, a compensação de um dano poderia ser considerada um sinal, pois o valor da prestação entregue representaria o que foi deteriorado.[438] O significado da prestação restitutiva seria totalmente determinado pelo valor daquilo que deve ser restituído. Uma prestação que só representa os danos causados por alguém parece expressar um significado menor do que aquele pelo qual se impõe uma pena. Deve reconhecer-se a necessidade de conhecer a perspectiva da vítima para decodificar o significado sobressalente da pena em relação à compensação e restituição.

A experiência de uma vítima não poderia ser reduzida a lesões imediatas e materiais, pois, além de implicar sentimentos negativos, tais como o desprezo, a humilhação e a degradação, também originaria uma demanda satisfatória por parte do indivíduo que sofreu o crime.[439] As condutas capazes de ter tamanho impacto seriam designadas "delitos de integridade" (*Integritätsdelikten*), pois afetariam a identidade física e psíquica, isto é, a integridade pessoal da vítima.[440] Os estudos

435. GÜNTHER, Klaus. *Die symbolisch-expressive Bedeutung der Strafe: Eine neue Straftheorie jenseits von Vergeltung und Prävention?*, op. cit., p. 207.

436. Idem, ibidem, p. 207; Menciona-se especificamente o aspecto da pena que implica a inflicção de um mal ao infrator (Idem, ibidem, p. 207).

437. Idem, ibidem, p. 207.

438. Idem, ibidem, p. 207.

439. Idem, ibidem, p. 207.

440. Idem, ibidem, p. 208; Em sociedades hierarquizadas, os delitos de integridade, além de afetarem a identidade física e psíquica, também seriam percebidos como um desprezo pela posição social da vítima. O conteúdo simbólico da pena e do crime não seria perceptível através dos sentidos, pois seriam decorrentes de interpretações. Pode estimar-se que a percepção do crime como uma afronta e desprezo teria primeiramente ocorrido em sociedades nas quais a posição social de um indivíduo detinha grande importância. Uma afronta à posição social seria um motivo de grande humilhação e

psicológicos sobre a vivência de crimes graves, tais como o sequestro e o estupro, indicam que as vítimas experimentam sentimentos de impotência e desamparo ao sofrer tais condutas.[441] O significado central do desprezo manifesto por tais delitos não dependeria de uma afronta à posição social, mas de uma deterioração da autoestima e autoconfiança da vítima.[442] O cometimento do crime comprometeria o valor que a vítima atribui à própria vida.[443]

O significado simbólico-expressivo da pena também poderia ser encontrado na pretensão punitiva pública, ou seja, a perspectiva da coletividade seria imprescindível para delimitar o significado sobressalente da pena em face da compensação.[444] Em um plano abstrato, a demanda satisfatória da vítima seria oposta ao interesse estatal de autopreservação.[445] Uma forma de dirimir essa controvérsia seria indagar a terceiros não vitimados, porém possível e indiretamente afetados, sobre qual seria o significado do crime. Esses indivíduos não seriam indiferentes à aviltosa experiência imposta à vítima de uma conduta delitiva. A reação expressiva da vítima ao crime e o ato coletivo de indignação moral estariam relacionados.[446] A pena

passível de afetar a honra, reputação, status e mérito de alguém. Esse fato ensejaria uma reação por parte do indivíduo afetado, o qual buscaria satisfação pela desonra sofrida. A pena não significaria apenas um ressarcimento de danos, mas a satisfação da vítima que a implementava. Apesar de sociedades modernas serem baseadas na igualdade entre os cidadãos, o desprezo e afronta da honra ainda pertenceriam ao contexto moral subjacente aos conflitos sociais. Se tais concepções ainda persistem em sociedades atuais, não surpreende que a experiência de ser vítima de um delito de integridade ainda tenha um significado de afronta e degradação (Idem, ibidem, p. 208 e 209).

441. Idem, ibidem, p. 210 e 211.

442. Idem, ibidem, p. 211; HONNETH, Axel. *Kampf um Anerkennung: Zur moralischen Grammatik sozialer Konflikte*. Frankfurt am Main: Suhrkamp Verlag, 1992, p. 214.

443. GÜNTHER, Klaus. *Die symbolisch-expressive Bedeutung der Strafe: Eine neue Straftheorie jenseits von Vergeltung und Prävention?*, op. cit., p. 211; Deve mencionar-se que esses seriam casos extremos e nem todas as vítimas seriam atormentadas pela experiência de tais condutas, porém o espectro pairaria sobre os que já sentiram as emoções negativas proporcionadas por delitos de integridade (Idem, ibidem, p. 211).

444. Idem, ibidem, p. 215; Nesse contexto, o termo “pretensão punitiva pública” (*öffentliche Strafanspruch*) não é empregado como um sinônimo de “pretensão punitiva estatal” (*staatliche Strafanspruch*) (Idem, ibidem, p. 215).

445. Idem, ibidem, p. 215.

446. Idem, ibidem, p. 216; STRAWSON, Peter Frederick. *Freedom and Resentment*, op. cit., p. 1.

seria uma expressão de reprovação moral e teria como fundamento a "atitude participante" (*teilnehmenden Einstellung*) com a qual os indivíduos reagem às violações e lesões que um terceiro inflige à vítima.[447] Essa atitude refletiria a compaixão pelo sujeito passivo, mas também reconheceria o infrator como uma parte integrante da relações que compõem a comunidade.[448]

As atitudes participantes seriam um fator recorrente da vida em sociedade.[449] A "atitude observante" (*beobachtenden Einstellung*) seria diferente da contraparte "participante", pois somente seria adotada quando inexistisse motivo para a repreensão, tendo em vista que, nestas ocasiões, o agente nada poderia ter feito para impedir o resultado que causou.[450] A pena somente faria sentido se compreendida como expressão de uma atitude participante. A relação entre a reação individual da vítima e a reprovação generalizada de um crime por terceiros também estaria baseada em uma atitude participante. O ressentimento da vítima surgiria da experiência direta de uma violação realizada por outrem, ou seja, estaria relacionado com a "atitude reativa pessoal" (*persönliche reaktive Einstellung*) do indivíduo afetado pelo delito.[451] Um terceiro não afetado pelo crime reagiria de forma vicariante pela vítima, pois estaria expressando a indignação moral provocada pela conduta do infrator.[452] A reação vicariante de um terceiro estaria baseada na expectativa de consideração e respeito mútuo igualmente nutrida pela vítima.[453] A indignação moral de terceiros perante o crime teria um teor igual ao ressentimento da vítima perante o autor dessa conduta.[454] A indignação generalizada seria nutrida pelo ressentimento

447. Idem, ibidem, p. 216; Idem, ibidem, p. 21; O termo alemão destacado foi traduzido do original em inglês "atitude reativa participante" (*participant reactive attitude*) (Idem, ibidem, p. 21).

448. GÜNTHER, Klaus. *Die symbolisch-expressive Bedeutung der Strafe: Eine neue Straftheorie jenseits von Vergeltung und Prävention?*, op. cit., p. 216.

449. Idem, ibidem, p. 216.

450. A atitude observante também pode ser designada como "atitude objetivante" (*objektivierenden Einstellung*) (Idem, ibidem, p. 216).

451. Idem, ibidem, p. 216; STRAWSON, Peter Frederick.*Freedom and Resentment*, op. cit., p. 14.

452. Idem, ibidem, p. 216; Idem, ibidem, p. 14.

453. Idem, ibidem, p. 216; Idem, ibidem, p. 14.

454. GÜNTHER, Klaus. *Die symbolisch-expressive Bedeutung der Strafe: Eine neue Straftheorie jenseits von Vergeltung und Prävention?*, op. cit., p. 217.

do indivíduo afetado pelo crime. A vítima estaria presente na reação de censura que a comunidade direciona ao infrator, pois o ressentimento do sujeito passivo seria igualmente dividido com outros indivíduos em um ato de identificação e solidariedade moral. Deve ressaltar-se que a indignação moral de terceiros não seria pautada pela vivência específica de um indivíduo afetado por um crime, ou seja, a vítima seria referida somente como uma pessoa moral. O juízo reprobatório que a comunidade impõe ao infrator seria unicamente baseado na expectativa de consideração e respeito mútuo válido para todos. A reação vicariante da comunidade seria abstrata, pois a perspectiva da vítima seria considerada somente nos aspectos generalizáveis aos demais membros do convívio social.

A função expressiva diferenciaria a pena de outras reações desencadeadas pela infração da norma jurídica, tais como multas, sanções administrativas e compensações cíveis.[455] A pena seria mais que o apreçamento de uma conduta ou a imposição de um custo à infração da norma, pois teria um "simbolismo reprobatório" (*missbilligenden Symbolismus*) que expressa o desvalor que a comunidade lega ao infrator e à conduta incorrida.[456] A pena seria diferenciada de um acerto restitutório ou compensatório por desempenhar performaticamente a reprovação coletiva da comunidade através da inflição de um mal ao infrator.[457] Os efeitos preventivo-criminais eventualmente proporcionados pela pena seriam apenas externalidades positivas.[458]

A pena não seria dirigida unicamente à comunidade, pois o infrator também seria um destinatário da reprovação expressa pelo ato punitivo.[459] A censura penal reconheceria o autor do crime como

455. Idem, ibidem, p. 217; FEINBERG, Joel. *The Expressive Function of Punishment*, op. cit., p. 397 a 400.

456. Idem, ibidem, p. 217; Idem, ibidem, p. 397 a 400; A expressividade da pena também seria fundamental para derivar outras funções de caráter simbólico, tal como o "repúdio das autoridades" (*authoritative disavowal*), a "não-aquiescência simbólica" (*symbolic nonacquiescence*), a "vindicação da lei" (*vindication of the law*) e a "absolvição dos outros" (*absolution of others*) indivíduos implicados como suspeitos (Idem, ibidem, p. 397 a 400).

457. Idem, ibidem, p. 217 e 218; Idem, ibidem, p. 397 a 400

458. Idem, ibidem, p. 217; Idem, ibidem, p. 397 a 400.

459. Idem, ibidem, p. 218; VON HIRSCH, Andrew. *Censure and Sanctions*, op. cit., p. 10

um sujeito moralmente autônomo.[460] A atribuição desse status não ocorreria em casos resolvidos por restituições ou compensações, pois o agente seria tratado de uma forma meramente estratégica, calculista e alienada da própria capacidade moral.[461] O mal infligido pela pena não seria uma retribuição, mas uma expressão de censura.[462]

A pena seria uma reação dotada de um significado simbólico-expressivo contraposto àquele emanado pelo crime.[463] A pena não seria pertinente a uma mera afronta ilícita ao direito de outrem, mas ao significado expresso pela conduta violadora. O significado do crime estaria relacionado à coletividade, pois uma conduta "contrária à norma" (*Gegen-Norm*) questionaria a "afirmação da norma" (*Normbejahung*).[464] A experiência de sofrer um crime teria aspectos generalizáveis que transcenderiam a lesão individual-psicológica e demandariam uma reação maior que a mera compensação de danos.[465] O cerne do conteúdo simbólico-expressivo da pena seria declarar publicamente a ilicitude de uma conduta imputável a um indivíduo e declarar que a coletividade não aceitará tal forma de agir. Essa declaração seria proferida perante a vítima, o infrator e a coletividade. A vítima seria reconhecida como alguém que não sofreu um mero infortúnio ou fatalidade, mas uma conduta ilícita reprovada pela coletividade. A vítima também seria comunicada sobre o fato de não ter tido culpa, pois o ocorrido seria imputado a um terceiro. O ilícito perpetrado seria atribuído ao infrator e o significado de tal conduta seria neutralizado.[466] Declara-se ao agente o fato de ser reconhecido como um indivíduo moralmente capaz.[467] A comunidade seria informada de que o ocorrido não foi um infortúnio, mas uma

460. Idem, ibidem, p. 218; Idem, ibidem, p. 10.

461. Idem, ibidem, p. 218; Idem, ibidem, p. 10.

462. Idem, ibidem, p. 218; Idem, ibidem, p. 10.

463. GÜNTHER, Klaus. *Die symbolisch-expressive Bedeutung der Strafe: Eine neue Straftheorie jenseits von Vergeltung und Prävention?*, op. cit., p. 218.

464. Idem, ibidem, p. 218; JAKOBS, Günther. *Das Schuldprinzip*. Opladen: Westdeutscher Verlag, 1993, p. 27.

465. GÜNTHER, Klaus. *Die symbolisch-expressive Bedeutung der Strafe: Eine neue Straftheorie jenseits von Vergeltung und Prävention?*, op. cit., p. 218.

466. Idem, ibidem, p. 218 e 219.

467. Idem, ibidem, p. 219.

conduta ilícita, inaceitável e impassível de ser atribuída à vitima ou aos demais membros da comunidade.

A associação entre a reação reprovadora e a pena que inflige um mal ao infrator seria uma convenção historicamente contingente e mutável.[468] A inflicção de um mal ao infrator seria desnecessária, pois o conteúdo simbólico-expressivo da pena seria suficientemente expresso através de um processo penal público e formal, cujo objetivo seria aferir a ilicitude e culpabilidade da conduta do infrator. Uma declaração pública da sentença condenatória expressaria a repreensão da comunidade perante a conduta do infrator e teria a atribuição de atender a demanda satisfatória da vítima.

2.2.4.d. Apreciação crítica

Um objeto de investigação constante nas teorias abordadas é indagar se existem e quais seriam as necessidades, demandas e interesses da vítima em relação à pena.

Para Jean Hampton, o sistema punitivo respeitável pressupõe que uma conduta que inflija uma "lesão moral" à vitima deve ser punida com uma resposta retributiva. O ato punitivo teria um significado de "diminuição" do autor perante a vítima, isto é, anula o conteúdo moral expresso pelo crime. Um traço marcante dessa proposta é reconhecer que, para vindicar o valor moral da vítima, pode ser necessário afrontar o algoz. Um ponto criticável seria o fato de a vítima permanecer como um expectador da empreitada punitiva. Apesar de a pena visar anular a aparente depreciação expressa por uma lesão moral, o indivíduo afetado por tal conduta permanece restrito a uma condição passiva. A vítima estaria alienada do ato voltado a restaurar-lhe a percepção do próprio valor e reconhecimento perante os demais membros da sociedade.

A definição de "lesão moral" suscitaria dúvidas quanto à determinação das vítimas, cujo valor deveria ser reivindicado por uma resposta retributiva. A insatisfação com o conceito pode ser demonstrada por um caso em que alguém sofre um crime considerado grave,

468. Idem, ibidem, p. 219.

porém desprovido de um dos elementos atribuídos à lesão moral.[469] Deve reconhecer-se que uma vasta gama de crimes é incompatível com tal conceito, pois não significam uma depreciação da vítima ou efetivamente ameaçam-lhe a habilidade de perceber o próprio valor ou tê-lo reconhecido perante os demais membros da sociedade.[470] A proposta contemplaria apenas os indivíduos afetados por crimes que constituam uma lesão moral, um conceito insuficiente para abarcar diversas condutas atualmente criminalizadas.[471] Por exemplo, uma pessoa que tem um bem altamente valioso furtado ou a propriedade vandalizada não teria sofrido uma lesão moral.[472] A proposta ultimamente implicaria aceitar que as vítimas de tais crimes não seriam "qualificadas" para ter o valor vindicado por uma resposta retributiva.

Tatjana Hörnle apresenta uma formulação mais inclusiva, pois não distingue os indivíduos em virtude de terem sido vitimados por um tipo de conduta agravada por expressar certo conteúdo moral. Em contradição ao proposto por Jean Hampton, o critério adotado seria o fato de o sujeito passivo ser um indivíduo. Reconhece-se que o fato de sofrer um crime já poderia incutir uma demanda retributiva, cuja intensidade seria proporcional à gravidade, violação da intimidade e afetação da vida posterior da vítima. Apesar de refratária a ingerência do sujeito passivo na determinação da pena, a autora expõe uma

469. DUFF, Antony. *Penal Communications: Recent Work in the Philosophy of Punishment*, op. cit., p. 37; Idem. *Justice, Mercy and Forgiveness*. In *Criminal Justice Ethics*, Vol. 9, 1990, p. 54 e 55.

470. DUFF, Antony. *Penal Communications: Recent Work in the Philosophy of Punishment*, op. cit., p. 37 e 38; HAMPTON, Jean. *Correcting Harms Versus Righting Wrongs: The Goal of Retribution*, op. cit., p. 1678, 1681, 184 e 1685.

471. DUFF, Antony. *Penal Communications: Recent Work in the Philosophy of Punishment*, op. cit., p. 38.

472. Idem, ibidem, p. 38; Além de propiciar a desconsideração de diversas vitimas, aparenta haver uma circularidade argumentativa entre os conceitos de "resposta retributiva" e "lesão moral". A proposta afirma que uma resposta retributiva seria necessária perante uma lesão moral que compromete a percepção ou realização do valor da vítima. A compreensão do conceito lesão moral também pressuporia o porquê de tal lesão necessitar de uma resposta retributiva. A proposta incorreria em uma circularidade ao argumentar que uma conduta é "moralmente lesiva" em virtude de comprometer o valor da vítima, caso não haja uma resposta retributiva. A própria definição de lesão moral parcialmente faz referência a necessidade de uma resposta retributiva, enquanto que a noção de resposta retributiva demonstra o porquê de uma resposta retributiva ser necessária (Idem, ibidem, p. 38).

relação entre o anseio retributivo e o crime sofrido que permitiria conceber critérios razoáveis para um modelo de participação da vitima na empreitada punitiva.

O ceticismo da autora em relação às teorias da pena unidimensionais deve ser destacado.[473] A diversidade das condutas criminalizadas e a existência de interesses heterogêneos em relação à pena obstam que uma formulação "purista" seja suficientemente convincente.[474] A constatação deixa entrever a necessidade de considerar o crime cometido ao fundamentar a punição do infrator. Apesar de uma teoria "fragmentada" parecer implausível e problemática,[475] admite-se a pertinência em diferenciar a fundamentação da pena imposta aos delitos interpessoais, pois tais condutas pressupõem um indivíduo como sujeito passivo e um destacado interesse punitivo da vítima.

Outro ponto digno de menção seria o reconhecimento de um direito da vítima à condenação do infrator, isto é, uma declaração vinculante, na qual o Estado reconhece que o individuo foi lesionado por uma conduta ilícita imputada a um terceiro.[476] Percebe-se uma abordagem mais incisiva de um tema que parece ter sido explorado de forma insuficiente nas obras de autores com quem Tatjana Hörnle compartilha a influência filosófica.[477]

473. HÖRNLE, Tatjana. *Gegenwärtige Strafbegründungstheorie: Die herkömmliche deutsche Diskussion*, op. cit., p. 29 e 30; Idem. *Straftheorien*, op. cit., p. 60; Idem. *Die Rolle des Opfers in der Straftheorie und im materiellen Strafrecht*, op. cit., p. 952.

474. Idem, ibidem, p. 29 e 30; Idem, ibidem, p. 60; Idem, ibidem, p. 952.

475. LEITE, Alaor. *Teorias da pena, de Tatjana Hörnle*. In *Revista Jurídica do Ministério Público do Estado do Paraná*, Ano 1, n. 1, 2014, p. 302 e 303.

476. HÖRNLE, Tatjana. *Expressive Straftheorie*, op. cit., p. 156; Idem. *Gegenwärtige Strafbegründungstheorie: Die herkömmliche deutsche Diskussion*, op. cit., p. 26 e 27; Idem. *Straftheorien*, op. cit., p. 38 a 40; Idem. *Die Rolle des Opfers in der Straftheorie und im materiellen Strafrecht*, op. cit., p. 952.

477. Aqui, cabe menção aos demais autores expressivistas influenciados pela obra de Peter Strawson (STRAWSON, Peter Frederick. *Freedom and Resentment*, op. cit.), tais como Andreas von Hirsch, Klaus Günther e Tobias Zürcher: VON HIRSCH. Andreas. *Warum soll die Strafsanktion existieren? Tadel und Prävention als Elemente einer Rechtfertigung*, op. cit., p. 50; VON HIRSCH, Andrew. *Censure and Sanctions*, op. cit., p. 10; ZÜRCHER, Tobias. *Legitimation von Strafe: Die expressiv-kommunikative Straftheorie zur moralischen Rechtfertigung von Strafe*, op. cit., p. 177 e 178; GÜNTHER, Klaus. *Die symbolisch-expressive Bedeutung der Strafe: Eine neue Straftheorie jenseits von Vergeltung und Prävention?*, op. cit., p. 218.

Ademais, cabe tecer alguns comentários sobre a proposta de estabelecer uma perspectiva vitimal objetiva. A proposta traz uma preocupação válida, pois defende que, durante a mensuração penal, a vítima deve ser considerada, porém de uma maneira que não comprometa a racionalidade do processo de sentença, o qual não deve ficar à mercê da subjetividade do indivíduo vitimado. A partir desta proposta, percebe-se que a consideração da vítima e o zelo pela higidez da mensuração penal seriam objetivos relevantes para a autora. Contudo, tais objetivos poderiam ser promovidos sem que seja necessário afastar a perspectiva subjetiva do indivíduo vitimado e substituí-la por uma perspectiva vitimal objetiva. Neste sentido, pode argumentar-se que, ao invés de estabelecer uma perspectiva vitimal, seria possível recorrer à perspectiva do indivíduo vitimado e condiciona-la através de critérios normativos. Estes critérios teriam a função de impedir os excessos relativos à subjetividade da vítima e, consequentemente, evitar as mazelas elencadas pela autora. Assim, a perspectiva do indivíduo vitimado, limitada por tais critérios, também permitiria uma valoração mais criteriosa da conduta do infrator. Enfim, pontua-se que o maior mérito desta proposta seria o fornecimento de um meio apropriado para lidar com situações em que a vítima já não existe.

A contribuição de Klaus Günther pode ser destacada por asseverar que a pena não poderia ser substituída por outro tipo de reação ao ilícito em virtude de ter um caráter simbólico expressivo. Apesar conter uma análise elucidativa sobre a alienação do sujeito passivo proporcionada pela consolidação do monopólio coercitivo estatal, questiona-se a proposta do autor, pois esta traz uma consideração da vítima unicamente baseada em "aspectos universalizáveis". Essa abordagem é suscetível de um critica análoga àquela apresentada em face da proposta de Tatjana Hörnle sobre uma perspectiva vitimal objetiva.

Outro ponto a ser tomado com ceticismo seria o descaso com a pena que implica a inflicção de um mal ao infrator, pois essa forma de expressar reprovação moral perante o crime seria mutável e superável. Apesar de plausível, essa análise aparenta ser insuficiente para embasar a conclusão de que impor uma privação ao infrator seria desnecessária em virtude de um processo penal publico ser suficiente para expressar a reprovação moral.

Essas teorias podem ser destacadas por esmiuçarem o papel da vítima como um destinatário da expressão penal, representando um avanço qualitativo em relação às formulações anteriormente apresentadas. Apesar de notável dedicação à vítima, as formulações desse grupo não negam que o infrator e a sociedade também devam ser considerados como destinatários do conteúdo expresso pela pena.[478] Trata-se de uma posição adequada, pois o infrator e a comunidade devem ser tidos como destinatários, porém o ponto a ser posteriormente ressaltado é que a vítima deve ter uma primazia nos crimes em que o sujeito passivo é um indivíduo.

Enfim, deve mencionar-se que as obras analisadas deixam entrever certas hesitações: primeiro, promovem a relevância da vítima na teoria da pena, porém aparentam mantê-la em uma posição de expectador; segundo, enfatizam a desaprovação de uma participação ativa da vítima na empreitada punitiva. Subentende-se que os autores querem assegurar ao leitor que suas propostas não incentivam o revanchismo através de meios legais ou fornecem um embasamento jurídico-filosófico para submeter o infrator ao arbítrio da vitima.[479] Apesar de ser um entrave ao desenvolvimento do assunto, a adoção de uma postura que prima em demonstrar temperança seria prudente para evitar a associação com ideias e práticas punitivas pré-modernas ou com grupos políticos que visam promover-se através do recrudescimento penal travestido de zelo pelas vítimas.[480]

3. Considerações conclusivas

A análise dos grupos teóricos permite estabelecer alguns contornos para uma teoria da pena fundamentada na vítima.

478. HÖRNLE, Tatjana. *Gegenwärtige Strafbegründungstheorie: Die herkömmliche deutsche Diskussion*, op. cit., p. 30; GÜNTHER, Klaus. *Die symbolisch-expressive Bedeutung der Strafe: Eine neue Straftheorie jenseits von Vergeltung und Prävention?*, op. cit., p. 217 e 218.

479. HÖRNLE, Tatjana. *Expressive Straftheorie*, op. cit., p. 157 e 158; Idem. *Gegenwärtige Strafbegründungstheorie: Die herkömmliche deutsche Diskussion*, op. cit., p. 27; Idem. *Straftheorien*, op. cit., p. 40 e 41; Idem. *Die Rolle des Opfers in der Straftheorie und im materiellen Strafrecht*, op. cit., p. 952; Idem. *Distribution of Punishment: The Role of a Victim's Perspective*, op. cit., p. 176 e 177.

480. Idem, ibidem, p. 157 e 158; Idem, ibidem, p. 27; Idem, ibidem, p. 40 e 41; Idem, ibidem, p. 952; Idem, ibidem, p. 176 e 177.

O fato de a pena ser fundamentada em conceitos abstratos e coletivistas deixa entrever que a vítima seria menos relevante que a validade da norma ou o Estado de Respeito Mútuo, no qual os cidadãos podem usufruir da liberdade individual. O crime não poderia ser reduzido a uma violação da norma ou afronta ao dever de lealdade ao ordenamento jurídico, pois certas condutas afetariam diretamente o indivíduo.

O enfoque no infrator como destinatário do conteúdo moral expresso pela pena, em detrimento de maiores considerações à vítima, conota uma questionável inversão de prioridades. Apesar de demonstrar consideração pela vítima, o reconhecimento do status vitimal não impede que tal indivíduo acabe restrito a uma condição de passividade, na qual é privado de opinar sobre o juízo condenatório expresso pela pena e, consequentemente, sobre a dimensão moral que atribui ao crime sofrido.

O indivíduo reconhecido como um agente moralmente responsável e capaz não poderia ser privado de integrar um processo comunicativo com o Estado. Deve reconhecer-se que tomar a vítima como mera receptora de uma expressão implica considerá-la como detentora de um status moral inferior ao do infrator. A vítima deve ser contemplada com a possibilidade de participar ativamente no processo de comunicação penal.

A vivência de um crime pode ocasionar um anseio retributivo, cuja intensidade dependeria da gravidade da conduta e personalidade da vítima. A eventual satisfação da demanda retributiva pode pressupor o estabelecimento de um evento em que a vítima tem a oportunidade de expressar o mal sofrido ao algoz. O fato de o aspecto reprobatório da pena ser expresso pela intensidade do ônus punitivo permitiria inferir que a participação ativa na determinação da pena seria uma forma de a vítima expressar e buscar sanar a demanda retributiva decorrente do delito. Uma fundamentação do ato punitivo que efetivamente considere a vítima e supere a alienação proporcionada pelo viés coletivista do debate teórico-penal deve considerar a demanda retributiva do indivíduo afetado pelo crime.

CAPÍTULO III

UMA TEORIA DA PENA BASEADA NA VÍTIMA

1. Considerações introdutórias

O fato de o sujeito passivo individual ser constantemente ignorado indica que o coletivismo prevalece no debate teórico-penal.[1] A referida tendência é bem ilustrada pelas formulações preventivas, as quais tencionam beneficiar a sociedade, admitindo a desconsideração dos interesses e demandas do indivíduo concretamente afetado pelo crime. As objeções expostas no *Primeiro Capítulo – A Pena e a Vítima* permitem observar que as teorias preventivas compartilham um inquietante descaso pelo indivíduo vitimado, o qual, nessas formulações unicamente focadas nos efeitos do crime e da pena para a sociedade, acaba sendo "implicitamente instrumentalizado" em prol de um benefício coletivo, futuro e incerto.

Fundamentar a punição de um delito interpessoal em um benefício coletivo deixa entrever que a vítima, o indivíduo concretamente lesionado pela conduta, seria menos relevante que a sociedade, o grupo composto por aqueles que sequer foram diretamente afetados.

1. HÖRNLE, Tatjana. *Expressive Straftheorie*, op. cit., p. 143; Idem. *Gegenwärtige Strafbegründungstheorie: Die herkömmliche deutsche Diskussion*, op. cit., p. 29; Idem. *Die Rolle des Opfers in der Straftheorie und im materiellen Strafrecht*, op. cit., p. 950 e 951.

Preterir o penar de um indivíduo tangível em favor da "indiferença" de um coletivo abstrato seria uma escolha moralmente criticável e ensejaria questionar a fundamentação da pena unicamente preventiva em relação aos crimes com vítima.

A crítica à alienação da vítima em relação à punição do próprio algoz impele confrontar o viés coletivista predominante. As reflexões apresentadas aduzem a incompletude das teorias que ignoram o indivíduo vitimado ao fundamentar a punição de delitos interpessoais.[2] Por questionar a alienação da vítima em relação à punição do próprio algoz, a teoria proposta tenciona estabelecer o indivíduo concretamente afetado pela conduta como o principal fundamento da pena.

Propor um fundamento específico para punir crimes em que o sujeito passivo é um indivíduo não implica questionar a existência de uma teoria da pena "genérica". Trata-se apenas de reconhecer que a maioria das formulações com destaque no debate teórico-penal é insuficiente para fundamentar a punição de delitos interpessoais, pois adota um viés coletivista alheio à condição da vítima.

Apesar de ter o enfoque no indivíduo vitimado, a teoria proposta não menosprezaria o coletivo, pois o fundamento para punir os "crimes sem vítimas" ainda seria a prevenção criminal. As condutas em que o sujeito passivo não é uma pessoa tutelam bens jurídicos supraindividuais, isto é, faz sentido que a fundamentação da pena tenha um viés coletivista focado nos benefícios sociais de uma reduzida incidência delitiva. A "regra" seria uma fundamentação coletivista para a pena.

Os crimes que pressupõem uma pessoa como sujeito passivo tutelam bens jurídicos individuais, isto é, é coerente que a pena tenha um fundamento individualista focado na vítima. A fundamentação da pena imposta aos delitos interpessoais excepciona a "regra" previamente mencionada, pois o viés individualista suplanta o coletivista, ou seja, a promoção de efeitos sociais benéficos é considerada menos relevante que a vítima.

2. Idem, ibidem, p. 143; Idem, ibidem, p. 29 e 30; Idem, ibidem, p. 952; Idem. *Straftheorien*, op. cit., p. 58 a 60.

Ressalta-se que a proposta não tenciona estabelecer o sujeito passivo individual como o fundamento exclusivo para punir delitos interpessoais. Trata-se de uma fundamentação que pode ser harmonizada com considerações sobre a profilaxia de crime futuros. Apesar de o individualismo ser mais relevante que o coletivismo, a anuência com a prevenção criminal demonstra a possibilidade de os dois vieses serem combinados para fundamentar a punição de delitos interpessoais. A compatibilização com uma teoria coletivista seria possível, isto é, desde que o principal fundamento da pena seja individualista e focado na vítima.

Outro ponto a ser destacado é o fato de a proposta não visar estabelecer uma teoria da pena para cada crime, isto é, fundamentar o ato punitivo segundo a gravidade da conduta delitiva.[3] Trata-se de uma proposição potencialmente nociva, pois poderia significar a relativização do fundamento para punir certos crimes.[4] A preocupação pode ser ilustrada por um cenário em que a punição de um delito leve é banalizada, pois o fundamento da pena é atrelado à gravidade da conduta.[5]

Além disso, refuta-se uma proposição que tencione agrupar os crimes e estabelecer uma fundamentação da pena comum para cada conjunto delitivo.[6] Apesar de aparentar ser mais razoável, trata-se de uma proposição de parca exequibilidade.[7]

Admite-se que o critério para sistematizar as condutas proscritas seria um ponto controvertido, pois determinaria a composição de cada grupo delitivo, ou seja, quais crimes seriam punidos por um fundamento e quais seriam punidos por outro. O fato de influir diretamente na punição do crime deixa entrever que o critério aglutinador adotado também deve ser fundamentado. Afinal, além de incrementar a complexidade para a fundamentação da pena, a proposição também seria criticável por possibilitar a relativização dos pressupostos normativos

3. LEITE, Alaor. *Teorias da pena, de Tatjana Hörnle*, op. cit., p. 303.
4. Idem, ibidem, p. 303 e 304.
5. Idem, ibidem, p. 304.
6. Idem, ibidem, p. 303 e 304.
7. Idem, ibidem, p. 304.

do ato punitivo e banalização da pena imposta aos delitos incluídos em certos grupos.

Apesar de advertir quanto a uma teoria que relacione o fundamento da pena e a gravidade da conduta delitiva, o argumento não obsta que existam pressupostos normativos específicos para punir certos crimes. A existência de "fundamentações" da pena só seria nociva ao esvaziar o pressuposto normativo para punir certos crimes e incrementar o pressuposto normativo para punir outros. Considerar a vítima ao fundamentar a pena imposta ao autor de um delito interpessoal não implicaria banalizar a punição das demais condutas proscritas. O fato de o principal fundamento para punir delitos interpessoais ser a vítima não altera o pressuposto normativo da pena imposta aos crimes em que o sujeito passivo não é um indivíduo.

Destaca-se a inexistência de um intento em estabelecer uma pluralidade de teorias da pena. Ao invés de propor uma fundamentação da pena para cada conduta ou grupo delitivo, apresenta-se uma teoria que distingue entre os pressupostos normativos para punir os crimes com vítima e os crimes sem vítima. Essa "bipartição teórica" é essencial para a proposta desenvolvida, pois permite elencar o sujeito passivo individual como o principal fundamento para punir crimes com vítimas. O estabelecimento de pressupostos normativos específicos à punição de delitos interpessoais possibilita inserir uma premissa individualista, cujo enfoque seja a vítima, nas teorias da pena.

2. Os fundamentos para uma teoria da pena específica aos delitos interpessoais

Após findar a exposição da premissa para uma teoria da pena centrada na vítima, passa-se a analisar os argumentos para fundamentá-la. Trata-se de uma formulação que pode ser fundamentada em três argumentos, o individualismo normativo, o contratualismo e o expressivismo penal. Os referidos argumentos passam a ser expostos segundo a ordem de menção.

2.1. Individualismo normativo

Pode introduzir-se o tema com a menção de que as ações humanas que afetam terceiros devem ser fundamentadas, tal como a pena criminal.[8] O indivíduo e o coletivo são tomados como elementos centrais de formulações éticas modernas, ensejando dois princípios fundamentadores: o "individualismo normativo" (*normativer Individualismus*) e o "coletivismo normativo" (*normativer Kollektivismus*).[9]

O individualismo normativo propõe que todas as decisões políticas e jurídicas são ultimamente fundamentadas por terem uma pertinência exclusiva com os indivíduos que atingem.[10] O individualismo normativo conteria três subprincípios:[11] "Principio Individual" (*Individualprinzip*), apenas indivíduos[12] podem ser o cerne de uma fundamentação ética, ou seja, somente pessoas devem ser eticamente consideradas ou têm o dever ético de considerar os outros, excluindo-se os coletivos e as entidades holísticas (nação, família, ecossistema etc); "Principio da Generalidade" (*Allprinzip*), todos os indivíduos afetados por uma ação devem ser considerados ao fundamenta-la; "Principio da Consideração Equânime" (*Prinzip der Gleichberücksichtigung*), todos os indivíduos afetados por uma ação ou decisão devem ser igualmente considerados ao fundamenta-la.[13]

8. VON DER PFORDTEN, Dietmar. KÄHLER, Lorenz. *Einleitung*. In VON DER PFORDTEN, Dietmar. KÄHLER, Lorenz (Ed.). *Normativer Individualismus in Ethik, Politik und Recht*. Tübingen: Mohr Siebeck, 2014, p. 1.

9. Idem, ibidem, p. 1 a 5; VON DER PFORDTEN, Dietmar. *Normative Ethik*, op. cit., p. 17 e 18; Idem. *Normativer Individualismus und das Recht*. op. cit., p. 1069.

10. Idem, ibidem, p. 2 a 4; Idem, ibidem, p. 17 e 18; Idem, ibidem, p. 1069.

11. VON DER PFORDTEN, Dietmar. KÄHLER, Lorenz. *Einleitung*, op. cit., p. 2.

12. Em um sentido ético-normativo, a formulação estabelece que "indivíduos" (*Individuen*) seriam as pessoas, animais, plantas, microrganismos e objetos que tenham certo nível de relevância social (por exemplo, pedras). Em contraposição, os coletivos seriam junções de indivíduos, tais como grupos de pessoas, animais e demais objetos da natureza (famílias, nações, Estados, raças, biótipos, ecossistema, regiões, biosfera etc). Os limites de um nível de relevância ético-normativa de objetos grandes ou pequenos seriam essencialmente determinados pela "perceptibilidade" (*Erkennbarkeit*), "capacidade de consideração" (*Berücksichtigungsfähigkeit*) e "possível influência na ação" (*mögliche Handlungsbeeinflussung*) de outros indivíduos afetados (VON DER PFORDTEN, Dietmar. *Normative Ethik*, op. cit., p. 25). O conceito "indivíduo" assume um significado abrangente nessa formulação, pois não necessariamente faz referência a um Ser Humano, mas a uma entidade individual. Ressalta-se que o termo será usado unicamente em referência a um Ser Humano. Afinal, o indivíduo moralmente relevante para as teorias da pena é necessariamente uma pessoa.

13. VON DER PFORDTEN, Dietmar. KÄHLER, Lorenz. *Einleitung*, op. cit., p. 2; VON DER PFORDTEN, Dietmar. *Normative Ethik*, op. cit., p. 23 e 24.

O individualismo normativo enfatiza que uma consideração séria pelos indivíduos pressupõe não lhes atribuir qualidades predeterminadas.[14] As pessoas devem poder escolher o aspecto da própria individualidade que seria decisivo em termos de legitimidade política.[15] O traço determinante para fundamentar ações políticas e jurídicas seria aferido ao observar o efetivo consentimento e os atuais desejos e objetivos dos indivíduos afetados. A impossibilidade de tal averiguação conduz a uma segunda análise, na qual devem ser buscados prévios desejos e objetivos. Uma vez constatada a inviabilidade da empreitada, propõe-se uma terceira opção que amplia o escopo da busca, incluindo presunções concretas sobre os efetivos desejos e objetivos do indivíduo afetado. Caso a alternativa anterior também esteja indisponível, deve recorrer-se aos interesses e necessidades abstratas. Essa escala decrescente de considerações pode ser sumarizada com a terminologia "interesse" (*Interesse*).[16]

O coletivismo normativo postula que a derradeira fundamentação de decisões políticas e jurídicas seja referente a uma entidade coletiva (nação, povo, movimento político, raça, etnia, sociedade, economia, comunidade, categoria funcional etc), a qual legitima as escolhas realizadas.[17] As decisões não consideram os indivíduos afetados, pois a legitimidade advém da referência à coletividade, sendo esta percebida como um fim em si mesmo.[18]

Apesar de o individualismo e o coletivismo normativo terem

14. VON DER PFORDTEN, Dietmar. *Normative Ethik*, op. cit., p. 50; Idem. *Normativer Individualismus und das Recht*, op. cit., p. 1071; Cabe mencionar algumas das formulações a discorrer sobre a característica humana determinante para fundamentar ações políticas: *"busca pela autopreservação (Hobbes), consentimento fático (Locke), vontade, arbítrio (Rousseau, Kant), prazer e sofrimento, satisfação de interesses (Bentham, Mill, utilitarismo), direitos (Nozick, Dworkin), necessidades (Apel), liberdades (v. Hayek), interesses (Höffe, Hoerster, Patzig), preferências (Arrow, Gauthier), habilidades (Sen), aceitação, justificação fictícia (Scalon, Koller), totalidade dos julgamentos político-individuais (Nida-Rümelin)"* (Idem, ibidem, p. 1071).

15. VON DER PFORDTEN, Dietmar. *Normativer Individualismus und das Recht*, op. cit., p. 1071.

16. Idem, ibidem, p. 1071.

17. VON DER PFORDTEN, Dietmar. KÄHLER, Lorenz. *Einleitung*, op. cit., p. 3; VON DER PFORDTEN, Dietmar. *Normativer Individualismus und das Recht*, op. cit., p. 1069.

18. Idem, ibidem, p. 3; Idem, ibidem, p. 1070.

reduzido a influência de formulações éticas baseada em elementos transcendentais (Deus, direito natural, natureza etc), apenas o primeiro fundamenta decisões politicas e jurídicas de forma efetivamente imanente.[19] Ressalta-se o fato de a consideração ética por indivíduos e coletivos ser essencialmente assimétrica.[20] A assertiva pode ser demonstrada pela dissolubilidade de entes coletivos, pois inexiste um fundamento ético e secular para preservar a existência de uma entidade grupal se os indivíduos que a compõe quiserem termina-la.[21] A extinção de um coletivo pela vontade dos próprios membros não é repreensível e é indiferente sob uma perspectiva ética.[22] A valoração de um coletivo decorre dos indivíduos que o compõe, ou seja, trata-se de um ente desprovido de um valor intrínseco e imanente.[23]

Ainda que o termo possa sugerir o contrário, o individualismo normativo é compatível com objetivos gerais e metas coletivas, os quais podem ser promovidos se forem referentes ao interesse das pessoas afetadas.[24] As ações necessariamente coletivas voltadas à realização de projetos comuns, tal como a tributação, seriam concebíveis.[25] O individualismo normativo não deve ser tomado com uma subscrição das teorias libertárias.[26] O referido princípio também não inibiria a intervenção das autoridades para coibir o uso arbitrário

19. Idem, ibidem, p. 3; Idem, ibidem, p. 1070.

20. VON DER PFORDTEN, Dietmar. KÄHLER, Lorenz. *Einleitung*, op. cit., p. 4.

21. Idem, ibidem, p. 4; VON DER PFORDTEN, Dietmar. *Normativer Individualismus und das Recht*, op. cit., p. 1079.

22. Idem, ibidem, p. 4; Idem, ibidem, p. 1079.

23. VON DER PFORDTEN, Dietmar. KÄHLER, Lorenz. *Einleitung*, op. cit., p. 4.

24. VON DER PFORDTEN, Dietmar. *Normativer Individualismus und das Recht*, op. cit., p. 1070 e 1071.

25. Idem, ibidem, p. 1070.

26. VON DER PFORDTEN, Dietmar. KÄHLER, Lorenz. *Einleitung*, op. cit., p. 4; VON DER PFORDTEN, Dietmar. *Normativer Individualismus und das Recht*, op. cit., p. 1070; Argumenta-se que o fato de as propostas libertárias entravarem o exercício da autoridade política e da regulação jurídica em prol da atuação de uma "mão invisível" deixa entrever a possível ocorrência de resultados que desconsideram os indivíduos envolvidos. Salienta-se a diferença entre a perspectiva individual-normativa e aquelas mantida por autores que efetivamente propõem concepções estatais minimalistas, tais como Robert Nozick e David Gauthier (Idem, ibidem, p. 1070; GAUTHIER, David. *Morals by Agreement*. Oxford: Oxford University Press, 1986; NOZICK, Robert. *Anarchy, State, and Utopia*. Nova York: Basic Books, 1974, p. 18, 26 a 29).

da força e a causação de danos por terceiros.[27] O individualismo normativo não implica em relativizar a justificação ética.[28] Apesar de os desejos, necessidades e objetivos particulares dependerem dos indivíduos afetados pelas decisões, reconhece-se a existência de demandas que são fundamentais, pois são imprescindíveis para a vida humana (ar, água, alimentação etc).[29]

2.1.1. Apreciação crítica do individualismo normativo como fundamento para uma teoria da pena específica aos delitos interpessoais

O fato de o ato punitivo representar uma considerável intrusão estatal na esfera individual impele reconhecer a necessidade de fundamenta-lo.[30] As teorias da pena seriam uma concretização essencial do individualismo normativo, o qual aduz que todos aqueles que sejam afetados devem ser considerados pela fundamentação do ato punitivo.[31] O conceito de "afetação" (*Betroffenheit*) pressupõe uma ação efetivamente capaz de condizer ou contradizer os atributos morais essenciais de pessoas em um caso concreto.[32] O fato de a afetação ser um requisito para considerar um indivíduo na tomada de uma decisão politico-jurídica impele delimitar quem seriam as pessoas atingidas pela pena.

Trata-se de um questionamento a ser respondido em dois âmbitos, sendo o primeiro relativo à cominação penal. A criação de uma norma

27. VON DER PFORDTEN, Dietmar. *Normativer Individualismus und das Recht*, op. cit., p. 1070; Inclusive, a doutrina liberal, precedente ao individualismo normativo, contraria violações aos direitos humanos, tais como vida, integridade física, liberdade e propriedade. Apesar de ter uma relação estreita com o liberalismo, o individualismo normativo é mais elementar, pois demonstra a direta relação com aqueles que proporcionam e demandam legitimidade, isto é, os indivíduos. O liberalismo é o programa social, político e jurídico que concretiza o individualismo normativo (VON DER PFORDTEN, Dietmar. KÄHLER, Lorenz. *Einleitung*, op. cit., p. 2).

28. VON DER PFORDTEN, Dietmar. *Normativer Individualismus und das Recht*, op. cit., p. 1070.

29. Idem, ibidem, p. 1070.

30. Idem, ibidem, p. 1075.

31. VON DER PFORDTEN, Dietmar. KÄHLER, Lorenz. *Einleitung*, op. cit., p. 2 a 4; VON DER PFORDTEN, Dietmar. *Normative Ethik*, op. cit., p. 17, 18 e 25; Idem. *Normativer Individualismus und das Recht*, op. cit., p. 1075.

32. VON DER PFORDTEN, Dietmar. *Normative Ethik*, op. cit., p. 25.

incriminadora comina uma pena aos indivíduos que incorrerem em certa conduta anteriormente permitida. O fato de a referida lei ser indistintamente aplicável aos membros de um convívio social expõe uma afetação de todos esses indivíduos, os quais passam a ser tolhidos de uma forma de agir. O individualismo normativo pressupõe que o estabelecimento de tal vedação legal deve ser fundamentado perante os indivíduos que afeta. A cominação de uma pena seria fundamentada em um interesse atribuível a todos os indivíduos na qualidade de "vítimas potenciais", isto é, a proteção perante um terceiro que eventualmente possa incorrer em uma conduta delitiva.[33]

O segundo âmbito é pertinente à imposição do ato punitivo. O infrator pode ser dito como afetado pela pena, pois é submetido a uma intervenção estatal na esfera privada. O fato de ser infligido com uma privação tangível indica que o apenado é fática e moralmente afetado,[34] ou seja, o agente deve constar na fundamentação da pena. Apesar de a necessidade em vislumbrar o criminoso ser facilmente percebida, o critério de afetação não explicita uma razão para considerar a vítima ao fundamentar a imposição da pena. Inclusive, o contraste com a situação do infrator suscita dúvidas quanto à afetação da vítima, cujo esclarecimento é imprescindível para asseverar se o sujeito passivo individual deve ser considerado ao fundamentar a imposição de um ato punitivo. Podem formular-se as seguintes proposições para sustentar que a pena afeta a vítima nos termos do individualismo normativo.

A primeira hipótese propõe que o sujeito passivo individual seria afetado pela pena ao ser implicado nos atos judiciais que a precedem, isto é, aqueles que apuram e julgam a conduta delitiva imputada ao infrator. Por exemplo, a vítima arrolada como testemunha, submetida à perícia ou ingressada como assistente de acusação. O fato de participar no processo judicial, imprescindível para a imposição de um ato punitivo, seria suficiente para afirmar que a vítima foi "antecipadamente" afetada pela pena. Percebe-se que a proposta iguala a pena ao processo penal, pois considera que a vítima é afetada pelo

33. VON DER PFORDTEN, Dietmar. *Normativer Individualismus und das Recht*, op. cit., p. 1075.

34. Conforme abordado no Capítulo II, a pena não é restrita ao plano meramente factual, pois o ônus concreto imposto ao infrator expressa a condenação da conduta incorrida, ou seja, pode dizer-se que o agente punido também seria moralmente afetado.

ato punitivo apenas por ser implicada nos atos judiciais que visam apurar e julgar a conduta do infrator. A referida imprecisão seria suficiente para perceber que a vítima não é afetada pela pena. Ainda que o processo penal possa ter "afetado" a vítima, a alegação não pode ser estendida à imposição do ato punitivo. A primeira hipótese demonstra que a vítima não é afetada pela pena.

A segunda hipótese propõe que a pena afetaria a vítima através do bem jurídico tutelado. A punibilidade de delitos interpessoais seria ultimamente remetida à vítima, cujo bem jurídico teria sido violado.[35] A pena afetaria a vítima ao tutelar-lhe um bem jurídico individual. A hipótese também seria insatisfatória, pois a tutela penal de um bem jurídico atribuído ao sujeito passivo, ao invés do próprio indivíduo vitimado pelo crime, deixa entrever que o ato punitivo tem uma "afetação" restrita ao plano abstrato. A segunda hipótese também aponta que o sujeito passivo não é afetado pelo ato punitivo imposto ao infrator.

O conceito de afetação estabelecido pela perspectiva individual-normativa aduz que o ato punitivo não incide sobre a vítima de um delito interpessoal. Inclusive, o indivíduo vitimado não deve ser referido pela fundamentação da pena imposta ao próprio algoz. Insta esclarecer o porquê de as últimas assertivas não comprometerem a compatibilidade do individualismo normativo com uma formulação teórica que toma o sujeito passivo como o fundamento para punir delitos interpessoais.

A vítima não seria considerada apenas por não ser afetada pela pena. O enunciado é meramente descritivo, pois, caso fosse afetado, o sujeito passivo deveria ser considerado na fundamentação do ato punitivo. O individualismo normativo não é inerentemente avesso a tomar a vítima como um fundamento para punir delitos interpessoais.

Além disso, deve reconhecer-se que a pena é concebida e determinada a partir de uma tendência político-criminal improfícua à vítima. Afinal, o individualismo normativo estabelece que a pena seria fundamentada por ter uma pertinência exclusiva com os indi-

35. VON DER PFORDTEN, Dietmar. *Normativer Individualismus und das Recht*, op. cit., p. 1076.

víduos que afeta. O fato de apenas o infrator e a sociedade serem afetados reconduz à prevalência de uma concepção preventiva, cuja compatibilidade com o individualismo normativo dificilmente pode ser estabelecida em virtude de ter um caráter coletivista. Uma vez afastada esta concepção penal, e considerando as limitações das formulações expressivas e retributivas já abordadas, deve retornar-se à questão fundamental da teoria da pena: *Por que punir?*

2.2. Contratualismo

As condutas delitivas que implicam uma pessoa no polo passivo representam uma violação de direitos subjetivos, tais como a vida, a integridade corporal, a propriedade etc.[36] A concepção de um Estado de Direito liberal pressupõe que tais prerrogativas não decorrem da benevolência alheia, pois são inerentes à condição humana e devem ser legalmente chanceladas.[37] O dever estatal em impedir a vitimização seria remetido ao indivíduo, o qual confere legitimidade ao exercício do poder público.[38] A proteção de pessoas, em uma perspectiva contratualista, contra atos de violência e lesões decorrentes de condutas delitivas perpetradas por terceiros seria uma das condições necessárias à legitimação de uma entidade como "Estado".[39] Inclusive, o fato de alguém ter sofrido um crime seria atribuído a uma falha do sistema jurídico mantido pelo Estado.[40]

36. RENZIKOWSKI, Joachim. *Dimensionen der Straftat: Täter-Opfer-Gesellschaft*. In KOHTE, Wolfhard. ABSENGER, Nadine. (Ed.). *Menschenrechte und Solidarität im internationalen Diskurs: Festschrift für Armin Holänd*. Baden-Baden: Nomos Verlagsgesellschaft mbH & Co. KG, 2015, p. 211.

37. Idem, ibidem, p. 211.

38. Idem, ibidem, p. 211 e 212.

39. Idem, ibidem, p. 221; PALMA, Maria Fernanda. *Direito Constitucional Penal*. Coimbra: Editora Almedina, 2006, p. 106 e 107; HAQUE, Adil Ahmad. *Group Violence and Group Vengeance: Toward a Retributivist Theory of International Criminal Law*. In *Buffalo Criminal Law Review*, Vol. 9, 2005, p. 283; FLETCHER, George. *The Place of Victims in the Theory of Retribution*, op. cit., p. 60 a 63; HOBBES, Thomas. *Leviathan, or the Matter, Form, and Power of a Commonwealth Ecclesiastical or Civil (1651)*. In MOLESWORTH, William (Ed.). *The English Works of Thomas Hobbes of Malmesbury: Vol. III*. Londres: John Bohn,1839, p. 208 e 209 (Cap. XXI); BECCARIA, Cesare. *Dei Delitti e delle Penne (1764)*, op. cit., p. 7 (Cap. I).

40. RENZIKOWSKI, Joachim. *Dimensionen der Straftat: Täter-Opfer-Gesellschaft*, op. cit., p. 221; KANT, Immanuel. *Die Metaphysik der Sitten (1797)*, op. cit., p. 42;

O dever de salvaguarda perante eventuais ações criminosas não implicaria em uma garantia de incolumidade a todos os indivíduos sob a tutela estatal.[41] Afinal, existem fatos que independem da atuação e fogem totalmente ao controle do poder público. Por exemplo, uma pessoa não pode imputar o fato de ter sido atingida por um raio a uma falha na atuação do Estado. Apesar de não poderem ser responsabilizadas por eventos análogos ao ilustrado, as autoridades seculares ainda poderiam ser demandadas em outros casos envolvendo o comprometimento à incolumidade de um indivíduo. Por exemplo, uma pessoa pode responsabilizar o Estado pelas sequelas decorrentes de um tratamento médico inepto fornecido pelo sistema de saúde público. Apesar de a pormenorização da responsabilidade estatal não constituir o cerne da investigação, pode afirmar-se que o poder público não tem o dever de assegurar uma completa incolumidade a todos que tutela.[42]

O fato de nem todas as lesões poderem ser remetidas a uma ação ou omissão das autoridades atesta a limitação estatal quanto à garantia da incolumidade individual.[43] A assertiva ressalta o quão diferente são abordados os atos de violência e lesões causadas por condutas delitivas de terceiros, pois o poder público está incumbido de evitar que ocorram àqueles que estão sob sua guarida.[44] Apesar de ser um dever das autoridades perante os particulares, o impedimento à vitimização aparenta ter empecilhos intransponíveis, isto é, pode presumir-se que a ocorrência de violações aos direitos individuais é inevitável.

HOBBES, Thomas. *Leviathan, or the Matter, Form, and Power of a Commonwealth Ecclesiastical or Civil (1651)*, op. cit., p. 208 e 209 (Cap. XXI).

41. RENZIKOWSKI, Joachim. *Dimensionen der Straftat: Täter-Opfer-Gesellschaft*, op. cit., p. 221.

42. Idem, ibidem, p. 221; Destaca-se a relevância da pena imposta ao autor de um delito interpessoal, pois evita que a vítima tenha a impressão de ser tratada como uma pessoa que foi afligida por uma catástrofe natural ou outro fenômeno atribuível a um "poder maior", isto é, aqueles que estão fora da suposta esfera protetiva estatal (HÖRNLE, Tatjana. *Die Rolle des Opfers in der Straftheorie und im materiellen Strafrecht.*, op. cit., p. 955; HASSEMER, Winfried. REEMTSA, Jan Philipp. *Verbrechensopfer: Gesetz und Gerechtigkeit.*, op. cit., p. 130 e 131; REEMTSMA, Jan Philipp. *Das Recht des Opfers auf die Bestrafung des Täters – als Problem*, op. cit., p. 26 e 27; VON HIRSCH, Andreas. *Review of Nils Christie "Limits to Pain"*, op. cit, p. 315 a 318).

43. RENZIKOWSKI, Joachim. *Dimensionen der Straftat: Täter-Opfer-Gesellschaft*, op. cit., p. 221.

44. Idem, ibidem, p. 221.

O primeiro óbice à realização da incumbência estatal seria fático, pois proteger integralmente a totalidade de pessoas que compõem uma população seria uma tarefa inexequível. O sucesso inquestionável de tal empreitada protetiva pressuporia uma autoridade estatal com atributos inverossímeis. Pode supor-se que o Estado deveria ser apto a situar o cometimento de um crime com precisão temporal e espacial. O fato de saber "quando" e "onde" um delito ocorre também seria insuficiente, pois ainda seria imprescindível ao Estado dispor de um aparato interventivo que o habilitasse a frustrar a ocorrência de condutas delitivas a qualquer lugar e momento.

Apesar de contarem com vastos recursos financeiros e expertise tecnológica, o total impedimento da vitimização seria uma meta inalcançável até para os padrões dos Estados Contemporâneos mais desenvolvidos. A tarefa seria inviável até para os países que seriam intuitivamente designados como os mais propícios a realizá-la, isto é, aqueles com elevados indicadores socioeconômicos, amplo acesso à tecnologia, reduzida população e um território facilmente controlável em virtude de ter pequenas dimensões.[45]

Não obstante uma maciça propaganda política no sentido contrário, os regimes mais repressivos da história também não lograram êxito em impedir as condutas que designavam proscritas.[46] Em relação

45. Por exemplo, até países como Islândia, Liechtenstein e Mônaco, não conseguiram promover tal erradicação da criminalidade (HARRENDORF, Stefan. HEISKANEN Markku. MALBY, Steven. *International Statistics on Crime and Justice*. Helsinque: European Institute for Crime Prevention and Control, Affiliated with the United Nations (HEUNI), 2010). O fato de um país apresentar incidências delitivas altamente reduzidas, ou até inexistentes em determinado período, tal como os países mencionados, não permite assumir que a ausência de crimes decorre unicamente da atuação profilática do Estado. Afinal, alguns delitos podem ter ocorrido, porém não foram reportados pelas vítimas ou devidamente registrados pelas autoridades, ou seja, estão incluídos na "cifra escura da criminalidade". Deve ressaltar-se a possibilidade de pessoas não terem sido vitimadas simplesmente pelo fato de ninguém ter incorrido em uma conduta delitiva. Trata-se de uma hipótese plausível e apta a ressaltar que a não ocorrência de crimes não está necessariamente atrelada a uma atuação do Estado.

46. Apesar de ainda difundida no imaginário popular, a percepção de governos ditatoriais como aptos a suprimir a delinquência é altamente imprecisa. Dentre os regimes não democráticos erroneamente percebidos como exitosos no combate à criminalidade, menciona-se a União Soviética, a Alemanha Nazista, a Itália Fascista e a Espanha Franquista. Os seguintes estudos impelem rever o "sucesso" dos referidos regimes no combate à criminalidade e desmistificar a eficiência de seus aparatos de segurança pública: DUNNAGE, Jonathan. *Social Control in Fascist Italy: The Role of the Police*. In

aos referidos governos ditatoriais, menciona-se a existência de indícios sugerindo o inverso, isto é, a maior vulnerabilidade dos indivíduos à criminalidade.[47] Além disso, a atribuição de tamanho poder de ciência e ação soa exagerada até em face dos Estados Totalitários característicos da literatura distópica, tais como *"1984"* ou *"The Man in the High Castle"*.[48]

EMSLEY, Clive. JOHNSON. Eric. SPIERENBURG. Pieter. (Ed.). *Social Control in Europe. Volume 2, 1800–2000*. Columbus: The Ohio State University Press, 2004, p. 261 a 280; CENARRO. Angela. *Violence, Surveillance, and Denunciation: Social Cleavage and the Spanish Civil War and Francoism, 1936–1950*. In EMSLEY, Clive. JOHNSON. Eric. SPIERENBURG. Pieter. (Ed.). *Social Control in Europe. Volume 2, 1800–2000*. Columbus: The Ohio State University Press, 2004, p. 281 a 300; GELLATELY, Robert. *Backing Hitler: Consent and Coercion in Nazi Germany*. Oxford: Oxford University Press, 2001; THURSTON, Robert. *Life and Terror in Stalin's Russia, 1934–1941*. New Haven: Yale University Press, 1998; GELLATELY, Robert. *The Gestapo and German Society: Enforcing Racial Policy, 1933–1945*. Oxford: Oxford University Press, 1990; PEUKERT, Detlev. *Inside Nazi Germany: Conformity, Opposition and Racism in Everyday Life*. Londres: Penguin, 1987; GELLATELY, Robert. *Die Gestapo und die deutsche Gesellschaft: Zur Entscheidung einer selbstüberwachenden Gesellschaft*. In SCHMIECHEN-ACKERMANN, Detlef (Ed.). *Anpassung, Verweigerung, Widerstand. Soziale Milieus, Politische Kultur und der Widerstand gegen den Nationalsozialismus in Deutschland im regionalen Vergleich*. Berlim: Gedenkstätte Deutscher Widerstand, 1997, p. 109 a 121; MALLMANN, Klaus-Michael PAUL. Gehard. *Die Gestapo: Mythos und Realität*. Darmstadt: Wissenschaftliche Buchgesellschaft. 1995; MANN, Reinhard. *Protest und Kontrolle im Dritten Reich: Nationalsozialistische Herrschaft im Alltag einer rheinischen Grossstadt*: Frankfurt am Main: Campus Verlag, 1987.

47. Inclusive, a Alemanha Nazista, tida como uma referência em termos de Estado--Policial, apresentava índices de criminalidade equiparáveis àqueles observados nas sociedades democráticas da época. Afinal, o que mais importava ao sistema de justiça criminal nacional-socialista não era o delito, mas quem o perpetrou (JOHNSON. Eric. *Criminal Justice, Coercion and Consent in 'Totalitarian' Society: The Case of National Socialist Germany*. In *British Journal of Criminology*, 2011, n. 51, p. 601); Além disso, o Regime Nazista foi incapaz de suprimir o crime organizado na própria capital alemã, tal como visto no caso da *Ringvereine*, uma associação de grupos delinquentes atuante nos bairros operários de Berlim durante as décadas de 1920 e 1930. Apesar dos clamores governamentais quanto à erradicação do crime, os sindicatos do submundo continuaram a operar após a tomada de poder pelo NSDAP. Não há evidência de que os nazistas tenham prendido todos os membros da *Ringvereine*. Na verdade, documentos apontam para a sobrevivência do grupo após 1933. Logo, a história desses sindicatos levanta questões sobre os limites do controle nazista da vida alemã cotidiana, impelindo reflexões sobre os limites do monopólio da violência do Estado Nacional Socialista, o papel do crime na cultura política alemã e continuidades entre a República de Weimar e o Terceiro Reich (GOESCHEL, Christian. *The Criminal Underworld in Weimar and Nazi Berlin*. In *History Workshop Journal*, Vol. 75, n. 1, 2013, p. 59).

48. ORWELL, George. *Nineteen Eighty-Four (1949)*. Londres: Everyman's Library, 1992; DICK, Philip K. *The Man in the High Castle (1962)*. Nova York: Mariner Books, 2011.

Para serem capazes de impedir a vitimização de todos os indivíduos sob sua tutela, as autoridades teriam que deter qualidades análogas à onisciência e onipotência.[49] A constatação de que o poder público dispõe de tais atributos permitiria considera-lo como assemelhado a uma entidade transcendental. Em termos fáticos, deve admitir-se que o Estado é incapaz de evitar que todo indivíduo sofra um crime.[50]

O reconhecimento de um limite à capacidade protetiva estatal contradiria o direito individual a não ser afligido por um crime. Inclusive, uma menção à figura do Contrato Social permitiria inferir que o Estado "assumiu" um dever que jamais poderá ser "adimplido". Apesar de a última assertiva poder ser entendida como uma leitura estrita do contratualismo, a contínua vitimização de indivíduos sob a tutela do poder público é evidente e enseja indagar o porquê de o Estado não ser questionado quanto ao suposto descaso com a própria incumbência protetiva. A resposta inicial seria reconhecer que as autoridades indispõem de meios para efetivamente garantir que todas pessoas não sofram condutas delitivas. A constatação poderia soar como óbvia, porém ainda seria insatisfatória para aqueles que confiam e contam com o Estado para protegê-los.

Uma possível réplica seria reconhecer a inviabilidade de o Estado erradicar a vitimização e perquirir sobre o porquê de o aparato de segurança pública não ser extrapolado até atingir um patamar em que apenas uma minoria seja afligida por crimes. Apesar de ser moralmente criticável por aceitar o padecer de alguns ao admitir que o Estado não pode salvaguardar a todos, o argumento induz a questionar sobre as externalidades negativas que podem decorrer de uma exacerbação das medidas que tencionam evitar que indivíduos sofram condutas delitivas. A infactibilidade da incumbência protetiva não seria o único obstáculo ao poder público.[51] Percebe-se que a limitação à incumbência protetiva estatal não seria uma questão puramente fatual, pois também

49. HASSEMER, Winfried. REEMTSA, Jan Philipp. *Verbrechensopfer: Gesetz und Gerechtigkeit*, op. cit., p. 133 e 205.

50. Idem, ibidem, p. 136.

51. Idem, ibidem, p. 133, 136 e 205; REEMTSMA, Jan Philipp. *Das Recht des Opfers auf die Bestrafung des Täters – als Problem*, op. cit., p. 9, Nota de Rodapé n. 8.

suscitaria indagar até que ponto as autoridades devem tentar impedir a vitimização de indivíduos.[52]

O segundo óbice seria um suplemento ao primeiro, pois aborda o aspecto normativo do dever estatal em relação à salvaguarda dos indivíduos perante delitos. Pode exemplificar-se o questionamento com a menção a um aparato de segurança pública que, apesar de orientado e apto a incrementar drasticamente a proteção dos indivíduos, acaba por submetê-los a arbitrariedades tão nocivas quanto os crimes que tencionava impedir. Embora seja recorrente em argumentos *ad terrorem*, o enunciado expõe um temeroso prognóstico social, pois o exacerbo da ingerência estatal prescinde de um patamar orwelliano para efetivamente restringir ou suprimir direitos individuais.[53]

Essa preocupação permearia o óbice normativo ao dever em impedir que pessoas sofram crimes, pois a ampliação das capacidades protetivas do Estado poderia restringir a fruição de direitos subjetivos.[54] Não é absurdo supor que um aparato de segurança pública

52. Idem, ibidem, p. 133, 136 e 205; Idem, ibidem, p. 9, Nota de Rodapé n. 8.

53. Por exemplo, a irrestrita vigilância audiovisual de espaços públicos (MAHMOOD RAJPOOT, Qasim; JENSEN, Christian D. *Video Surveillance: Privacy Issues and Legal Compliance*. In KUMAR, Vikas. SVENSSON, Jakob (Ed.) *Promoting Social Change and Democracy through Information Technology*. Lyngby: IGI Global, 2015, p. 2 a 4; SOLOVE, Daniel. *Nothing to Hide: The False Tradeoff between Privacy and Security*. New Haven: Yale University Press, 2011, p. 174 a 182.), o armazenamento não consensual de informações pessoais (SOLOVE, Daniel. *Digital Dossiers and the Dissipation of Fourth Amendment Privacy*. In *Southern California Law Review*, Vol. 75, 2002, p. 1089 a 1117.), a interceptação arbitrária de comunicações (RAAB, Christopher. *Fighting Terrorism in an Electronic Age: Does the PATRIOT Act Unduly Compromise our Civil Liberties?* In *Duke Law & Technology Review*, Vol. 4, n. 1, 2006, p. 1, 2, 5 a 8, 14 a 20.), o uso de tortura como um meio para obter informações sobre o cometimento de crimes (SILVA DIAS, Augusto. *Torturando o Inimigo ou Libertando da Garrafa o Génio do Mal? Sobre a Tortura em Tempos de Terror*. In *Revista do Ministério Público do Estado do Rio Grande do Sul*, n. 71, jan./abr. 2012, p. 265 a 275; AMBOS, Kai. *May a State Torture Suspects to Save the Life of Innocents?* In *Journal of International Criminal Justice*, n. 6, 2008, p. 262 a 265; GRECO, Luís. *Las Reglas detrás de la Excepción. Reflexiones Respecto de la Tortura en los Grupos de Casos de Las Ticking Time Bombs*. In *InDret – Revista para el Análisis del Derecho*. n. 4, 2007, p. 4 e 5).

54. REEMTSMA, Jan Philipp. *Das Recht des Opfers auf die Bestrafung des Täters – als Problem*, op. cit., p. 9, Nota de Rodapé n. 8; Por exemplo, a supressão de direitos individuais propiciada pela flexibilização dos requisitos à imposição de medidas restritivas (ANDRADE, Mariana Cunha. NOJIRI, Sergio. *Alienação parental e o sistema de Justiça brasileiro: uma abordagem empírica*. In *Revista de Estudos Empíricos em Direito*. Vol. 3, n. 2, jul. 2016, p. 190). Ainda em relação ao contexto brasileiro, destaca-se a Lei

direcionado a erradicar a vitimização possa afetar ainda mais severamente a esfera privada dos indivíduos,[55] cerceando certos direitos e garantias fundamentais, tais como o Direito à Privacidade e o Princípio da Presunção de Inocência

O impasse aparenta ser inevitável, pois a incumbência estatal em impedir que pessoas sejam vitimadas deve ser conciliada com o resguardo pelos direitos subjetivos. O zelo pelos indivíduos sob a guarida do Estado não dependeria apenas de impedir as condutas delitivas de terceiros, pois pressuporia igualmente que as autoridades evitassem uma sanha protetiva capaz de lesionar aqueles que deveriam tutelar. Deve reconhecer-se que a ampla fruição de direitos individuais, livre de uma excessiva ingerência estatal, pressupõe um determinado nível de vulnerabilidade ao cometimento de crimes.

11.340/2006, cuja finalidade é coibir a violência doméstica e familiar contra a mulher. Apesar da inegável relevância no suporte às mulheres vítimas de violência doméstica, a referida lei não está isenta de casos em que foi aplicada de forma abusiva e nociva aos direitos individuais de outrem. Nesse sentido, destaca-se o uso das "medidas protetivas de urgência", previstas pelo artigo 22 e 23 da referida lei, para promover a alienação parental do genitor masculino: *"(...) quando mães, em 73% dos casos que ocorrem alienação parental, com a intenção de afastar os pais de seus filhos, registram ocorrências afirmando terem sido ameaçadas ou ofendidas pelos ex-companheiros afetivos ou parceiros esporádicos, para terem o que não conseguiriam pela via das Varas de Família ou dissimuladamente sob alegação de proteção ao filho, em flagrante exercício abusivo de seu poder familiar, tolhendo o pleno exercício do poder familiar do pai, violando o artigo 1.634 do CC, introduzido pela Lei 13.058/14, conhecida como Lei da Guarda Compartilhada. A concessão das medidas protetivas com cláusula de barreira é praticamente imediata, sendo certo que na quase totalidade das vezes a determinação é de impedimento de contato por qualquer meio de comunicação com a suposta vítima (mãe) e com seus familiares. Pensando na segurança da suposta vítima, nem sempre a autoridade responsável assegura e resguarda o direito de convivência da prole com o genitor afastado. A utilização dessa medida como forma de afastamento parental se dá de forma bastante simples: na dúvida, proteja-se a vítima e afaste-a do 'pretenso abusador'"*(ULLMANN, Alexandra. MARREIROS BARBOSA, Ruchester. *Quando a Lei Maria da Penha é uma forma de alienação parental*. In *Revista Consultor Jurídico*, 24 de janeiro de 2018 (Disponível em *https://www.conjur.com.br/2018-jan-24/quando-lei-maria-penha-forma-alienacao-parental*), acesso em 01/06/2018; Sobre a possibilidade de as autoridades, ao estabelecerem medidas de proteção, cujo intento seria a prevenção criminal individual, acabarem prejudicando a própria vítima, tornando-a mais suscetível a ser afligida por uma conduta delitiva: BEN-SHAHAR, Omri. HARON, Alel. *Economics of the Law of Criminal Attempts: A Victim-Centered Perspective*. In *University of Pennsylvania Law Review*, Vol. 145, 1996, p. 299, Nota de Rodapé nº 2, 309 a 312.

55. REEMTSMA, Jan Philipp. *Das Recht des Opfers auf die Bestrafung des Täters – als Problem*, op. cit., p. 9, Nota de Rodapé nº. 8.

As objeções fática e normativa ao cumprimento do dever estatal em evitar a vitimização enfatizam a incapacidade das autoridades em proteger integralmente a todos os indivíduos de condutas delitivas. As referidas objeções demonstram que um Estado hipoteticamente apto a garantir tamanha proteção aos indivíduos seria temeroso, pois pressuporia um aparato de segurança pública com irrestrita capacidade observatório-interventiva, ou seja, uma entidade que, no mínimo, é propensa a incorrer em excessos. A inviabilidade de um resguardo total não significa que o Estado deva buscar elevar a própria capacidade preventivo-criminal até o limite máximo da exequibilidade. Afinal, um aparato de segurança intrusivo não precisaria assumir proporções distópicas para restringir ou comprometer os direitos individuais. O cerne da questão seria estabelecer uma atuação estatal que harmoniza a prevenção criminal e o zelo pelos direitos subjetivos.

O proceder do poder público em relação àqueles que são eventualmente vitimados deve ser perquirido, pois esses indivíduos acabaram em uma posição insatisfatória. O preceito *pacta sunt servanda* não poderia ser invocado para fundamentar que uma vítima deve aceitar o fato de ter sofrido um crime como a mera materialização de um revés eventual devidamente previsto em uma cláusula contratual. Uma concepção contratualista razoável não poderia endossar tal argumento, pois estaria a propor uma interpretação "estrita" do Contrato Social, ou seja, um pacto teórico-hipotético seria tratado como se efetivamente fosse um instrumento jurídico.[56] O fato de o Contrato Social não pressupor manifestações expressas de vontade, tal como um "acordo literal", faz com que seja impossível aceitar cláusulas injustas sob o argumento de autonomia da vontade. Por dever ser um *pacto justo*, o Contrato Social depende sempre de um critério de justiça, o qual seria o individualismo normativo.[57] A assertiva impele reconhecer que

56. DAVIS, Michael. *Heavenly Philosophy: What Thomas Hobbes Said to Jean Hampton*. In *Social Contrary Theory*, n. 32, 2006, p. 341 a 342; HAMPTON, Jean. *Hobbes and the Social Contract Tradition*. Cambridge: Cambridge University Press, 1986, p. 4, 186 a 188, 256 a 266 e 279; Em sentido contrário: GAUTHIER, David. *Symposium Papers, Comments and an Abstract: Hobbes's Social Contract*. In *Noûs*, Vol. 22, n. 1, 1988, p. 71 a 82.

57. VON DER PFORDTEN, Dietmar. KÄHLER, Lorenz. *Einleitung*, op. cit., p. 2; VON DER PFORDTEN, Dietmar. *Normative Ethik*, op. cit., p. 50; Idem. *Normativer Individualismus und das Recht*, op. cit., p. 1071.

a consideração daquele que foi afligido por um crime, sendo uma questão de justiça, deve considerar todos os afetados, tal como pode ser inferido a partir do Princípio da Afetação.[58]

O Estado poderia tomar providências orientadas ao futuro ou ao passado em favor do indivíduo vitimado. A visão prospectiva de que as autoridades cumprirão com o dever de proteção seria inócua à conduta delitiva previamente experimentada pela vítima. Apesar de essencial para a evitar as complicações trazidas pela revitimização, a atuação protetiva seria insuficiente para sumarizar a providência do Estado em favor do sujeito passivo individual. A mera reiteração da incumbência estatal em resguardar indivíduos perante infratores equipararia quem efetivamente foi afligido por um crime àqueles que são apenas vítimas em potencial.[59] A resposta mais apropriada para a situação do sujeito passivo individual não seria uma intensificação da atividade preventivo-criminal do Estado.

O fato de uma atuação exclusivamente prospectiva não soar como a melhor garantia de justiça para o indivíduo vitimado suscitaria indagar uma possibilidade de trazê-lo para o sistema de justiça criminal, no qual o Estado pune os crimes pretéritos. O fato de ser ensejada por um evento passado faria da pena uma providência estatal apropriada para tratar a questão da vítima.[60] A possibilidade de o sujeito passivo individual ter sofrido o crime em virtude da vulnerabilidade permitida pelo aparato de segurança pública seria o fundamento para o Estado considera-lo no âmbito jurídico-penal. Sendo tomada como uma forma de expressar um conteúdo moral através da imposição de um ônus tangível, a pena concederia ao indivíduo vitimado uma chance de expor, impor e demandar ao próprio algoz uma responsabilização pelo crime sofrido.[61] A punição do autor tencionaria proporcionar

58. VON DER PFORDTEN, Dietmar. *Normative Ethik*, op. cit., p. 25.

59. SAUTNER, Lyane. *Opferinteressen und Strafrechtstheorien: Zugleich ein Beitrag zum restorativen Umgang mit Straftaten*, op. cit., p. 49; PRITTWITZ, Cornelius. *Opferlose Straftheorien?*, op. cit., p. 60 e 61; KILCHLING, Michael. *Opferschutz und der Strafanspruch des Staates – Ein Widerspruch?*, op. cit., p. 59.

60. HAQUE, Adil Ahmad. *Group Violence and Group Vengeance: Toward a Retributivist Theory of International Criminal Law*, op. cit., p. 283; FLETCHER, George. *The Place of Victims in the Theory of Retribution*, op. cit., p. 58, 60 a 63.

61. FEINBERG, Joel. *The Expressive Function of Punishment*, op. cit., p. 397 a 400, 422 e 423.

uma satisfação, ainda que mínima, à vítima do crime, provendo-a com meios que podem possibilitar, mas não garantir, a consecução de tal empreitada.

A concepção penal proposta pode ser ilustrada como um "amparo" secundário conferido aos indivíduos sob a guarida estatal. Nesse contexto, o vocábulo destacado faz referência às estruturas, suspensas ou rentes ao solo, posicionadas no perímetro externo de obras e construções verticalmente projetadas, objetivando impedir a queda de pessoas. Imagina-se um prédio em construção que tenha amparos suspensos ao longo do perímetro externo de cada andar, os quais, afixados de forma contígua às extremidades de cada laje, são projetados para o lado de fora da edificação, perfazendo uma área adicional de tantos metros. A limitação física dos referidos amparos obstaria garantir que uma pessoa caída não atinja o chão. Além disso, os amparos não poderiam ser feitos com o material mais rígido o possível, pois ocasionaria um impacto violento ao indivíduo eventualmente despenhado, propiciando malefícios àquele que ultimamente deveria ser protegido. O fato de os amparos serem compostos por uma substância que não dispõe da maior dureza possível deixaria entrever a factibilidade de alguém trespassá-los ao sofrer uma queda.

A possibilidade de indivíduos despencados não serem efetivamente protegidos pelas estruturas suspensas permite inferir que a colocação de amparos supervenientes seria uma providência cabível e zelosa com aqueles que possam vir a cair. Imagina-se um segundo tipo de amparo que consiste em uma superfície de amortecimento rente ao solo, posicionada no perímetro do edifício e espelhada na área adicional formada pela estrutura suspensa rente a cada andar. O propósito desse amparo secundário seria impedir um indivíduo despencado de colidir diretamente com o pavimento. Apesar de representar um maior zelo por aqueles que caíram sem ser resguardados pelos amparos suspensos, a estrutura de amortecimento rente ao solo não seria concebida com a finalidade de impedir a queda. O segundo amparo tencionaria possibilitar o melhor desfecho possível àquele que despenhou do edifício, porém seria inapto a garantir que a integridade física ou psicológica desse indivíduo não sofra ou venha a apresentar implicações negativas posteriores em virtude de tal ocorrido.

Pode perceber-se que o aparato de segurança pública, voltado a proteger de crimes aqueles que estão sob a tutela estatal, seria representado pela totalidade dos amparos suspensos, cuja função seria evitar o despenhamento de indivíduos. Por não ter o intento de impedir quedas, o amparo secundário, concebido para possibilitar o melhor desfecho possível àquele que caiu, seria uma referência à pena, cuja finalidade não seria impedir a vitimização, mas possibilitar o melhor desfecho possível ao sujeito passivo individual.

Uma perspectiva objetiva permitiria inferir que o segundo amparo proporciona condições mais favoráveis àquele que caiu do prédio, pois ampliaria o leque de desfechos possíveis ao referido indivíduo. O segundo amparo aumentaria a possibilidade de uma pessoa despencada não ser confrontada com o pior resultado possível. A concepção penal proposta dispõe que o ato punitivo seria analogamente favorável ao sujeito passivo, pois uma pena que tenciona buscar a satisfação vitimal incrementa as possibilidades de esse indivíduo obter um desfecho favorável em relação ao crime sofrido.

Por possibilitar que a vítima possa disfrutar de um melhor resultado quanto à conduta delitiva experimentada, o ato punitivo seria a providência estatal a ser tomada em prol daqueles que passivamente experimentaram ações criminosas. A adoção desse provimento permitiria afirmar que as autoridades têm consideração pelas vítimas, garantindo que recebam uma resposta estatal justa a respeito do crime. Trata-se de uma perspectiva consoante o individualismo normativo, pois seria capaz de oferecer uma resposta a todos aqueles que foram implicados pela conduta delitiva e afetados pela pena.

2.3. Expressivismo penal

Após delimitar o porquê de punir, deve identificar-se quem são as pessoas afetadas pela pena, conforme preceitua o individualismo normativo. Para tanto, é necessitário recapitular o expressivismo penal.[62] Uma vez determinados aqueles que são afetados pelo ato

62. Dentre outras previamente mencionadas no capítulo anterior, destacam-se as seguintes obras em inglês sobre o tema: WRINGE, Bill. *Rethinking expressive theories of punishment: why denunciation is a better bet than communication or pure expression*, op. cit., p. 682 a 686; Idem. *Punishment, Forgiveness and Reconciliation*, op. cit., p. 1117; Idem. *An Expressive Theory of Punishment*, op. cit., p. 11 a 16; GLASGOW, Joshua. *The Expressivist Theory of Punishment Defended*, op. cit., p. 608 e 609; ENGEN, Andy.

punitivo, torna-se possível afirmar quais são os indivíduos, cujos interesses devem ser contemplados, seguindo a já mencionada escala de consideração individual-normativa.[63]

A abordagem realizada no *Capítulo II – As Teorias Expressivas da Pena* aduz a desnecessidade de uma digressão conceitual sobre tema, permitindo introduzir diretamente uma análise expressivista dos delitos interpessoais. Apesar de uma descrição breve trazer a pena como uma resposta ao crime, uma terminologia mais evocativa ao tema descreveria o ato punitivo como uma reação expressiva ante uma ação criminosa. Por uma ação prévia ser imprescindível para uma reação posterior, pode inferir-se que o cometimento de um crime é uma condição necessária para a imposição de uma pena.[64] O fato

Communication, Expression, and the Justification of Punishment, op. cit., p. 304 e 305; BENNETT, Christopher. *Précis of The Apology Ritual*, op. cit., p. 74; SIMESTER, Andrew. VON HIRSCH, Andreas. *Crimes, Harms, and Wrongs: On the Principles of Criminalisation*, op. cit., p. 11 a 14; DUFF, Antony. *Punishment, Communication and Community* (2003), op. cit., p. 388; Idem. *Punishment, Communication and Community* (2001), op. cit., p. 79 e 80; Idem. *Penal Communications: Recent Work in the Philosophy of Punishment*, op. cit., p. 32 e 33; Idem. *Alternatives to Punishment – or Alternative Punishments*, op. cit., p. 51; HAMPTON, Jean. *An Expressive Theory of Retribution*, op. cit., p. 15; Idem. *Correcting Harms Versus Righting Wrongs: The Goal of Retribution*, op. cit., p. 1664 a 1668; KLEINIG, John. *Punishment and Moral Seriousness*. op. cit., p. 401 a 405; NARAYAN, Uma. *Appropriate Responses and Preventive Benefits: Justifying Censure and Hard Treatment in Legal Punishment*, op. cit., p. 179 e 180; VON HIRSCH, Andrew. *Censure and Sanctions*, op. cit., p. 9 a 12; PRIMORATZ, Igor. *Punishment as Language*, op. cit., p. 196, 201 e 202; NOZICK, Robert. *Philosophical Explanations*, op. cit., p. 363, 370 e 371; MORRIS, Herbert. *A Paternalistic Theory of Punishment*, op. cit., p. 264 e 265; FEINBERG, Joel. *The Expressive Function of Punishment*, op. cit., p. 397 a 400, 418 a 423; Em relação às obras em alemão referidas no último capítulo, destacam-se as seguintes: HÖRNLE, Tatjana. *Expressive Straftheorie*, op. cit., p. 149 a 153; Idem. *Gegenwärtige Strafbegründungstheorie: Die herkömmliche deutsche Diskussion*, op. cit., p. 26 a 30; Idem. *Straftheorien*, op. cit., p. 37 a 43; ZÜRCHER, Tobias. *Legitimation von Strafe: Die expressiv-kommunikative Straftheorie zur moralischen Rechtfertigung von Strafe*, op. cit., p. 137, 138 e 140; VON HIRSCH. Andreas. *Warum soll die Strafsanktion existieren? Tadel und Prävention als Elemente einer Rechtfertigung*, op. cit., p. 49 a 52; GÜNTHER, Klaus. *Die symbolisch-expressive Bedeutung der Strafe: Eine neue Straftheorie jenseits von Vergeltung und Prävention?*, op. cit., p. 206 a 211 a 214, 218.

63. VON DER PFORDTEN, Dietmar. *Normativer Individualismus und das Recht*, op. cit., p. 1071.

64. WRINGE, Bill. *An Expressive Theory of Punishment*, op. cit., p. 11 a 13; VON HIRSCH, Andrew. *Censure and Sanctions*, op. cit., p. 9 a 11; FEINBERG, Joel. *The Expressive Function of Punishment*, op. cit., p. 397 a 400; VON HIRSCH. Andreas.

de ser suscitada por um conduta delinquente não permitiria tomar o ato punitivo como sinônimo de uma resposta à violação de uma norma.[65] Mais do que uma reação ao crime, a pena seria o dispositivo convencional para expressar o juízo condenatório suscitado por tal conduta.[66] Além do referido aspecto moral, o ato punitivo também teria um aspecto fatual, o qual seria o veiculo simbólico do moral, ou seja, a pena teria dois aspectos, a reprovação ensejada pelo crime e a inflicção de um ônus tangível ao infrator.[67] Sendo o infrator punido por um crime, pode inferir-se que tal indivíduo incorreu em uma conduta que suscitou um juízo condenatório, cuja expressão apropriada requereu a imposição de uma privação concreta.[68]

Se for uma reação a um delito interpessoal, a punição de um infrator pressupõe uma vítima que seja um indivíduo. Mais do que uma mera resposta à violação da norma, o ato punitivo exteriorizaria o juízo condenatório ensejado pelo crime cometido contra certa pessoa. Os parâmetros para aferir o grau da reprovação da conduta envolvem a vítima, assinalando que o sujeito passivo é essencial para determinar o conteúdo moral a ser expresso através da privação concreta que a pena inflige ao infrator. O indivíduo vitimado seria um referencial para valorar o crime cometido e formatar o ato punitivo. Tendo em vista que o aspecto fatual da pena seria o veículo simbólico do aspecto moral, pode inferir-se que a punição do infrator seria pertinente ao sujeito passivo, pois tal reação estatal expressaria uma "mensagem

Warum soll die Strafsanktion existieren? Tadel und Prävention als Elemente einer Rechtfertigung, op. cit., p. 49 e 50.

65. Idem, ibidem, p. 11 a 13; Idem, ibidem, p. 9 a 11; Idem, ibidem, p. 397 a 400; Idem, ibidem, p. 52 e 53.

66. FEINBERG, Joel. *The Expressive Function of Punishment*, op. cit., p. 400.

67. WRINGE, Bill. *An Expressive Theory of Punishment*, op. cit., p. 11 a 13; SIMESTER, Andrew. VON HIRSCH, Andreas. *Crimes, Harms, and Wrongs: On the Principles of Criminalisation*, op. cit., p. 11 a 14; VON HIRSCH, Andrew. *Censure and Sanctions*, op. cit., p. 10 a 12; FEINBERG, Joel. *The Expressive Function of Punishment*, op. cit., p. 422 e 423; VON HIRSCH. Andreas. *Warum soll die Strafsanktion existieren? Tadel und Prävention als Elemente einer Rechtfertigung*, op. cit., p. 46, 52, 53 e 65.

68. VON HIRSCH. Andreas. *Warum soll die Strafsanktion existieren? Tadel und Prävention als Elemente einer Rechtfertigung.*, op. cit., p. 46, 52, 53 e 65; VON HIRSCH, Andrew. *Censure and Sanctions*, op. cit., p. 10 a 12; FEINBERG, Joel. *The Expressive Function of Punishment.*, op. cit., p. 422 e 423.

moral" (no mínimo) perceptível por aquele que sofreu o crime.[69] Afinal, com a inflicção de uma privação concreta ao agente, a pena deveria expressar um juízo condenatório apropriado à conduta delitiva que a vítima experimentou.

A concepção penal expressivista, analisada segundo o individualismo normativo, deixa entrever que a vítima e o infrator são afetados pelo ato punitivo. Por infligir um ônus tangível, pode perceber-se que o ato punitivo afeta o autor fatualmente. A pena não seria limitada ao plano material, pois a privação que recai sobre o infrator expressaria a reprovação ensejada pela conduta incorrida, ou seja, o ato punitivo teria uma afetação fatual e moral sobre o delinquente. O ônus tangível infligido pela pena seria materialmente restrito ao criminoso, porém também expressaria um conteúdo moral relativo à vítima.

Apesar de ambos serem afetados, os sujeitos ativo e passivo do delito não seriam igualmente considerados na fundamentação da pena. A contemplação dispensada ao infrator seria proporcional à afetação causada pelo ato punitivo. Inclusive, as garantias penais e processuais penais à disposição do agente são um exemplo, pois consistem em uma ampla e bem articulada proteção aos interesses do indivíduo processado e possivelmente punido pelo Estado.[70] A situação do sujeito

69. HÖRNLE, Tatjana. *Expressive Straftheorie.*, op. cit., p. 152 a 157; Idem. *Gegenwärtige Strafbegründungstheorie: Die herkömmliche deutsche Diskussion.*, op. cit., p. 26, 27 e 29; Idem. *Straftheorien.*, op. cit., p. 38 a 40; Idem. *Die Rolle des Opfers in der Straftheorie und im materiellen Strafrecht.*, op. cit., p. 955 e 956; VON HIRSCH. Andreas. *Warum soll die Strafsanktion existieren? Tadel und Prävention als Elemente einer Rechtfertigung.*, op. cit., p. 50 e 51; WEIGEND, Thomas. *Die Strafe für das Opfer"? - Zur Renaissance des Genugtuungsgedankens im Straf- und Strafverfahrensrecht*, op. cit., p. 50 a 52; HOLZ, Wilfried. *Justizgewähranspruch des Verbrechensopfers.* Berlim: Duncker & Humblot, 2007, p. 125 a 129; GÜNTHER, Klaus. *Die symbolisch-expressive Bedeutung der Strafe: Eine neue Straftheorie jenseits von Vergeltung und Prävention?*, op. cit., p. 206 a 208; HASSEMER, Winfried. REEMTSA, Jan Philipp. *Verbrechensopfer: Gesetz und Gerechtigkeit.*, op. cit., p. 130 e 131; REEMTSMA, Jan Philipp. *Das Recht des Opfers auf die Bestrafung des Täters - als Problem.*, op. cit., p. 26 e 27; WALTHER, Susanne. *Was Soll "Strafe" ? Grundzüge eines zeitgemäßen Sanktionensystems.*, op. cit., p. 123; VON HIRSCH, Andrew. *Censure and Sanctions*, op. cit., p. 10; HAMPTON, Jean. *Correcting Harms Versus Righting Wrongs: The Goal of Retribution.*, op. cit., p. 1664.

70. HÖRNLE, Tatjana. *Die Rolle des Opfers in der Straftheorie und im materiellen Strafrecht*, op. cit., p. 951 e 952; HASSEMER, Winfried. REEMTSA, Jan Philipp. *Verbrechensopfer: Gesetz und Gerechtigkeit*, op. cit., p. 13, 14 e 25.

passivo seria perceptivelmente diferente, pois o fato de ser afetado pela pena não proporciona à vítima uma consideração análoga àquela recebida pelo autor do crime.

Apesar de afetado pelo teor moral do ato punitivo, o sujeito passivo seria compelido, salvo em casos excepcionais, tal como a ação privada,[71] a uma posição inerte durante a determinação do ônus tangível que será infligido àquele que o vitimou.[72] O fato de o conteúdo moral expresso pelo ato punitivo ser pertinente ao sujeito passivo permite aduzir que a consideração dos interesses vitimais durante a determinação da pena seria a providência compatível com as exigências do individualismo normativo.[73] Afinal, a primeira etapa da escala de consideração pressupõe observar o efetivo consentimento, desejos e objetivos atuais dos indivíduos afetados pela pena.[74] Considerando que o aspecto factual formata o aspecto moral expresso pela pena, infere-se que a consideração apropriada pelo sujeito passivo individual poderia ser formulada como um direito à participação ativa no processo punitivo, o qual permitiria à vítima influir diretamente na determinação do ônus tangível a ser imposto ao próprio algoz. A premissa estabeleceria as bases para um posterior preenchimento do conceito "satisfação da vítima".

3. Elementos para o adensamento de um direito da vítima à satisfação

Respondidas as perguntas "por que e o que é punir?", as principais indagações do estudo, relacionando-as com a inserção da vítima na teoria da pena, convém apresentar esboços sobre um adensamento do referido direito à satisfação atribuído ao sujeito passivo individual. Ressalta-se que não há qualquer pretensão exaustiva nesta seção,

71. RENZIKOWSKI, Joachim. *Dimensionen der Straftat: Täter-Opfer-Gesellschaft*, op. cit., p. 217.

72. HASSEMER, Winfried. REEMTSA, Jan Philipp. *Verbrechensopfer: Gesetz und Gerechtigkeit*, op. cit., p. 22 a 25.

73. VON DER PFORDTEN, Dietmar. KÄHLER, Lorenz. *Einleitung*, op. cit., p. 1 e 2; VON DER PFORDTEN, Dietmar. *Normative Ethik*, op. cit., p. 25; Idem. *Normativer Individualismus und das Recht*, op. cit., p. 1071.

74. VON DER PFORDTEN, Dietmar. *Normativer Individualismus und das Recht*, op. cit., p. 1071.

tendo em vista a que a magnitude da empreitada demandaria uma investigação própria.

Em sentido amplo, o conceito "satisfação" seria o direito de a vítima participar ativamente na punição do agente que a afligiu com um crime. Uma delimitação conceitual estrita permitiria formular tal satisfação como a aquiescência de uma demanda, decorrente da conduta delitiva, que o indivíduo vitimado pode exigir do Estado.

O dever em buscar satisfazer o indivíduo afligido por um crime seria a consolidação do reconhecimento estatal quanto à própria limitação preventivo-criminal. Afinal, o poder público atesta que, apesar de ter uma incumbência protetiva com todos que tutela, não conseguiu resguardar certa pessoa de ser vitimada. Além de atestar a limitação protetiva do Estado, o referido ato também reconheceria o status de "vítima" ao indivíduo que sofreu o crime.[75] Apesar de ser impossível erradicar – e arriscado tentar suprimir ao máximo possível – a vulnerabilidade delitiva, o fato de o sujeito passivo não poder ser desconsiderado, sendo tal descaso uma afronta ao preceito "contratual" de tratar de forma justa a todos os vinculados à autoridade pública, ensejaria ao Estado o dever de buscar satisfazê-lo por ter sofrido um crime, conferindo a esse indivíduo o direito de exigir tal prestação estatal. Trata-se de uma demanda, na qual o sujeito passivo, uma vez permitido a participar ativamente do processo punitivo, buscaria obter o melhor desfecho possível em relação ao crime sofrido, podendo influenciar a privação concreta a ser infligida ao próprio algoz e, consequentemente, o conteúdo moral expresso pela pena.

As referidas demandas teriam dois pressupostos de exequibilidade. O primeiro seria a existência de um interesse por parte da vítima. Afinal, o Estado não terá que adimplir com o dever de buscar satisfazer a vítima, caso a própria pessoa afligida pelo delito não tenha interesse em participar do processo punitivo. Inclusive, a demanda retributiva não existirá em tais situações, nas quais o processo punitivo será

75. HÖRNLE, Tatjana. *Die Rolle des Opfers in der Straftheorie und im materiellen Strafrecht*, op. cit., p. 955; HASSEMER, Winfried. REEMTSA, Jan Philipp. *Verbrechensopfer: Gesetz und Gerechtigkeit*, op. cit., p. 130 e 131; REEMTSMA, Jan Philipp. *Das Recht des Opfers auf die Bestrafung des Täters – als Problem*, op. cit., p. 26 e 27; VON HIRSCH, Andreas. *Review of Nils Christie "Limits to Pain"*, op. cit, p. 315 a 318.

conduzido segundo a figura da "vítima hipotética"[76] e pautado pela escala de consideração proposta pelo individualismo normativo. O segundo pressuposto consistiria no interesse da vítima ser pertinente ao crime sofrido. A demanda não poderia abarcar interesses desconexos ao processo punitivo. Em termos retrospectivos, a demanda deve ser remontada ao crime sofrido e, em termos prospectivos, voltada à privação concreta a ser infligida ao agente no desfecho do processo punitivo.

As demandas exequíveis seriam divididas em dois grupos, não retributivas e retributivas. O primeiro abarcaria aquelas em que o interesse da vítima seria voltado à obtenção de um *status quo ante* material. A privação concreta imposta ao criminoso seria meramente instrumental, isto é, algo decorrente de uma compensação, restituição, reparação etc. Por terem uma considerável pertinência com interesses jurídico-cíveis, as demanda não-retributivas não necessitariam ser legadas ao âmbito criminal.[77] Quanto às demandas retributivas, a vítima teria o interesse de que um ônus fosse infligido ao algoz, independente de algum propósito tangível. Ainda que exista algum anseio de cunho material, o principal interesse é que o autor do crime sofra uma privação concreta, apta a expressar o conteúdo moral que a vítima julgar pertinente.

A concepção penal proposta assume uma premissa elementar das teorias expressivas, pois toma que o ato punitivo expressa um conteúdo moral através da inflicção de um ônus tangível ao infrator. O fato de poder influir sobre o aspecto fático da pena permitiria à vítima formatar o conteúdo moral expresso por tal ato punitivo.

A pena seria primeiramente um ato expressivo, pois o Estado reconheceria o "status" de vítima ao sujeito passivo individual. O ato punitivo não seria apenas uma expressão das autoridades à vítima, pois almejaria engajá-la em um diálogo, tomando-a como interlocutora e

76. Neste ponto, menciona-se a proposta de Tatjana Hörnle em relação ao estabelecimento de uma "perspectiva vítimal objetiva", a qual seria útil nas situações em que o indivíduo vitimado não quer participar do processo punitivo (HÖRNLE, Tatjana. *Distribution of Punishment: The Role of a Victim's Perspective*, op. cit., p. 176 e 177).

77. Isto é, desde que a vítima não tenha demandas retributivas, além das não retributivas.

não mera receptora.[78] A determinação do ato punitivo seria um processo de comunicação teleológica entre a vítima e o Estado. O sujeito passivo individual seria abordado como um agente moral apto a um diálogo com as autoridades, cujo objetivo é determinar a pena a ser imposta, buscando satisfazê-lo. Através de tal processo comunicativo, o Estado buscaria: analisar e tentar entender o sentimento que a vítima tem em relação ao crime sofrido e ao infrator; descobrir qual seria a punição tida como ideal pela vítima; determinar a pena a ser aplicada adequando a "pena ideal" aos limites impostos por preceitos basilares do Estado, tal como a inalienabilidade dos direitos fundamentais (do sujeito ativo da conduta); implementar o ato punitivo.

Por ser uma empreitada teleológica, a pena visa buscar a satisfação da vítima, porém, não tenciona garanti-la. Inclusive, se o ato punitivo tivesse como finalidade satisfazer a vítima, poderia ser incluído em uma tradição consequencialista. Ainda que a teoria proposta não seja consequencialista, ressalta-se que uma concepção penal instrumental diretamente pautada pela satisfação da vítima aparenta ser inviável. Afinal, esta concepção implicaria no Estado garantir que a vítima seja efetivamente satisfeita através do ato punitivo. Apesar de ser um fator importante para a satisfação das pessoas que foram vitimadas, a pena não seria apta a proporcionar satisfação em todos os casos.

Em termos de aplicação da pena, a teoria proposta estabeleceria uma relação expressiva e comunicativo-teleológica entre a vítima e

78. Apesar de outras formulações demonstrarem ter consideração pela vítima, esta acaba mantida em uma condição de passividade, pois é tratada como mera receptora do conteúdo moral expresso pela pena. Essas teorias são meramente expressivas em relação ao sujeito passivo, pois, em face deste, apenas expressam o reconhecimento do status vitimal, ou seja, atestam que tal indivíduo foi afligido por uma conduta ilícita imputável a outrem, isto é, o infrator. Por exemplo: VON HIRSCH, Andreas. *Warum soll die Strafsanktion existieren? Tadel und Prävention als Elemente einer Rechtfertigung*, op. cit., p. 50; Idem. *Review of Nils Christie "Limits to Pain"*, p. 315 a 318; VON HIRSCH, Andrew. *Censure and Sanctions*, op. cit., p. 10; HASSEMER, Winfried. REEMTSA, Jan Philipp. *Verbrechensopfer: Gesetz und Gerechtigkeit*, op. cit., p. 130; REEMTSMA, Jan Philipp. *Das Recht des Opfers auf die Bestrafung des Täters – als Problem*, op. cit., p. 26; DUFF, Antony. *Alternatives to Punishment – or Alternative Punishments*, op. cit., p. 43 a 83; Idem. *Penal Communications: Recent Work in the Philosophy of Punishment*, op. cit., p. 1 a 97; Idem. *Punishment, Communication and Community* (2001), op. cit. p. 78 a 80; Idem. *Punishment, Communication and Community* (2003), op. cit., p. 387 a 407.

o Estado[79] e outra meramente expressiva entre a vítima e o infrator. O Estado intermediaria uma expressão "pura" da vítima ao infrator, pois o ato punitivo não teria o intento de estabelecer uma comunicação com o apenado.[80] Apesar de uma eventual "captação" do conteúdo moral expresso pela pena ser possível, a irresignação do infrator não comprometeria a empreitada punitiva. Em relação ao Estado, a vítima seria receptora e interlocutora, pois a pena, primeiramente, expressaria o reconhecimento estatal do direito vitimal a ter o autor punido e a participar do processo punitivo e, posteriormente, engajaria o indivíduo vitimado em uma comunicação teleológica com o Estado, cujo objetivo seria determinar a sanção do criminoso.

Além de ser expressiva, a pena também teria uma nítida tendência retributiva, permitindo à pessoa afligida por um crime expressar o que sente perante o algoz ao retribuir-lhe o que entende ser merecido por tê-la vitimado.[81] A pena propiciaria um momento de "inversão" entre os polos do delito, pois o sujeito ativo passa a ser um receptor e o passivo passar a ser um expressor. Além de expressar o que a vítima entende ser merecido pelo infrator, a inversão também seria capaz de auxiliá-la a superar o ocorrido.[82] Ressalta-se que o critério de merecimento punitivo seria muito subjetivo e potencialmente problemático por três razões.

79. DUFF, Antony. *Punishment, Communication and Community* (2003), op. cit., p. 388; Idem. *Punishment, Communication and Community* (2001), op. cit., p. 79 e 80; Idem. *Penal Communications: Recent Work in the Philosophy of Punishment*, op. cit., p. 47 a 52; Idem. *Alternatives to Punishment - or Alternative Punishments*, op. cit., p. 51 e 52; Idem. *Trials and Punishments*, op. cit., p. 236 e 237.

80. GLASGOW, Joshua. *The Expressivist Theory of Punishment Defended*, op. cit., p. 608 e 609; Pode fazer-se uma analogia dizendo que a vítima é o remetente, o infrator é o destinatário, o Estado é correio, a pena é o envelope e a forma da punição é a mensagem.

81. NOZICK, Robert. *Philosophical Explanations*, op. cit., p. 370 e 371; A pena retributiva seria um ato de comunicação comportamental, pois impor ao infrator o mesmo infortúnio que ele cometeu contra sua vítima é a forma mais intensa de expor e significar o caráter errôneo de tal ação.

82. HÖRNLE, Tatjana. *Die Rolle des Opfers in der Straftheorie und im materiellen Strafrecht*, op. cit., p. 953 e 956; HAMPTON, Jean. *Correcting Harms Versus Righting Wrongs: The Goal of Retribution*, op. cit., p. 1686 e 1687; JEROUSCHEK, Günter. *Straftat und Traumatisierung*. In *Juristische Zeintung*, nº 4, 2000, p. 193 e 194; REEMTSMA, Jan Philipp. *Das Recht des Opfers auf die Bestrafung des Täters - als Problem*, op. cit., p. 26.

Primeiro, a vítima poderia condicionar a satisfação à imposição de uma pena que comprometa bens jurídicos indisponíveis atribuídos ao infrator (vida, integridade física, vedação ao tratamento degradante). Por exemplo, alguém que possui sequelas permanentes decorrentes de um crime violento pode desejar que seu agressor seja morto ou receba uma punição física impondo os mesmos tormentos ou uma pessoa que teve um ente querido horrendamente assassinado pode desejar que o criminoso seja punido com a morte ou ainda com uma morte igualmente terrível. Os termos necessários à satisfação da vítima não poderiam ser aplicados, pois implicariam uma afronta direta aos direitos fundamentais do infrator.

Segundo, a vítima poderia condicionar a satisfação à imposição de uma pena nitidamente desproporcional ao crime cometido pelo autor. Por exemplo, alguém que tem um bem de pequeno valor furtado e demanda a imposição de uma pena de anos de encarceramento para o autor de tal crime. Pode dizer-se que é razoável a pessoa desejar ver o criminoso punido com o ressarcimento do objeto, pagamento de uma indenização, medida restritiva ou ainda com uma pena carcerária curta, porém parece desarrozoado que alguém seja punido com anos de encarceramento por ter furtado um bem de pequeno valor.

Terceiro, a vítima poderia condicionar a satisfação ao completo perdão do algoz por entendê-lo como não merecedor de uma pena. Por exemplo, uma vítima que seja seguidora de uma religião ou adepta de uma corrente de pensamento que perceba o criminoso como digno de perdão ou como "vítima da sociedade" que merece ser ressocializada ao invés de punida. A proposição soa como razoável se aplicada aos infratores que incorreram em condutas designadas como menos graves, tais como crimes meramente patrimoniais, porém parece difícil aceitar que seja aplicada aos crimes mais graves, tais como estupro, tortura ou homicídio.

Para determinar uma pena capaz de satisfazer a vítima sem incorrer nos supramencionados problemas, adota-se um critério objetivo para complementar o critério subjetivo de merecimento. O critério objetivo seria constituído por um limite punitivo máximo, relativo e mínimo.

O primeiro estabeleceria o patamar punitivo que jamais poderia ser ultrapassado, independente do crime que a vítima sofreu. Por exemplo, não será admitido impor penas de morte ou tortura independente de quão horrendo tenha sido o crime que o autor perpetrou contra a vítima. Isso significa dizer que ninguém merece ser punido com certas condutas.

O segundo estabeleceria um patamar punitivo máximo relativo a cada crime para impedir que a vítima determine uma punição desproporcional ao crime cometido. Por exemplo, o crime α só poderia ser punido com uma dentre as seguintes penas ($A < B < C < D$) sob intensidade de 1 a 4, porém o crime β poderia ser punido com até duas dentre as penas ($A < B < C < D$) sob intensidade de 1 a 6, pois o primeiro crime seria menos grave que o segundo e consequentemente não poderia ser punido de forma mais severa. Um crime tido como menos grave não poderia ter uma pena máxima maior do que aquela atribuída a uma conduta mais grave.

O terceiro estabeleceria um patamar punitivo mínimo, pois satisfazer a vítima com a impunidade do autor somente seria possível em crimes relativos aos bens jurídicos disponíveis. Os crimes relacionados aos bens jurídicos indisponíveis teriam uma pena mínima estabelecida. A vítima poderia majorar a pena, observando o limite punitivo máximo e o relativo, porém não poderia extingui-la. A impossibilidade de satisfazer a vítima com a anistia desse tipo de crime seria análoga à situação em que a satisfação da vítima está condicionada à imposição de uma pena comprometedora de um bem jurídico indisponível atribuído ao infrator. As condutas tidas pelo ordenamento jurídico como punições inadmissíveis, em virtude de afetarem bens jurídicos indisponíveis, não devem ser passiveis de ter a punibilidade extinta por determinação da vítima. Ao permitir que a vítima extinga a punibilidade de um criminoso que pratica esse tipo de conduta, o Estado estaria implicitamente admitindo que existem situações em que bens jurídicos indisponíveis podem ser disponíveis. A vítima não poderia renunciar ao direito à pena, porém poderia renunciar ao direito de participar no processo punitivo caso já esteja satisfeita em saber que seu agressor será punido e não queira realizar a determinação final da pena. Por exemplo, a vítima quer se afastar do caso e não efetuar a determinação final da pena, pois procura evitar relembrar o ocorrido, porém ainda deseja que o criminoso seja punido pelo seu ato.

A vítima teria discricionariedade para influir na pena final, levando em consideração aquilo que entender ser merecido pelo criminoso (critério subjetivo), porém sem ultrapassar os limites punitivos colocados pela lei penal (critério objetivo). Usando os termos do exemplo supramencionado, a vítima que sofreu o crime α poderia determinar que seu agressor receba a punição máxima de D4. A vítima não poderia determinar que a pena máxima seja CD5, a qual só poderia ser aplicada ao crime β. A pena de morte também não poderia ser determinada pela vítima, pois comprometeria um bem jurídico indisponível atribuído ao infrator. A vítima não poderá extinguir a pena se o crime α estiver relacionado a um bem jurídico indisponível. A pena busca satisfazer a vítima, permitindo-a impor ao infrator aquilo que entender ser a retribuição merecida, porém deve ser reconhecido que as limitações supramencionadas impossibilitam a garantia de tal satisfação.

Em suma, através de um processo comunicativo com o Estado, a vítima influencia o ônus tangível imposto ao infrator, formatando o conteúdo moral expresso pela pena. A participação do sujeito passivo individual no processo punitivo visa atender-lhe uma demanda oponível ao Estado, porém versando sobre a pena a ser imposta ao infrator. Os limites punitivos previamente estabelecidos impedem que o êxito da empreitada punitiva seja assegurado pelo Estado, o qual teria o dever de buscar, porém não teria o dever de garantir a satisfação da vítima. Após participar ativamente do referido processo e ter obtido o melhor desfecho possível em relação ao crime sofrido, isto é, infligir ao algoz um ônus compatível com os próprios interesses, expressando-lhe a percepção moral que teve sobre o ocorrido, a vítima poderia ser dita como satisfeita.

CONCLUSÃO

I. A neutralização da vítima ocorreu no período histórico em que foram estabelecidas as tradições filosóficas que ainda são predominantes no debate teórico-penal. A celeuma que se apresenta é um descompasso quase bicentenário entre o pensamento jusfilosófico e a percepção social da vítima em relação ao fenômeno punitivo.

a. No que diz respeito à tradição filosófica consequencialista, as teorias preventivas gerais e especiais adotam premissas que teriam como decorrência lógica, ainda que não intencional, a "instrumentalização implícita" da vítima, pois tal indivíduo, apesar de ter uma contribuição preventivo-criminal, seria desconsiderado enquanto um sujeito de interesses especificamente relacionados ao crime vivenciado. Nestas formulações, o indivíduo vitimado acabaria sendo "implicitamente instrumentalizado" em prol da prevenção criminal, isto é, um benefício coletivo, futuro e incerto. Ademais, nas teorias preventivo-especiais, tal benefício teria uma dimensão coletiva e outra individual, porém esta última contemplaria apenas o infrator.

b. Em relação à tradição filosófica deontológica, as teorias retributivas influenciadas pelo idealismo alemão propõem que a pena seria a resposta intrinsicamente apropriada ao crime, ensejando a necessidade de punir os autores de condutas que atentam contra conceitos metafísicos, tais como "justiça" e "direito". A pena seria voltada a restauração, concebida em um plano abstrato, de tais conceitos, porém ignoraria o indivíduo concretamente afligido pelo delito. Quanto às teorias neo-retributivas, apenas uma das propostas analisadas pôde ser identificada como uma fundamentação da pena favorável à inclusão da vítima. Trata-se de uma formulação influenciada pelo idealismo alemão, na qual a impunidade de um infrator debilitaria o preceito normativo de tratamento equânime, pois, sem a imposição da pena, cuja finalidade seria reestabelecer a igualdade entre os sujeitos ativo e passivo, a vítima permaneceria em uma injusta posição de desigualdade em relação ao seu algoz. A proposta em questão, além de trazer ideias assentadas em termos vagamente definidos, deixa entrever que a vítima seria referida como se fosse um conceito abstrato, tal como aqueles supramencionados. Assim, tal formulação neo-retributiva também seria suscetível à crítica direcionada às teorias retributivas.

II. O fato de as teorias da pena tradicionais terem se mostrado improfícuas a uma efetiva consideração pela vítima permite inferir a necessidade de abordar as teorias expressivas da pena, as quais podem ser divididas de acordo com os seguintes critérios: tradição filosófica (consequencialista, deontológica e teleológica); destinatário da pena (independente ou dependente: infrator, vítima e terceiros que tenham ciência do crime); função da pena (expressiva “pura”, expressivo-comunicativa “censura”, expressivo-comunicativa “denunciação” e comunicação teleológica).

a. Uma pena fundamentada em abstrações conceituais e coletivistas deixa entrever que a vítima seria menos relevante que a validade da norma ou o Estado de Respeito Mútuo, no qual os cidadãos podem usufruir da liberdade individual. O fato de certas condutas delitivas afligirem diretamente indivíduos impediria reduzir a repercussão fática de todos os crimes à violação da norma ou afronta ao dever de lealdade ao ordenamento jurídico.

b. Apesar de demonstrar consideração por aquele que sofreu um crime, o reconhecimento do status vitimal não obsta que, em última instância, seja imposta à vítima uma condição de passividade, na qual tal indivíduo é impedido de opinar sobre o juízo condenatório expresso pela pena e, por conseguinte, sobre a dimensão moral que atribui ao delito vivenciado. Ao tomar o autor da conduta como destinatário do conteúdo moral expresso pela pena, dispensando maiores considerações à vítima, demonstra-se uma questionável inversão de prioridades.

c. O fato de não ser chamada a integrar um processo comunicativo com o Estado aduz que vítima, abordada como uma mera receptora, teria um status moral inferior ao infrator. Sendo considerado um agente moralmente responsável e capaz, o indivíduo vitimado deve ser contemplado com a possibilidade de integrar um processo comunicativo com o Estado.

d. A vivência de um crime pode ocasionar uma necessidade retributiva, a qual, além de proporcional à conduta sofrida, também dependeria da subjetividade do indivíduo vitimado. O estabelecimento de um evento, no qual o sujeito passivo individual tem a chance de expressar o penar sofrido ao próprio algoz, pode eventualmente satisfazer a necessidade retributiva advinda do sofrimento de um delito. A fundamentação da pena que, *de facto*, contempla o indivíduo vitimado, transpondo o afastamento decorrente do coletivismo prevalente no debate teórico-penal, não pode ignorar a necessidade retributiva instigada pela conduta do infrator. O juízo condenatório expresso pela pena seria formatado pela intensidade da privação infligida ao delinquente, permitindo inferir que a efetiva agência no processo punitivo seria uma forma de a vítima expressar e buscar sanar a necessidade retributiva proporcionada pela vivência passiva do delito.

III. Estabelecendo a possibilidade de distinguir uma teoria da pena para os delitos interpessoais de outra para os delitos coletivos, notou-se que através da complementação entre o individualismo normativo, contratualismo e expressivismo penal foi possível desenvolver uma teoria da pena *satisfatória, no sentido de que busca a satisfação da vítima*, e *garantidora, no sentido que protege os direitos fundamentais garantidos ao infrator.*

a. O individualismo normativo – *princípio que estabelece que as decisões políticas e jurídicas são fundamentadas por serem ultimamente remetidas aos indivíduos que atingem* – permite a extração de um dever de igual consideração por todos as pessoas afetadas por uma ação.

b. Confrontada com o individualismo normativo, a concepção punitiva defendida pelas formulações predominantes no debate teórico-penal mostrou-se incongruente, ensejando, novamente, a necessidade de responder a pergunta central de qualquer teoria da pena: *por que punir?*

c. O hipotético Contrato Social pressupõe um critério de justiça, o qual é preenchido pelo individualismo normativo, impondo o reconhecimento de um dever não apenas de segurança, mas também de satisfação.

d. A partir de uma perspectiva expressivista do contratualismo, estabeleceu-se um conceito de pena, segundo o qual, esta consiste em uma reação expressiva, na qual as autoridades expressam ao sujeito passivo a limitação preventivo-criminal estatal, convidando-o participar de um processo de comunicação teleológico voltado à busca pela satisfação deste indivíduo vitimado. Uma análise dessa concepção, à luz do individualismo normativo, permite inferir que o sujeito passivo individual, sendo moralmente afetado pela pena, detém um direito subjetivo a ser considerado no processo punitivo, habilitando-o a influir direta e ativamente na determinação do ônus tangível a ser imposto ao infrator.

e. Após participar ativamente do referido processo e ter obtido o melhor desfecho possível em relação ao crime sofrido, isto é, infligir ao algoz um ônus compatível com os próprios interesses, expressando-lhe a percepção moral que teve sobre o ocorrido, a vítima poderia ser dita como satisfeita.

f. Enfim, verificou-se certos pontos de tensão, ensejando uma exploração perfunctória dos limites desse direito, sendo encontrados resultados que podem ser reputados satisfatórios. Dentre os quais, menciona-se o direito do infrator a uma punição proporcional ao crime, limitando a influência da vítima sobre o conteúdo da pena; a limitação da esfera de liberdade da vítima em casos versando sobre penas pertinentes a delitos que afetam bens jurídicos indisponíveis.

REFERÊNCIAS BIBLIOGRÁFICAS

ADLER, Matthew. *Expressive Theories of Law: A Skeptical Overview*. In *University of Pennsylvania Law Review*, Vol. 148, 2000.

AMBOS, Kai. *May a State Torture Suspects to Save the Life of Innocents?* In *Journal of International Criminal Justice*, n. 6, 2008.

ANDENAES, Johannes. *The General Preventive Effects of Punishment*. In *University of Pennsylvania Law Review*, 1966, Vol. 114, n. 7.

ANDERSON, Yanique. GRÖNING, Linda. *Rehabilitation in Principle and Practice: Perspectives of Inmates and Officers*. In *Bergen Journal of Criminal Law and Criminal Justice*, Vol. 4, n. 2, 2016.

ANDRADE, Mariana Cunha. NOJIRI, Sergio. *Alienação parental e o sistema de Justiça brasileiro: uma abordagem empírica*. In *Revista de Estudos Empíricos em Direito (Brazilian Journal of Empirical Legal Studies)*. Vol. 3, n. 2, jul. 2016.

ANTÓN ONECA, José. *Los fines de la pena según los penalistas de la Ilustración*. In *Revista de Estudios Penitenciarios*, 1964, nº 166.

BACIGALUPO, Enrique. *Derecho Penal: Parte General*. 2ª Ed. Buenos Aires: Editorial Hamurabi SRL, 1999.

BARATTA, Alessandro. Criminologia Crítica e Crítica do Direito Penal. 6ª Ed. Rio de Janeiro: Editora Revan, 2011.

BARNES, Geoffrey. HYATT, Jordan. *Classifying Adult Probationers by Forecasting Future Offending: Final Technical Report*. Philadelphia: National Institute of Justice, U.S. Department of Justice, 2012.

BAURMANN, Michael. *Vorüberlegungen zu einer empirische Theorie der positiven Generalprävention*. In SCHÜNEMANN, Bernd. VON HIRSCH, Andrew. JAREBORG, Nils. (Ed.). *Positive Generalprävention: Kritische Analysen im deutsch-englischen Dialog (Uppsala Symposium 1996)*. Heidelberg: C. F. Müller Verlag, 1998.

______. *Zehn Thesen zum Verhältnis von Normanerkennung, Legitimität und Legalität*. In LÜDERSSEN, Klaus (Ed.). *Aufgeklärte Kriminalpolitik oder Kampf gegen das Böse?* Band. 1. Baden-Baden: Nomos Verlagsgesellschaft, 1998.

BATISTA, Nilo. *Matrizes Ibéricas do Direito Penal Brasileiro - I*. Rio de Janeiro: Editora Revan, 2013.

BECCARIA, Cesare. *Dei Delitti e delle Penne (1764)*. Milão: Letteratura Italiana Einaudi, 1973.

BENN, Stanley. *An Approach to the Problems of Law*. In *Philosophy*. Vol. 33, n. 127, 1958.

BENNETT, Christopher. *State denunciation of crime*. In *Journal of Moral Philosophy*. Vol. 3, 2006.

______. *Précis of The Apology Ritual*. In *Teorema*, Vol. XXXI/2, 2012.

______. *The Apology Ritual: A Philosophical Theory of Punishment*. Cambridge: Cambridge University Press, 2008

______. *Replies to My Commentators*. In *Teorema*, Vol. XXXI/2, 2012.

BEN-SHAHAR, Omri. HARON, Alel. *Economics of the Law of Criminal A empts: A Victim-Centered Perspective*. In *University of Pennsylvania Law Review*, Vol. 145, 1996.

BENTHAM, Jeremy. *An Introduction to the Principles of Morals and Legislation (1781)*. Kitchener: Batoche Books, 2000.

______.*The Rationale of Punishment*. Londres: C. and W. Reynell, 1830.

BESSENYEY, Kristina. *Risk Assessment Instruments: Can We Predict Recidivism? A Review of the Research*. In *Scholar Works at University of Montana*, n. 9001, 2000.

BIRR, Christiane. *„Kriminalstrafe ist öffentliche Rache“: Beobachtungen zum Strafgedanken in der juristischen Literatur der Frühen Neuzeit*. In HILGENDORF, Eric. WEITZEL, Jürgen (Ed.). *Der*

Strafgedanke in seiner historischen Entwicklung: Ringvorlesung zur Strafrechtsgeschichte und Strafrechtsphilosophie. Berlin: Duncker & Humblot, 2007.

BITTENCOURT, Cezar Roberto. *Tratado de Direito Penal: Parte Geral I*. 17ª Ed. São Paulo: Editora Saraiva, 2011.

BOTTOMS, Antonny. VON HIRSCH, Andrew. *The Crime-Preventive Effect of Penal Sanctions*. In CANE, Peter. KRITZER, Herbert (Ed.). *The Oxford Handbook of Empirical Legal Research*. Oxford: Oxford University Press, 2010.

BRAITHWAITE, John. PETTIT, Philip. *Not Just Deserts: A Republican Theory of Criminal Justice*. Oxford: Oxford University Press, 1990.

BRUNO, Aníbal. *Direito Penal: Tomo I*. Rio de Janeiro: Editora Forense, 1967.

BROOKS, Thom. *Punishment*. Nova York: Routledge, 2012.

CABRAL DE MONCADA, Luís. *O Duelo na Vida do Direito*. In *Estudos de História do Direito*. Vol. 1. Coimbra: Universidade de Coimbra, 1948.

CARRTHERS, David. *La Philosophie pénale de Montesquieu*. In *Revue Montesquieu*, 1997, nº 1.

CARTER, Patrick. *Managing Offenders, Reducing Crime: A new approach*. In *Correctional Services Review*, 2003.

CAVALEIRO DE FERREIRA, Manuel. *Lições de Direito Penal - Parte Geral II: Penas e Medidas de Segurança*. Lisboa: Editorial Verbo, 1989.

CENARRO. Angela. *Violence, Surveillance, and Denunciation: Social Cleavage and the Spanish Civil War and Francoism, 1936–1950*. In EMSLEY, Clive. JOHNSON. Eric. SPIERENBURG. Pieter. (Ed.). *Social Control in Europe. Volume 2, 1800–2000*. Columbus: The Ohio State University Press, 2004.

CHRISTIE, Nils. *Limits to Pain*. Oslo: Universitetsforlaget, 1981.

CLEMENS, Chelsie. *Effective and Ethical Measures of Predicting Criminal Offender's Risk of Recidivism and Treatment Needs on Risk-Need Assessments*. In *Master of Social Work Clinical Research Papers*, n. 964. 2016.

COCHRANE, Alasdair. *Prison on Appeal: The Idea of Communicative Incarceration*. In *Criminal Law and Philosophy*, Vol. 11, n. 2, 2015.

CORNACCHIA, Luigi. *Funzione della Pena nello Statuto della Corte Penale Internazionale*. Milão: Giuffrè Editore, 2009.

CORREIA, Eduardo. *Estudos sobre a Evolução das Penas no Direito Português*. In *Boletim da Faculdade de Direito da Universidade de Coimbra*, Vol. LIII, 1977.

______. *Direito Criminal I*. Coimbra: Livraria Almedina, 1993.

COSTA ANDRADE, Manuel da. *A Vítima e o Problema Criminal*. Coimbra: Coimbra Editora, 1980.

CROW, Iain. *The Treatment and Rehabilitation of Offenders*. Londres: SAGE Publications Ltd., 2001.

DAVIS; Michael. *Punishment as Language: Misleading Analogy for Desert Theorists*. In *Law and Philosophy*, Vol. 10, n. 3, 1991.

______. *Heavenly Philosophy: What Thomas Hobbes Said to Jean Hampton*. In *Social Contrary Theory*, n. 32, 2006.

DICK, Philip K. *The Man in the High Castle (1962)*. Nova York: Mariner Books, 2011.

DIEKMANN, Andreas. PRZEPIORKA, Wojtek. RAUHUT, Heiko. *Die Präventivwirkung des Nichtwissens im Experiment*. In *Zeitschrift für Soziologie*, Jg. 40, *Heft* 1, 2011.

DIEKMANN, Andreas. *Spieltheorie*. 2ª Ed. Reinbek bei Hamburg: Rowohlt Taschenbuch, 2010.

DÖLLING, Dieter. ENTORF, Horst. HERMANN, Dieter. RUPP, Thomas. *Is Deterrence Effective? Results of Meta-Analysis of empirical studies on deterrence*. In *European Journal of Criminal Policy and Research*, Vol. 15, 2009.

DÖLLING, Dieter. *Zur spezialpräventiven Aufgabe des Strafrechts*. In DÖLLING, Dieter (Ed.). *Jus humanum: Grundlagen des Rechts und Strafrecht. Festschrift für Ernst-Joachim Lampe zum 70. Geburtstag*. Berlim: Duncker & Humblot, 2003.

DRAPER, Anthony J. *Cesare Beccaria's influence on English discussions of punishment, 1764–1789*. In *History of European Ideas*, Vol. 26, 2000.

DÖLLING, Dieter. ENTORF, Horst. HERMANN, Dieter. HÄARING, Armando. RUPP, Thomas. WOLL, Andreas. *Zur generalpräventiven Abschreckungswirkung des Strafrechts - Befunde einer Metanalyse.* In *Soziale Probleme: Zeitschrift für soziale Probleme und soziale Kontrolle*, Jg. 17, *Heft* 2, 2006.

DOOB, Anthony. WEBSTER, Cheryl Marie. *Sentence Severity and Crime: Accepting the Null Hypothesis.* In *Crime and Justice*, Vol. 30, 2003.

DUBBER, Markus. *Theories of Crime and Punishment in German Criminal Law.* In *The American Journal of Comparative Law.* Vol. 53, n. 3, 2005.

DUFF, Antony. *Penal Communications: Recent Work in the Philosophy of Punishment.* In *Crime and Justice*, Vol. 20, 1996.

______. *Penal Communications: Recent Work in the Philosophy of Punishment.* In *Crime and Justice*, Vol. 20, 1996.

______. *Reviewed Work: Censure and Sanctions, by Andrew von Hirsch.* In *Mind*, Vol. 104, n. 413, 1995.

______. *Punishment, Communication and Community.* In MATRAVERS, Derek; PIKE, Jon. (Ed.). *Debates in Contemporary Philosophy: An Anthology.* Londres: Francis & Taylor Group, 2003.

______. *Punishment, Communication and Community.* Oxford: Oxford University Press, 2001.

______. *Alternatives to Punishment - or Alternative Punishments.* In CRAGG, Wesley (Ed.). *Retributivism and its Critics.* Stuttgart: Franz Steiner Verlag, 1992.

______. *Trials and Punishments.* Cambridge: Cambridge University Press, 1986.

______. *Justice, Mercy and Forgiveness.* In *Criminal Justice Ethics*, Vol. 9, 1990.

DUNNAGE, Jonathan. *Social Control in Fascist Italy: The Role of the Police.* In EMSLEY, Clive. JOHNSON. Eric. SPIERENBURG. Pieter. (Ed.). *Social Control in Europe. Volume 2, 1800-2000.* Columbus: The Ohio State University Press, 2004.

DURKHEIM, Émile. *L'Éducation Morale (1902)*. Paris: Librarie Félix Alcan, 1934.

______. *De la Division du Travail Social (1893)*. Paris: Les Presses universitaires de France, 1967.

DWORKIN, Ronald. *Taking Rights Seriously (1973)*. Londres: Bloomsbury Publishing Plc., 2013.

ENGEN, Andy. *Communication, Expression, and the Justification of Punishment*. In *Athens Journal of Humanities & Arts*, Vol. 1, n. 4, 2014.

ERBER-SCHROPP, Julia Maria. *Schuld und Strafe: Eine strafrechtsphilosophische Untersuchung des Schuldprinzips*. Tübingen: Mohr Siebeck, 2016.

EURICH, S. Amanda. *Reviewed Work: The European Nobility (1400-1800), by Jonathan Dewald*. In *Sixteenth Century Journal*, Vol. 28, n. 4, 1997.

EWING, Alfred Cyril. *A Study of Punishment II: Punishment as Viewed by the Philosopher*. In *Canadian Bar Review*, Vol. 21, 1943.

______. *The Morality of Punishment: With Some Suggestions for a General Theory of Ethics*. Londres: Routledge & Kegan Paul Ltd., 1929.

______. *Punishment as a Moral Agency: An Attempt to Reconcile the Retributive and Utilitarian View*. In *Mind*. Vol. 36, n. 143, 1927.

FEINBERG, Joel. *The Expressive Function of Punishment*. In *The Monist*. Vol. 49, n. 3, 1965.

______. *The Expressive Function of Punishment*. In FEINBERG, Joel. (Ed.). *Doing & Deserving: Essays in the Theory of Responsibility*. Princeton: Princeton University Press, 1970.

FIGUEIREDO DIAS, Jorge de. *Temas Básicos da Doutrina Penal*. Coimbra: Coimbra Editora, 2001.

FLETCHER, George. *The Place of Victims in the Theory of Retribution*. In *Buffalo Criminal Law Review*, Vol. 3, nº 1, 1999.

FLEW. Anthony. *The Justification of Punishment*. In *Philosophy*. Vol. 29, n. 111, 1954.

FRISCH, Wolfgang. *Schwächen und berechtigte Aspekte der Theorie der positiven Generalprävention: Zur Schwierigkeit des „Abschieds von Kant und Hegel“*. In SCHÜNEMANN, Bernd. VON HIRSCH, Andrew. JAREBORG, Nils. (Ed.). *Positive Generalprävention: Kritische Analysen im deutsch-englischen Dialog (Uppsala Symposium 1996)*. Heidelberg: C. F. Müller Verlag, 1998.

FROTSCHER, Werner. PIEROTH, Bodo. *Verfassungsgeschichte*. 11ª Ed. Munique: Verlag C.H. Beck, 2012.

GAUTHIER, David. *Morals by Agreement*. Oxford: Oxford University Press, 1986.

______. *Symposium Papers, Comments and an Abstract: Hobbes's Social Contract*. In *Noûs*, Vol. 22, n. 1, 1988.

GARVEY, Stephen. *Alternatives to Punishment*. In DEIGH, John. DOLINKO, David (Ed.). *The Oxford Handbook of Philosophy of Criminal Law*. Oxford: Oxford University Press, 2011.

GELLATELY, Robert. *The Gestapo and German Society: Enforcing Racial Policy, 1933-1945*. Oxford: Oxford University Press, 1990.

______. *Die Gestapo und die deutsche Gesellschaft: Zur Entscheidung einer selbstüberwachenden Gesellschaft*. In SCHMIECHEN-ACKERMANN, Detlef (Ed.). *Anpassung, Verweigerung, Widerstand. Soziale Milieus, Politische Kultur und der Widerstand gegen den Nationalsozialismus in Deutschland im regionalen Vergleich*. Berlim: Gedenkstätte Deutscher Widerstand, 1997.

______. *Backing Hitler: Consent and Coercion in Nazi Germany*. Oxford: Oxford University Press, 2001.

GIL, Alicia. *Sobre la Satisfacción de la Víctima como Fin de la Pena*. In *InDret - Revista para el Análisis del Derecho*. n. 4, 2016.

GILISSEN, John. *Introdução Histórica ao Direito*. 2ª Ed. Lisboa: Fundação Calouste Gulbenkian, 1995.

GLASGOW, Joshua. *The Expressivist Theory of Punishment Defended. In Law and Philosophy*, Vol. 34, 2015.

GOESCHEL, Christian. *The Criminal Underworld in Weimar and Nazi Berlin*. In *History Workshop Journal*, Vol. 75, n. 1, 2013.

GOMÉZ-JARA DÍEZ, Carlos. *La Retribución Comunicativa como Teoría Constructivista de la Pena: ¿El Dolor Penal como Constructo Comunicativo?* In *InDret – Revista para ele Análisis del Derecho*. n. 2, 2008.

GÜNTHER, Klaus. *Die symbolisch-expressive Bedeutung der Strafe: Eine neue Straftheorie jenseits von Vergeltung und Prävention?* In PRITTWITZ, Cornelius. BAURMANN, Michael. GÜNTHER, Klaus. KUHLEN, Lothar. MERKEL, Reinhard. NESTIER, Cornelius. SCHULZ, Lorenz. LÜDERSSEN, Klaus. (Ed.). *Festschrift für Klaus Lüderssen: zum 70. Geburtstag am 2 Mai 2002*. Baden-Baden: Nomos Verlagsgesellschaft, 2002.

______. *Criminal Law, Crime and Punishment as Communication*. In SIMESTER, Andrew P. DU BOIS-PEDAIN, Antje. NEUMANN, Ulfrid. (Ed.). *Liberal Criminal Theory: Essays for Andreas von Hirsch*. Oxford: Hart Publishing Ltd., 2014.

GRECO, Luís. *Lebendiges und Totes in Feuerbachs Straftheorie: Ein Beitrag zur gegenwärtigen strafrechtlichen Grundlagendiskussion*. Berlim: Duncker & Humblot Verlag, 2009.

______. *Tem Futuro a teoria do bem jurídico? Reflexões a partir da decisão do Tribunal Constitucional Alemão a respeito do crime de incesto (§ 173 Strafgesetzbuch)*. In *Revista do Instituto Brasileiro de Ciências Criminais*, Vol. 82, 2010.

______. *A Ilha de Kant*. In GRECO, Luís. MARTINS, Antonio (Ed.). *Direito Penal como crítica da pena: Estudos em homenagem a Juarez Tavares por seu 70.º Aniversário em 2 de setembro de 2012*. São Paulo: Marcial Pons, 2012.

______. *Introdução à Dogmática Funcionalista do Delito: Em Comemoração aos Trinta Anos de "Política Criminal e Sistema Jurídico-Penal", de Claus Roxin*. In *Revista Brasileira de Direito Comparado*, n. 20, 2003.

______. *Las Reglas detrás de la Excepción. Reflexiones Respecto de la Tortura en los Grupos de Casos de Las Ticking Time Bombs*. In *InDret – Revista para el Análisis del Derecho*. n. 4, 2007.

GREELY, Henry. *Neuroscience and Criminal Justice: Not Responsibility but Treatment*. In *Kansas Law Review*, Vol. 56, 2008.

GREEN, Thomas Andrew. *Freedom and Criminal Responsibility in American Legal Thought*. New York: Cambridge University Press, 2014

GRICE, Herbert Paul. *Utterer's Meaning and Intentions*. In *Philosophical Review*, Vol. 78, 1969.

______. *Logic and Conversation*. In *William James Lectures*. Cambridge: Harvard University Press, 1967.

______. *Meaning*. In *Philosophical Review*, Vol. 66, 1957.

HAMEL, Roman. *Strafen als Sprechakt: Die Bedeutung der Strafe für das Opfer*. Berlin: Duncker & Humblot, 2009.

HAMPTON, Jean. *Moral Education Theory of Punishment*. In *Philosophy & Public Affairs*, Vol. 13, n. 3, 1984.

______. *Correcting Harms Versus Righting Wrongs: The Goal of Retribution*. In *UCLA Law Review*, Vol. 39, 1991-1992.

______. *Hobbes and the Social Contract Tradition*. Cambridge: Cambridge University Press, 1986.

______. *The Retributive Idea*. In MURPHY, Jeffrie. HAMPTON, Jean (Ed.). *Forgiveness and Mercy*. Cambridge: Cambridge University Press, 1988.

______. *A New Theory of Retribution*. In FREY, R.G. MORRIS, Christopher W. (Ed.). *Liability and Responsibility: Essays in Law and Moral*. Cambridge: Cambridge University Press, 1991.

______. *An Expressive Theory of Retribution*. In CRAIG, Wesley (Ed.). *Retributivism and Its Critics*. Stuttgart: Franz Steiner Verlag, 1992.

HARCOURT, Bernard. *Beccaria's 'On Crimes and Punishments': A Mirror on the History of the Foundations of Modern Criminal Law*. Chicago: Coase-Sandor Institute for Law & Economics, Working Paper n. 648, 2013.

______. *Joel Feinberg on Crime and Punishment: Exploring the Relationship Between The Moral Limits of the Criminal Law and The Expressive Function of Punishment*. In *Buffalo Criminal Law Review*, Vol. 5, n. 1, 2001.

HARE, Richard Mervyn. *Freedom and Reason*. Oxford: Oxford University Press, 1963.

HART, Herbert Lionel Adolphus. *The Presidential Address: Prolegomenon to the Principles of Punishment*. In *Proceedings of the Aristotelian Society*, Vol. 60, 1959-1960.

HASSEMER, Winfried. REEMTSA, Jan Philipp. *Verbrechensopfer: Gesetz und Gerechtigkeit*. Munique: Verlag C.H. Beck, 2002.

HASSEMER, Winfried. MUÑOZ CONDE, Francisco. *Introducción a la Criminología y al Derecho Penal*. Valencia: Tirant Lo Blanch, 1989.

HASSEMER, Winfried. *História das Ideias Penais na Alemanha do Pós-Guerra*. Lisboa: Editora AAFDL, 1995.

______. *Einführung in die Grundlagen des Strafrechts*. 2ª Ed. Munique: Verlag C.H. Beck, 1990.

______. *Absehbare Entwicklungen in Strafrechtsdogmatik und Kriminalpolitik*. In PRITTWITZ, Cornelius. MANOLEDAKIS, Ioannis (Ed.). *Strafrechtsprobleme an der Jahrtausendwende: Deutsch-griechisches Symposium (Rostock, 1999)*. Baden-Baden: Nomos Verlagsgesellschaft, 2000.

______. *Variationen der positiven Generalprävention*. In SCHÜNEMANN, Bernd. VON HIRSCH, Andrew. JAREBORG, Nils. (Ed.). *Positive Generalprävention: Kritische Analysen im deutsch-englischen Dialog (Uppsala Symposium 1996)*. Heidelberg: C. F. Müller Verlag, 1998.

HARRENDORF, Stefan. HEISKANEN Markku. MALBY, Steven. *International Statistics on Crime and Justice*. Helsinque: European Institute for Crime Prevention and Control, Affiliated with the United Nations (HEUNI), 2010.

HAQUE, Adil Ahmad. *Group Violence and Group Vengeance: Toward a Retributivist Theory of International Criminal Law*. In *Buffalo Criminal Law Review*, Vol. 9, 2005.

HEATH, James. *Eighteenth Century Penal Theory*. Oxford: Oxford University Press, 1963.

HEGEL, Georg Wilhelm Friedrich. *Grundlinien der Philosophie des Rechts (1820)*. Berlim: Verlag von Duncker und Humblot, 1833.

HELFFGOTT, Jacqueline. *Criminal Behavior: Theories, Typologies and Criminal Justice*. Londres: SAGE Publications Ltd., 2008.

HENRICH, Joseph. Et all. *Costly Punishment Across Human Societies*. In *Science*, Vol. 36, 2006.

HESPANHA, António Manuel. *Panorama Histórico da Cultura Jurídica Europeia*. Sintra: Publicações Europa-América, Ltda., 1998.

HERMANN, Dieter. *Werte und Kriminalität: Konzeptionen einer Allgemeinen Kriminalitätstheorie*. Wiesbaden: Springer Fachmedien Wiesbaden GmbH, 2003.

HOBBES, Thomas. *Leviathan, or the Matter, Form, and Power of a Commonwealth Ecclesiastical or Civil (1651)*. In MOLESWORTH, William (Ed.). *The English Works of Thomas Hobbes of Malmesbury: Vol. III*. Londres: John Bohn,1839.

HOLZ, Wilfried. *Justizgewähranspruch des Verbrechensopfers*. Berlim: Duncker & Humblot, 2007.

HONNETH, Axel. *Kampf um Anerkennung: Zur moralischen Grammatik sozialer Konflikte*. Frankfurt am Main: Suhrkamp Verlag, 1992.

HONDERICH, Ted. *Punishment: The Supposed Justification*. Londres: Pluto Press, 2006.

HÖRNLE, Tatjana. *Expressive Straftheorie*. In HILGERS, Thomas. KOCH, Gertrud. MÖLLERS, Christoph. MÜLLER-MALL, Sabine (Ed.). *Affekt & Urteil*. Paderborn: Wilhelm Fink Verlag, 2015.

______. *Die Rolle des Opfers in der Straftheorie und im materiellen Strafrecht*. In *Juristen Zeitung*, nº 19, 2006.

______. *Gegenwärtige Strafbegründungstheorie: Die herkömmliche deutsche Diskussion*. In VON HIRSCH, Andreas. NEUMANN, Ulfrid. SEELMANN, Kurt. (Ed.). *Strafe - Warum? Gegenwärtige Strafbegründungen im Lichte von Hegels Straftheorie*. Baden-Baden: Nomos Verlagsgesellschaft, 2011.

______. *Straftheorien*. Tübingen: Mohr Siebeck, 2011.

______. *Distribution of Punishment: The Role of a Victim's Perspective*. In *Buffalo Criminal Law Review*, Vol. 3, 1999.

HÖRNLE, Tatjana. VON HIRSCH, Andrew. *Positive Generalprävention und Tadel*. In SCHÜNEMANN, Bernd. VON HIRSCH, Andrew. JAREBORG, Nils. (Ed.). *Positive Generalprävention: Kritische*

Analysen im deutsch-englischen Dialog (Uppsala Symposium 1996). Heidelberg: C. F. Müller Verlag, 1998.

______. *Positive Generalprävention und Tadel*. In *Goltdammer's Archiv für Strafrecht*, Vol. 142, 1995.

______. *Positive Generalprävention und Tadel*. In VON HIRSCH, Andrew. (Ed.). *Fairness, Verbrechen und Strafen: Strafrechtstheoretische Abhandlungen*. Berlim: Berliner Wissenschafts-Verlag, 2005.

JAKOBS, Günther. *Staatliche Strafe: Bedeutung und Zweck*. Paderborn: Verlag Ferdinand Schöningh, 2004.

______. *Strafrecht. Allgemeiner Teil: Die Grundlagen und die Zurechnungslehre*. 2ª Ed. Berlim: Walter de Gruyter & Co., 1991.

______. *Norm, Person, Gesellschaft: Vorüberlegungen zu einer Rechtsphilosophie*. 3ª Ed. Berlim: Duncker & Humblot Verlag, 2008.

______. *System der strafrechtlichen Zurechnung*. Frankfurt am Main: Verlag Vittorio Klostermann, 2012.

______. *Zur gegenwärtigen Straftheorie*. In KODALLE, Klaus (Ed.). *Strafe muss sein! Muss Strafe sein? Philosophen-Juristen-Pädagogen im Gespräch*. Würzburg: Verlag Königshausen & Neumann, 1998.

______. *Das Schuldprinzip*. Opladen: Westdeutscher Verlag, 1993.

JEROUSCHEK, Günter. *Geburt und Wiedergeburt des Peinliches Strafrechts im Mittelalter*. In LÜDERSSEN, Klaus. (Ed.). *Die Durchsetzung des öffentlichen Strafanspruchs: Systematisierung der Fragestellungg*. Colônia: Böhlau Verlag, 2002.

______. *Straftat und Traumatisierung*. In *Juristische Zeintung*, nº 4, 2000.

JESIONEK, Udo. *Die Wiederentdeckung des Verbrechensopfers: Ein Paradigmenwechsel im Strafrecht*. In *Juridikum: Zeitschrift im Rechtsstaat*, nº 4, 2005.

JOHNSON. Eric. *Criminal Justice, Coercion and Consent in 'Totalitarian' Society: The Case of National Socialist Germany*. In *British Journal of Criminology*, n. 51, 2011.

KAHAN, Dan. *What Do Alternative Sanctions Mean?* In *The University of Chicago Law Review*. Vol. 63, 1996.

KANT, Immanuel. *Die Metaphysik der Sitten (1797)*. In ROSENKRANZ, Karl. SCHUBERT, Friedrich Wilhelm. *Immanuel Kant's Sämmtliche Werk. Neunter Theil*. Leipzig: Leopold Voss, 1838.

______. *Grundlegung zur Metaphysik der Sitten (1785)*. Colônia: Anaconda Verlag, 2016.

KILCHLING, Michael. *Opferschutz und der Strafanspruch des Staates - Ein Widerspruch?* In *Neue Zeitschrift für Strafrecht*, 2002, *Heft 2*.

KINDHÄUSER, Urs. MAÑALICH, Juan Pablo. *Pena y Culpabilidad en el Estado Democrático de Derecho*. Buenos Aires: Editorial B de F, 2011.

KIRCHMEIER, Jeffrey. *Aggravating and Mitigating Factors: The Paradox of Today's Arbitrary and Mandatory Capital Punishment Scheme*. In *William and Mary Bill of Rights Journal*, Vol. 6, 1998.

KLECK, Gary. BARNES, J.C. *Deterrence and Macro-Level Perceptions of Punishment Risks*. In *Crime & Delinquency*, Vol. 59, nº 7, 2008.

KLEINIG, John. *Punishment and Moral Seriousness*. In *Israel Law Review*, Vol. 25, n. 3 e 4, 1991.

KOCH, Arnd. *Binding vs. v. Liszt - Klassische und Moderne Strafrechtsschule*. In HILGENDORF, Eric. WEITZEL, Jürgen (Ed.). *Der Strafgedanke in seiner historischen Entwicklung: Ringvorlesung zur Strafrechtsgeschichte und Strafrechtsphilosophie*. Berlin: Duncker & Humblot, 2007.

KÖNIGS, Peter. *The Expressivist Account of Punishment, Retribution, and the Emotions*. In *Ethical Theory and Moral Practice*, Vol. 16, n. 5, 2013.

LÖSCHNIG-GSPANDL, Marianne Johanna. *Der außergerichtliche Tatausgleich im allgemeinen Strafrecht: Voraussetzungen und Anwendungsmöglichkeiten*. In MIKLAU, Roland. SCHROLL, Hans Valentin (Ed.). *Diversion. Ein anderer Umgang mit Straftaten: Analysen zur Strafprozessnovelle*. Viena: Verlag Österreich, 1999.

LAUE, Christian. *Die Konventionelle Theorie als Grundlage der Wirtschaftskriminologie und des Wirtschaftsstrafrechts*. In BANNENBERG, Britta. JEHLE, Jörg-Martin (Ed.). *Wirtschaftskriminalität*. Mönchengladbach: Forum Verlag Godesberg, 2010.

LEITE, Alaor. *Teorias da pena, de Tatjana Hörnle*. In *Revista Jurídica do Ministério Público do Estado do Paraná*, Ano 1, n. 1, 2014.

LIMA TORRES, José Reinaldo de. *O Direito na História: Lições Introdutórias*. 3ª Ed. São Paulo: Editora Atlas, 2011.

LÜDERSSEN, Klaus. *Abschaffen des Strafens?* Frankfurt am Main: Suhrkamp Verlag, 1995.

MAHMOOD RAJPOOT, Qasim; JENSEN, Christian D. *Video Surveillance: Privacy Issues and Legal Compliance*. In KUMAR, Vikas. SVENSSON, Jakob (Ed.) *Promoting Social Change and Democracy through Information Technology*. Lyngby: IGI Global, 2015.

MALLMANN, Klaus-Michael PAUL. Gehard. *Die Gestapo: Mythos und Realität*. Darmstadt: Wissenschaftliche Buchgesellschaft. 1995.

MAÑALICH, Juan Pablo. *La pena como retribución. Primera parte: La retribución como teoría de la pena*. In *Derecho Penal y Criminología*, Vol. 28, n. 83, 2007.

______. *La pena como retribución. Segunda parte: La retribución como teoría del Derecho penal*. In *Derecho Penal y Criminología*, Vol. 28, n. 83, 2007.

______. *Pena y Ciudadanía*. In *Revista de Estudios de la Justicia*, n. 6, Año 2005.

MANN, Reinhard. *Protest und Kontrolle im Dritten Reich: Nationalsozialistische Herrschaft im Alltag einer rheinischen Grossstadt*: Frankfurt am Main: Campus Verlag, 1987.

MARTINSON, Robert. *What works? - Questions and answers about prison reform*. In *The Public Interest*, n. 35, 1974.

MAYER, Edward. *Prefrontal Lobotomy and the Courts*. In *Journal of Criminal Law and Criminology*, Vol. 38, n. 6, 1948.

MERLE, Jean-Christophe. *German Idealism and the Concept of Punishment*. Cambridge: Cambridge University Press, 2009.

______. *Strafen aus Respekt vor der Menschenwürde: Eine Kritik am Retributivismus aus der Perspektive des deutschen Idealismus*. Berlim: De Gruyter Rechtswissenschaften Verlag, 2007.

MIR PUIG, Santiago. *Introducción a Las Bases del Derecho Penal*. 2ª Ed. Buenos Aires: Editorial B de F, 2003.

MOMMSEN, Theodor. *Römisches Strafrecht*. Leipzig: Verlag Duncker & Humblot, 1899.

MONTENBRUCK, Axel. *Deutsche Straftheorie: Ein Lehrbuch*. 1ª Ed. In *Open Access der Freien Universität Berlin (Online ISBN 978-3-96110-050-7)*, 2017.

MOORE, Michael. *Closet Retributivism*. In MOORE, Michael (Ed.). *Placing Blame: A Theory of the Criminal Law*. Oxford: Oxford University Press, 1997.

______. *Justifying Retributivism*. In MOORE, Michael (Ed.). *Placing Blame: A Theory of the Criminal Law*. Oxford: Oxford University Press, 1997.

______. *The Moral Worth of Retribution*. In MOORE, Michael (Ed.). *Placing Blame: A Theory of the Criminal Law*. Oxford: Oxford University Press, 1997.

______. *Victims and Retribution: A Reply to Professor Fletcher*. In *Buffalo Criminal Law Review*, Vol. 3, nº 1, 1999.

MOORE, Wilbert. TUMIN, Melvin. *Some Social Functions of Ignorance*. In *American Sociological Review*, Vol. 14, 1949.

MORRIS, Norval. *The Future of Imprisonment*. Chicago: University of Chicago Press, 1974.

MORRIS, Herbert. *Persons and Punishment*. In *The Monist*. Vol. 52, n. 4, 1968.

______. *A Paternalistic Theory of Punishment*. In *American Philosophical Quarterly*, Vol. 18, n. 14, 1981.

MUÑOZ CONDE, Francisco. *Introducción al Derecho Penal*. 2ª Ed. Buenos Aires: Editorial B de F, 2001.

MURPHY, Jeffrie. *Getting Even: The Role of the Victim*. In *Social Philosophy and Policy*, Vol. 7, n. 2, 1990.

______. *Marxism and Retribution*. In *Philosophy & Public Affairs*, Vol. 2, n. 3, 1973.

NAGEL, Thomas. *War and Massacre*. In *Philosophy and Public Affairs*, Vol. 1, n. 2, 1972.

NARAYAN, Uma. *Appropriate Responses and Preventive Benefits: Jus-*

tifying Censure and Hard Treatment in Legal Punishment. In *Oxford Journal of Legal Studies*, Vol. 13, n. 2, 1993.

NAUCKE, Wolfgang. *Feuerbachs Lehre von der Funktionstüchtigkeit des gesetzlichen Strafens*. In HILGENDORF, Eric. WEITZEL, Jürgen (Ed.). *Der Strafgedanke in seiner historischen Entwicklung: Ringvorlesung zur Strafrechtsgeschichte und Strafrechtsphilosophie*. Berlin: Duncker & Humblot, 2007.

NEUMAN, Elias. *Victimología: El rol de la víctima en los delitos convencionales y no convencionales*. Buenos Aires: Editorial Universidad, 1984.

NOZICK, Robert. *Philosophical Explanations*. Cambridge: Harvard University Press, 1981.

______. *Anarchy, State, and Utopia*. Nova York: Basic Books, 1974.

ORWELL, George. *Nineteen Eighty-Four (1949)*. Londres: Everyman's Library, 1992.

PALMA, Maria Fernanda. *Direito Constitucional Penal*. Coimbra: Editora Almedina, 2006.

PAILLARD DE SAINT-AIGLAN, Alphonse. *Notice sur Jean Boutillier, auteur de la Somme Rurale*. In *Bibliothèque de l'école des chartes*, Tome 9, 1848.

PAWLIK, Michael. *Person, Subjekt, Bürger: Zur Legitimation von Strafe*. Berlim: Duncker & Humblot Verlag, 2004.

______. *Das Unrecht des Bürgers: Grundlinien der Allgemeinen Verbrechenslehre*. Tübingen: Mohr Siebeck, 2012.

PÉREZ BARBERÁ, Gabriel. *Problemas y Perspectivas de las Teorías Expresivas de la Pena*. In *InDret - Revista para el Análisis del Derecho*, n. 4, 2014.

PEUKERT, Detlev. *Inside Nazi Germany: Conformity, Opposition and Racism in Everyday Life*. Londres: Penguin, 1987.

POPITZ, Heinrich. *Über die Präventivwirkung des Nichtwissens: Dunkelziffer, Norm und Strafe*. Tübingen: J. C. B. Mohr (Paul Siebeck), 1968.

POSNER, Richard. *Economic Analysis of Law*. 2ª Ed. Boston: Little, Brown & Company, 1977.

PRATT, Travis C. CULLEN, Francis T. BLEVINS, Kristie R. DAIGLE, Leah. MADENSEN, Tamara D. *The Empirical Status of Deterrence Theory: A Meta-Analysis*. In CULLEN, Francis T. WRIGHT, John Paul. BLEVINS, Kristie R. (Ed.). *Taking Stock: The Stock of Criminological Theory*. New Brunswick: Transaction Publishers, 2006.

PRIMORATZ, Igor. *Punishment as Language*. In *Philosophy*. Vol. 64, n. 248, 1989.

______. *The Middle Way in the Philosophy of Punishment*. In GAVINSON, Ruth. (Ed.). *Issues in Contemporary Legal Philosophy: The Influence of H. L. A. Hart*. Oxford: Oxford University Press, 1987.

PRITTWITZ, Cornelius. *Opferlose Straftheorien?* In SCHÜNEMANN, Bernd. DUBBER, Markus (Ed.). *Die Stellung des Opfers im Strafrechtssystem: Neue Entwicklungen in Deutschland und in den USA*. Colônia: Carl Heymanns Verlag, 2000.

RAAB, Christopher. *Fighting Terrorism in an Electronic Age: Does the PATRIOT Act Unduly Compromise our Civil Liberties?* In *Duke Law & Technology Review*, Vol. 4, n. 1, 2006.

RAWLS, John. *A Theory of Justice*. Cambridge: Harvard University Press, 1971.

REEMTSMA, Jan Philipp. *Das Recht des Opfers auf die Bestrafung des Täters - als Problem*. Munique: Verlag C.H. Beck, 1999.

RENZIKOWSKI, Joachim. *Dimensionen der Straftat: Täter-Opfer-Gesellschaft*. In KOHTE, Wolfhard. ABSENGER, Nadine. (Ed.). *Menschenrechte und Solidarität im internationalen Diskurs: Festschrift für Armin Holänd*. Baden-Baden: Nomos Verlagsgesellschaft mbH & Co. KG, 2015.

RESCHER, Nicholas. *Distributive Justice: A Constructive Critique of the Utilitarian Theory of Distribution*. Indianapolis: Bobbs-Merrill Company, 1966.

RIBEIRO GIAMBERARDINO, André. *A Construção Social da Censura e a Penologia um Passo Além: Reparação Criativa e Restauração*. In *Sistema Penal & Violência*. Vol. 6, n. 1, 2014.

RÖSSNER, Dieter. *Die besonderen Aufgaben des Strafrechts im System rechtsstaatlicher Verhaltenskontrolle*. In SCHÜNEMANN, Bernd. ACHENBACH, Hans. BOTTKE, Wilfried. HAFFKE, Bernhard.

RUDOLPHI, Hans-Joachim (Ed.). *Festschrift für Claus Roxin zum 70. Geburtstag am 15. Mai 2001*. Berlim: Walter de Gruyter & Co., 2001.

ROXIN, Claus. *Strafrecht. Allgemeiner Teil I: Der Aufbau der Verbrechenslehre.* 4ª Ed. Munique: Verlag C.H. Beck, 2006.

RÜPING, Hinrich. JEROUSCHEK, Günter. *Grundriss der Strafrechtgeschichte*. 6ª Ed. Munique: Verlag C.H. Beck, 2011.

RUPP, Thomas. *Meta Analysis of Crime and Deterrence: A Comprehensive Review of the Literature.* Norderstedt: Books on Demand, GmbH, 2008.

SAAD-DINIZ, Eduardo. CARVALHO MARIN, Gustavo. *Imputação moral orientada à vítima como problema de imputação objetiva*. In *RIL Brasília*, a. 54, n. 213, jan./mar., 2017.

SABADELL, Ana Lucia. *Tormenta juris permissione: Tortura e Processo Penal na Península Ibérica (Séculos XVI - XVIII)*. Rio de Janeiro: Editora Revan, 2006.

SAUTNER, Lyane. *Opferinteressen und Strafrechtstheorien: Zugleich ein Beitrag zum restorativen Umgang mit Straftaten*. Innsbruck: StudienVerlag, 2010.

SESSAR, Klaus. *Wiedergutmachen oder strafen: Einstellungen in der Bevölkerung und der Justiz: ein Forschungsbericht*. Pfaffenweiler: Centaurus-Verlagsgesellschaft, 1992.

SCHÖPSDAU, Klaus. *Strafen und Strafrecht bei griechischen Denkern des 5. und 4. Jahrhunderts*. In ROLLINGER, Robert. LANG, Martin. BARTA, Heinz (Ed.). *Strafen und Strafrecht in den antiken Welten: Unter Berücksichtigen von Todesstrafe, Hinrichtungen und Peinlicher Befragung*. Wiesbaden: Harrassowitz Verlag, 2012.

SCHUMANN, Karl. *Empirische Beweisbarkeit der Grundannahmen von positiven Generalprävention*. In SCHÜNEMANN, Bernd. VON HIRSCH, Andrew. JAREBORG, Nils. (Ed.). *Positive Generalprävention: Kritische Analysen im deutsch-englischen Dialog (Uppsala Symposium 1996)*. Heidelberg: C. F. Müller Verlag, 1998.

SCHÜNEMANN, Bernd. *Aporien der Straftheorie in Philosophie und Literatur – Gedanken zu Immanuel Kant*. In PRITTWITZ, Cornelius.

BAURMANN, Michael. GÜNTHER, Klaus. KUHLEN, Lothar. MERKEL, Reinhard. NESTIER, Cornelius. SCHULZ, Lorenz. LÜDERSSEN, Klaus. (Ed.). *Festschrift für Klaus Lüderssen: zum 70. Geburtstag am 2 Mai 2002*. Baden-Baden: Nomos Verlagsgesellschaft, 2002.

SHER, George. *In Praise of Blame*. Oxford: Oxford University Press, 2006.

SILVA DIAS, Augusto. *Torturando o Inimigo ou Libertando da Garrafa o Génio do Mal? Sobre a Tortura em Tempos de Terror*. In *Revista do Ministério Público do Estado do Rio Grande do Sul*, Nº 71, jan./abr. 2012.

SOUSA E BRITO, José de. *Strafzwecke im Rechtsstaat*. In NEUMANN, Ulfrid. HERZOG, Felix (Ed.). *Festschrift für Winfried Hassemer*. Heidelberg: C.F. Müller, 2010.

SOUSA MENDES, Paulo de. *O torto intrinsecamente culposo como condição necessária da imputação da pena*. Coimbra: Coimbra Editora, 2007.

SILVA SÁNCHEZ, Jesús-Maria. *¿Nullum crimen sine poena? Sobre las Doctrinas Penales de la "Lucha contra la Impunidad" y del "Derecho de la Victima al Castigo del Autor"*. In *Revista Derecho Penal y Criminología*. Vol. 29, Nº 86-87, 2008.

SIMESTER, Andrew. VON HIRSCH, Andreas. *Crimes, Harms, and Wrongs: On the Principles of Criminalisation*. Oxford: Hart Publishing Ltd., 2014.

SKILLEN, Anthony. *How to Say Things with Walls*. In *Philosophy*, Vol. 55, Nº 214, 1980.

SOLOVE, Daniel. *Nothing to Hide: The False Tradeoff between Privacy and Security*. New Haven: Yale University Press, 2011.

SOLOVE, Daniel. *Digital Dossiers and the Dissipation of Fourth Amendment Privacy*. In *Southern California Law Review*, Vol. 75, 2002.

STAHLER, Gerald. MENNIS, Jeremy. BELENKO, Steven. WELSH, Wayne. HILLER, Matthew. ZAJAC, Gary. *Predicting Recidivism for Released State Prison Offenders: Examining the Influence of Individual and Neighborhood Characteristics and Spatial Contagion on the Likelihood of Reincarceration.* In *Crime Justice and Behavior*, Vol. 40, Nº 6, 2013.

STRAWSON, Peter Frederick. *Freedom and Resentment.* In STRAWSON, Peter Frederick (Ed.). *Freedom and Resentment and Other Essays.* Londres: Methuen Publishing Ltd., 1974.

______. *Freedom and Resentment.* In WATSON, Gary (Ed.). *Free Will.* Oxford: Oxford Publishing Press, 2003.

______. *Freedom and Resentment.* In WATSON, Gary (Ed.). *Free Will.* Oxford: Oxford Publishing Press, 1982.

STEIKER, Carol. *Foreword: Punishment and Procedure. Punishment Theory and the Criminal-Civil Procedural Divide.* In *The Georgetown Law Journal.* Vol. 85, 1997.

STEPHEN, James Fitzjames. *A General View of the Criminal Law of England.* Londres: Macmillan and Co., 1863.

______. *A History of the Criminal Law of England.* Londres: Macmillan and Co., 1863.

STERN, Lawrence. *Freedom, Blame, and Moral Community.* In *The Journal of Philosophy.* Vol. 71, 1974.

STRATENWERTH, Günter. *Strafrecht. Allgemeiner Teil I: Die Straftat.* 3ª Ed. Colônia: Carl Heymanns Verlag, 1981.

TADROS, Victor. *Criminal Responsibility.* Oxford: Oxford University Press, 2005.

TASIOULAS, John. *Punishment and Repentance.* In *Philosophy*, Vol. 81, 2006.

TEIXEIRA, Adriano. *Teoria da Aplicação da Pena: Fundamentos de uma Determinação Judicial da Pena Proporcional ao Fato.* 1ª Ed. São Paulo: Marcial Pons, 2015.

THURSTON, Robert. *Life and Terror in Stalin's Russia, 1934–1941.* New Haven: Yale University Press, 1998.

ULLMANN, Alexandra. MARREIROS BARBOSA, Ruchester. *Quando a Lei Maria da Penha é uma forma de alienação parental.* In *Revista Consultor Jurídico*, 24 de janeiro de 2018. Acesso em 01/06/2018. Disponível em https://www.conjur.com.br/2018-jan-24/quando-lei-maria-penha-forma-alienacao-parental.

VARGAS, Federico León. *El rol de la retribución en una teoría de la pena como institución regulativa.* In *Revista Ius et Praxis*, Año 21, n. 1, 2015.

VELOSO, José António. *Pena Criminal.* In *Revista da Ordem dos Advogados*. Ano 59, 1999.

VAN DEN HAAG, Ernest. *Punishing Criminals: Concerning a Very Old and Painful Question*. Nova York: Basic Books, 1975.

VISCONTI, Arianna. *Onore, Riputazione e Diritto Penale*. Milão: EDUCatt, 2011.

VON BAR, Carl Ludwig. *A History of Continental Criminal Law*. Boston: Little, Brown and Company, 1916.

VON DER PFORDTEN, Dietmar. *Normativer Individualismus und das Recht*. In *Juristen Zeitung*, nº 22, 2005.

______. *Normative Ethik.*, Berlim: Walter de Gruyter & Co., 2010.

VON DER PFORDTEN, Dietmar. KÄHLER, Lorenz. *Einleitung*. In VON DER PFORDTEN, Dietmar. KÄHLER, Lorenz (Ed.). *Normativer Individualismus in Ethik, Politik und Recht*. Tübingen: Mohr Siebeck, 2014.

VON HIRSCH, Andrew. *Proportionality in the Philosophy of Punishment*. In *Crime and Justice*, Vol. 16, 1992.

______. *Past or Future Crimes: Deservedness and Dangerousness in the Sentencing of Criminals*. Manchester: Manchester University Press, 1985.

______. *Doing Justice: The Choice of Punishment*. Nova York: Hill & Wang, 1976.

______. *Censure and Sanctions*. Clarendon Press: Oxford, 1993.

______. *Tadel und Prävention: Die Übelzufügung als Elemente der Strafe*. In SCHÜNEMANN, Bernd. VON HIRSCH, Andrew. JAREBORG, Nils. (Ed.). *Positive Generalprävention: Kritische Analysen im deutsch-englischen Dialog (Uppsala Symposium 1996)*. Heidelberg: C. F. Müller Verlag, 1998.

______. *Warum soll die Strafsanktion existieren? Tadel und Prävention als Elemente einer Rechtfertigung*. In VON HIRSCH, Andreas.

NEUMANN, Ulfrid. SEELMANN, Kurt. (Ed.) *Strafe - Warum? Gegenwärtige Strafbegründungen im Lichte von Hegels Straftheorie*. Baden-Baden: Nomos Verlagsgesellschaft, 2011.

______. *Review of Nils Christie "Limits to Pain"*. In *Crime and Delinquency*, Vol. 28, 1982.

VON HIRSCH, Andrew, ASHWORTH. Andrew. *Proportionate Sentencing: Exploring the Principles*. Oxford: Oxford University of Press, 2005.

VON LISZT, Franz. *Strafrechtliche Aufsätze und Vorträge. Vol. 1 (1875 a 1891)*. Berlim: Walter de Gruyter & Co., 1905.

VON FEUERBACH, Paul Johann Anselm. *Revision der Grundsätze und Grundbegriffe des Positiven Peinlichen Rechts. Band I (1799)*. Aalen: Neudruck Aalen, 1966.

VORMBAUM, Thomas. *A Modern History of German Criminal Law*. Durham: Springer Verlag, 2014.

WALLACE, R. Jay. *The Argument from Resentment*. In *Proceedings of the Aristotelian Society*, Vol. 108, 2007.

WALTHER, Susanne. *Was Soll "Strafe"? Grundzüge eines zeitgemäßen Sanktionensystems*. In *ZStW* 111 (1999), Heft 1.

WEIGEND, Thomas. *Kommentar zu Tatjana Hörnle, Gegenwärtige Strafbegründungstheorie*. In VON HIRSCH, Andreas. NEUMANN, Ulfrid. SEELMANN, Kurt. (Ed.) *Strafe - Warum? Gegenwärtige Strafbegründungen im Lichte von Hegels Straftheorie*. Baden-Baden: Nomos Verlagsgesellschaft, 2011.

______. *"Die Strafe für das Opfer"? – Zur Renaissance des Genugtuungsgedankens im Straf- und Strafverfahrensrecht*. In *RW*, Vol. 120, 2010.

WEITZEL, Jürgen. *Der Strafgedanke im frühen Mittelalter*. In HILGENDORF, Eric. WEITZEL, Jürgen (Ed.). *Der Strafgedanke in seiner historischen Entwicklung: Ringvorlesung zur Strafrechtsgeschichte und Strafrechtsphilosophie*. Berlin: Duncker & Humblot, 2007.

______. *Hoheitliches Strafen in der Spätantike und im frühen Mittelalter*. Colônia: Böhlau Verlag, 2002.

WESSELS, Johannes. BEULKE, Werner. *Strafrecht. Allgemeiner Teil: Die Straftat und ihr Aufbau*. 40ª Ed. Heidelberg: C.F. Müller, 2010.

WILLIANS, Bernard. *A Critique of Utilitarianism (1973)*. In SMART, John Jamieson Carswell. WILLIANS, Bernard (Ed.). *Utilitarianism: For and Against*. 27ª Ed. Cambridge: Cambridge University Press, 2008.

WILLOWEIT, Dietmar. *Rache und Strafe, Sühne und Kirchenbuße: Sanktionen für Unrecht an der Schwelle zur Neuzeit*. In HILGENDORF, Eric. WEITZEL, Jürgen (Ed.). *Der Strafgedanke in seiner historischen Entwicklung: Ringvorlesung zur Strafrechtsgeschichte und Strafrechtsphilosophie*. Berlin: Duncker & Humblot, 2007.

WILKINS, Leslie. *The Politics of Prediction*. In FARRINGTON, David. TARLING, Roger (Ed.). *Prediction in Criminology*. Albany: State University of New York Press, 1985.

WILSON, James. *Thinking about Crime*. Nova York: Basic Books, 1975.

WHITMAN, James. *A Plea Against Retributivism. In Buffalo Criminal Law Review*, Vol. 7, 2003.

WRINGE, Bill. *Rethinking expressive theories of punishment: why denunciation is a better bet than communication or pure expression*. In *Philosophical Studies*, Vol. 174, n. 3, 2017.

______. *An Expressive Theory of Punishment*. Londres: Palgrave Macmillan, 2016.

______. *Collective Agents and Communicative Theories of Punishment*. In *Journal of Social Philosophy*, Vol. 43, n. 4, 2012.

______. *War Crimes and Expressive Theories of Punishment: Communication or Denunciation?* In *Res Publica*, Vol. 16, 2010.

______. *Why Punish War Crimes? Victor's Justice and Expressive Justifications of Punishment*. In *Law and Philosophy*, Vol. 25, 2006.

______. *Punishment, Forgiveness and Reconciliation*. In *Philosophia*, Vol. 44, n. 4, 2016.

ZAFFARONI, Eugenio Raul. ALAGIA, Alejandro. SLOKAR, Alejandro. *Derecho Penal: Parte General*. 2ª Ed. Buenos Aires: Ediar Sociedad Anónima Editora, 1997.

ZIPF, Heinz. *Kriminalpolitik: Ein Lehrbuch*. 2ª Ed. Heidelberg: C.F. Müller, 1980.

ZÖLLNER, Erich. *Geschichte der Franken bis zur Mitte des sechsten Jahrhunderts*. Munique: C.H. Beck, 1970.

ZÜRCHER, Tobias. *Legitimation von Strafe: Die expressiv-kommunikative Straftheorie zur moralischen Rechtfertigung von Strafe*. Tübingen: Mohr Siebeck, 2013.